外尾健一著作集　第四巻

労働権保障の法理 II

信山社

はしがき

これまでに公刊した論文をまとめて「著作集」を出版しないかというお誘いは、かなり前から受けていたのであるが、その度に、改めて世に問うほどの論文はなにもないからと固辞していた。しかし、「現物がなくて、読むことのできない論文があるのでまとめてほしい。」という話もときどき耳にするようになったので、とにかく今までに書いたものを集めてみようと、手元にないものは人から借りたりしてコピーをとった。私は、多作のほうではないが、それでも約五〇年の間に執筆したものは相当な数にのぼった。その一つひとつは、稚拙で面はゆいものばかりであるが、私が目の当たりにしてきた戦後の、労働問題・労使関係・労働法の動きと密接に結びついている。論文の表題をみただけで、その当時なにが問題となっていたのか、労使関係や経済の動きはどうであったのか、そして労働法の学説判例の状況はどうなっていたのかが走馬燈のように思い浮かべられた。

論文を書くことによって私が学んだ成果は、その間に執筆した教科書(『労働法入門』)や概説書(『労働団体法』)にある程度結実している。私は、論文を執筆することは、「私は今このように考えているが、どうだろうか」といって世に問うことだと思っている。私自身、多くの批判的論文その他によって、さらに考え直し、教えられて学問的に成長してきた。その成果は、あくまでも理論的な概説書にまとめるべきだと考え、これまでの業績を集大成するような体系的な概説書を執筆したいと考えていた。それが「過去の論文集」の出版を逡巡させた原因の一つでもあった。しかし、最近のめまぐるしく動く社会経済情勢の変化につれて労働法と労働問題の分野にも、新たに学びたいこと、考え直したいことがつぎつぎとでてきて、個別的労働関係をまとめる予定の『労働契約法』の刊行はおろか、『労働団体法』の改訂すら手に着かない状況である。そこで、そのときどきの問題状況の一端を明らかにする意味で、思い切ってすすめられるままに、過去のいくつかの論文をまとめて出版することにした。

私がこれまでに執筆したものは、求められるままに書いたものがほとんどであるので、種々雑多なものであるが、大別すれば、実態調査の報告書、講演会の速記録、通信教育のテキスト、教科書、裁判所・労働委員会に提出した意見書、フランスやアメリカを中心とする比較労働法に関するもの、日本の労使関係や経済変動と労働法の動向に関するもの、その時々に問題となった労働法上の争いに関連するもの等である。本著作集では、このなかから、主として実用法学に関するもの、日本の労使関係と法に関するもの、比較法学に関するものをいくつかを拾い出し、テーマ別にまとめることにした。当初、若手の研究者に少しでも役に立ちそうなものという基準で選んだら、ほとんど掲載するものがなくなってしまった。やめようかと思っていると、「著作集の論文は自分で選ぶものではなく、人が選ぶものです。」といってくれた人がいたので、なん人かのひとに相談しつつ、まとめることにした。

本著作集は、テーマ毎にまとめたため、各論文の執筆の年代はまちまちである。したがって、文体は統一されていないし、仮名遣いなども入り交じっている。今ならば、もっと簡潔に分かりやすく書くのにと思いながらも、あえて誤字脱字以外は訂正をせず、そのまま掲載することにした。内容だけではなく、文章そのものも生硬であるが、論文も時代の背景とともに存在していると考えたので加筆・訂正は行わなかった。それぞれの論文の初出の掲載誌や年度は、各巻末に解題とともに掲げておいた。

私自身は、いまだに未熟な過去の「足跡」を出版することにためらいがあるし、忸怩たるものがあるが、一方においては、労働者の権利が具体的には無に等しかった状況のなかから、基本的人権として法の体系のなかに定着し、今日にいたるまでのわが国の労働法の軌跡の一端を体験し、観察して来た者の一人として、私の論文集をこういう形で世に示すことができたことを有り難いと思っている。この論文集が、若い研究者に少しでも役に立つことができれば望外の幸いである。

本書の出版を、終始、熱心にすすめてくれ、刊行にまでこぎつけてくれた信山社の袖山氏、村岡氏にはこころからお礼を申し上げたい。

一九九八年一月

外尾健一

目　次

第七章　賃　金

一　家族手当の法的性質
――岩手銀行事件・仙台高裁平四・一・一〇判決に関連して――

まえがき

共働きの女子従業員に対し家族手当を支給しないのは性別を理由とする賃金についての差別的取扱いであるとして争われていた岩手銀行事件につき、仙台高等裁判所は、平成四年一月一〇日、原審の盛岡地裁昭和六〇年三月二八日判決を支持し、女子従業員に対し家族手当・世帯手当の支払請求を認めた。

事案は、市会議員を勤めていた被控訴人（一審原告）の夫が選挙で再当選し、所得税の扶養控除対象限度額を超える議員歳費を受けるようになったことから、給与規程により、家族手当・世帯手当の支給を受けられなくなった被控訴人が、家族手当・世帯手当の不支給は憲法一四条、労基法四条に違反するとして支払いを求めたものである。

控訴人銀行の規程三六条は、「扶養親族を有する世帯主たる行員に対しては、別表基準により家族手当を支給する。②前項の世帯主たる行員とは、自己の収入をもって、一家の生計を維持する者をいい、その配偶者が所得税法に規程されている扶養控除対象限度額を超える所得を有する場合は、夫たる行員とする。」旨規定されている。そして、男子行員に対しては、妻に所得税法上の扶養控除対象限度額を超える所得があるか否かに拘らず、家族手当、世帯手当を支給してきたが、被控訴人のような共働きの女子行員に対しては実際に子供などを扶養していても夫に右限度額を超える所得があれば、家族手当等の支給はなされていなかった。控訴審において控訴人銀行は、労基法一一条にいう賃金は「労働の対償」としての性質をもつものにかぎられるから、家族手当（世帯手当もこれに準ずる）のように「本人の労働とは無関係に従業員の家計の補助を目的」として支給するものはこれに含まれず、したがって労基法四条の適用もないから、本件は性別を理由とする差別には当たらないと主張した。

本稿は、被控訴人の求めに応じ、家族手当の法的性質についての私見を意見書の形で述べたものである。本判決は、本件のような家族手当・世帯手当の取扱いは男女の性別のみによる賃金の差別扱いであるとして控訴人銀行の控訴を棄却している。

また給与規程およびこれによる手当等の対象者認定上の取扱いは社会通念に則ったものであり、社会的許容性の範囲内にあるから、公序良俗に反するものではない旨の控訴人銀行の主張に対しては、本判決は、たとえ盛岡市をはじめ東北地方の平均的住民の観念が、家族手当についての男女の差別的取扱いを定める本件給与規程を、制定当時、さらには現在にいたるまで当たり前のこととして容認し、これに依拠した取扱いを許容しているとしても、憲法一四条一項（法の下の平等）は、性別により政治的、経済的または社会的関係において差別されない旨を定め、労基法四条の男女同一賃金の原則は憲法の理念に基づく具体的規律規定である。それは理念であっても達成可能な理念であるから、この理念達成という趣旨にもとるような観念は、「社会通念」「社会的許容性」「公の秩序善良の風俗」として、給与規程条項およびこれによる取扱いの法的評価の基準とすることはできない、と判示し、明確にこれを退けている。

一　民法の原則

明治二九年に制定された民法六二三条は「雇傭ハ当事者ノ一方カ相手方ニ対シテ労務ニ服スルコトヲ約シ相手方カ之に其報酬ヲ与フルコヲ約スルニ因リテ其効力ヲ生ス」と定める。そして「労務ニ対スル報酬の種類如何ハ雇傭契約ノ要素ニ非サレハ当事者カ曩ニ報酬トシテ給料ヲ与フルノ約ナルヲ改メテ商品ノ販売代金ノ歩合ヲ与フルコトノ合意ヲ為スモ之ヲ以テ該雇傭契約カ更改セラレタルモノト謂フヲ得ス」(大審院大正一五年二月二四日判決、民録第二二輯三二九頁)という判決例があることからも明らかなように、労働に報酬を伴うことは雇用契約の要素であるが、報酬の種類いかんはその要素ではないから、当事者は原則としていかなる種類の報酬をも約することができ、またいかなる態様をもった報酬債務の履行方法を定めるのも自由であると解された。しかし、鉱工業の発展と賃金労働者の出現により、労働者保護を目的とするいくつかの賃金規制立法が制定されるようになったのである。

二　鉱業法および工場法上の賃金

最初の賃金保護立法は現物給与の禁止である。この点につき鉱業法(明治三八年法律第四五号)七八条は「鉱業権者ハ毎月一回以上期日ヲ定メ通貨ヲ以テ鉱夫ニ其ノ賃金ヲ支払フヘシ」と定め、工場法施行令(大正五年勅令一九三号)二二条は、「職工ニ給与スル賃金ハ通貨ヲ以テ毎月一回以上之ヲ支払フヘシ」と定めている。

また就業規則の記載事項に関し、工場法施行令（改正大正一五年勅令一五三号）二七条ノ四第一号は「賃金支払ノ方法及時期ニ関スル事項」と定め、鉱夫労役扶助規則（改正大正一五年内務省令一七号）一条五号も雇傭労役規則の必要的記載事項として「賃金ノ支払方法及支払期日」を掲げている。

さらに前記改正工場法施行令二三条は、「工業主ハ職工ノ死亡若ハ雇用ノ場合又ハ内務大臣ノ定ムル場合ニ於テ権利者ノ請求アリタルトキハ遅滞ナク賃金ヲ支払フヘシ」と定め、改正工場法施行規則（大正一五年内務省令一三号）一二条ノ二は、「工業主ハ職工ニ就業前豫メ其ノ賃金ノ率及計算方法ヲ明示スヘシ」と規定している。

このように賃金規制の法令がいくつか制定されたが、法令自体には賃金に関する定義規定はなく、これらの法令に言及した学術書もストレートに「賃金」という用語を使っているが、その意味内容について説明したものは、これまでに私が渉猟したかぎりでは見当たらなかった。

明治大正期の就業規則（協調会『主要工場就業規則集』大正一四年二月刊）にも、例えば「職工賃金ハ定額日給又ハ請負日給トシ毎月一回貸金、家賃、物品代等ヲ差引キ其残額ヲ現金ヲ以テ支払フモノトス」（綿絲紡織）、「賃金ヲ分チテ日給及受負ノ二種トス」（モスリン）、「賃金ハ日給トシ定時間就業シタルコトニヨリテ支給スルモノトス」（機械）、「職工ノ賃金ハ日給トシ定時間ヲ以テ一日ト計算ス」（造船）というように「賃金」という用語を用いたものが比較的多いが、「工賃ハ定傭給及稼高給ノ二種ニ区別シ其給与区分ハ採用ノ際又ハ臨時之ヲ協定ス」（自転車）、「給料ハ日給及受負給ノ二種トス」（莫大小）のように、「工賃」、「給料」としたもの、あるいは「賃銭」としたものも散見される。民間企業では、以上のように「賃金」という用語を用いるものが圧倒的に多いが、官業では「給料」とするものが多く、「工賃」、「賃銭」とするものが稀にみられるにすぎない（労働事情調査所編『官業労務規程総覧』）。

このように賃金規制立法にいう「賃金」、あるいは就業規則等にいう「賃金」、「給料」等が民法の雇用契約にいう

「報酬」に対応する概念であることは疑いないが、なぜに「賃金」という用語が用いられたかは立法史をも含めて今後の研究にまたねばならない。ただ、私の推測では、鉱業法、工場法が、鉱夫、職工のみを対象とし、これらの者の報酬が日給または請負（出来高）給であって賃金形態が単純であったこと、保護立法のほとんどがヨーロッパの先進資本主義国のそれの直輸入であり、賃金もwage, Lohn, salaire等の直接的な翻訳であることに由来しているように思われる。

三　健康保険法上の報酬

一方、健康保険法（大正一一年法律七〇号）二条は、「本法ニ於テ報酬ト称スルハ事業ニ使用セラルル者カ労務ノ対償トシテ事業主ヨリ受クル賃金、給料又ハ俸給及之ニ準スヘキモノヲ謂フ」、「賃金、給料又ハ俸給ニ準スヘキモノノ範囲及評価ニ関シテハ勅令ヲ以テ之ヲ定ム」と規定し、同法施行令（大正一五年勅令二四三号）一条は、「健康保険法第二条第一項ノ賃金、給料又ハ俸給ニ準スヘキモノノ範囲ハ常時又ハ定期ニ受クル給与其ノ他ノ利益トス……」としている。そして、さらに同施行令二条は、「賃金給料又ハ俸給ニ準スベキモノノ全部又ハ一部カ金銭以外ノ給与其他ノ利益ナル場合ニ於テハ其ノ価額ハ保険官署ノ定ムル標準価格ニ依リ之ヲ算定ス」と定め、この規定により、例えば、「皆勤賞」、「役付手当」、「入坑手当」、「食事」、「被服、被服補助」、「米その他の日用品の廉売」などが標準価格によって換算され、一切が報酬の中に計上された（風早八十二『日本社会政策史』二三九頁）。これは、報酬の百分の三以下の保険料の約五〇％を労働者が負担することになっていたために、報酬の範囲をより一層明確にする必要があったからである。

四　退職積立金及退職手当法、賃金統制令

しかしながら、その後制定された退職積立金及退職手当法（昭和一一年法律四二号）、賃金統制令（昭和一四年勅令一二八号）では、依然として「賃金」という用語が用いられている。

退職積立金及退職手当法施行令（昭和一一年勅令一四号）第一条は、「退職積立金及退職手当法ノ賃金ノ範囲ハ常時又ハ定期ニ受クル給与其ノ他ノ利益トス」と規定しているが、ここに賃金は「労務の対価として事業主より受くる金銭又は金銭的利益」を指し、それゆえ「定額日給または定額月給のほかに、賞与、早出・残業・徹夜勤務・特別勤務をなしたる場合に支給する手当又は歩増、宿直料、役付手当、勤続手当、入坑手当、皆勤賞、工程賞、家族手当、物価騰貴の手当、食費補助、食事、住宅料又は住居の利益等はことごとく賃金のうちに含まれる。」（後藤清『退職積立金及退職手当法論』一五五頁）と解された。

さらに国家総動員法六条に基づいて定められた賃金統制令（昭和一四年勅令一二八号）および改正賃金統制令（昭和一五年勅令六七号）では「本令ニ於テ賃金ト称スルハ賃金、給料、手当、賞与、其ノ他名称ノ如何ヲ問ハズ労務者ヲ雇用スル者ガ労働ノ対償トシテ支給セル金銭、物、其ノ他ノ利益ヲ謂フ」（三条一項）という定義規定を設けている。

五　労基法上の賃金

戦後、労働基準法（昭和二二年法律四九号）が制定され、一一条には「この法律で賃金とは、賃金、給料、手当、賞与その他名称の如何を問わず、労働の対償として使用者が労働者に支払うすべてのものをいう。」という定義規定がおかれている。この規定は、前記賃金統制令のそれを受けつぐものといわれている（広政順一『労働基準法』一五九頁、宮島久義『労働基準法上の賃金』三二頁）が、これまでみてきた各種の賃金規制立法における「賃金」ないし「報酬」の概念がほぼそのまま結実し、明確化されたものとみてよいであろう。すなわち、わが国の労働保護立法においては、一貫して名称や種類のいかんを問わず、使用者より労務の対償として支払われる経済的利益のすべてが「賃金」としてとらえられており、労基法一一条もこれを受けつぐものであって、基本的には民法の雇用における労務提供の対価としての報酬の概念に対応するものであった。

労基法上の賃金は、(1)使用者が労働者に支払うものであること、(2)労働の対償であることという二つの要件をみたすものをいうが、わが国においては、かつての工場法時代と異なり、給与体系が複雑化し、諸手当が種々の名義で支給されているため、労基法上の賃金が具体的にいかなるものを意味するかを明らかにすることは必ずしも容易ではない。しかし、一般には「広く使用者が労働者に支払うもののうち、労働者がいわゆる使用従属関係のもとで行う労働に対して、その報酬として支払うもの」（吾妻光俊『労働基準法（新コンメンタール）』五四頁）が賃金であるとされ、解釈例規も(1)協約、就業規則、労働契約等により支給が義務づけられているものは賃金であるが、使用者が任意的・恩恵的に支払うものは賃金ではない、(2)福利厚生施設とみられるものは賃金ではない、(3)業務遂行上必要な作業備品・設備等は賃金ではない、(4)旅費等実費弁償的な意味をもつものも賃金ではないといういくつかの判断基準をたてている（労働省労働基準局編著『解釈通覧労働基準法』二六二―三頁）。

問題を家族手当に限定すれば、家族手当が労基法一一条にいう賃金に含まれることは、労基法制定当初より今日まで一貫して学説上認められてきたところである。例えば、労基法制定当時の労働省の責任者（監督課長）であった寺本広作氏の『労働基準法解説』は、「家族手当、物価手当、勤務手当、通勤手当、生活補給金、子女教育手当等の如く一見労働と関係ない名称を附せられてゐるものであっても、こう云うものはその実体は労働の対償として支払はれるものであるからすべて賃金に包含される」（一七五―六頁）と述べ、労基法の起草にあたった労務法制審議会の小委員会委員長末弘厳太郎博士の「労働基準法解説(一)」（法律時報二〇巻三号一二頁）も一一条の賃金の項で家族手当につき、「現在のように労働者一般の生活が窮迫すると、扶養家族のために給与を受けることも、労働のため缺くべからざる費用と考えられるから、これを賃金と解するのが至當であろう。」と述べている。

その後も、例えば松岡三郎『賃金の法律相談』一四頁、有泉亨『労働基準法』二三八頁は家族手当が労基法一一条にいう賃金に含まれる旨を指摘しているし、比較的最近のものでも、例えば、安西愈『賃金・賞与・退職金の法律実務』（一―二頁）は、「労働の対償」とは、直接的に提供した労働の対価である〝労働時間や出来高に応じて支払われる賃金〟だけをさすのではなく、①広く労働者の生活を維持し、②労働力を再生産していくために、③「使用者」がその雇用する「労働者」に支給するものであって、④支給条件が明白なものをいうとして、論理必然的に協約や就業規則等に定める家族手当が賃金に含まれることを示唆しているし、同じく、下井他『コンメンタール労働基準法』三三三頁（山口浩一郎氏執筆）も、「就業規則や賃金規程により、賃金体系が明確にされている場合、それを構成する要素は当然賃金とみなされる。このようなものには、通常、基本給、役付給（管理職手当、資格手当）、時間外手当、精皆勤手当、家族手当、住宅手当、賞与などがある。」と述べている。

六　賃金二分説

以上のように学説の圧倒的多数は、労基法一一条にいう賃金の本質を労働の対償性に求めつつ、就業規則、賃金規程等で支給条件が明確にされている家族手当は同条にいう賃金に含まれると解しているが、銀行側は、同じように賃金の本質を労働の対償性に求めながらも家族手当は「労働の対償（対価）」性を有しないから労基法一一条にいう賃金には含まれないと主張している。両者の相違は「労働の対償（対価）」という概念の理解の仕方に帰すわけであるが、銀行側は、家族手当のように「本人の労働とは無関係に従業員の家計の補助を目的」として支給されるものは「労働の対償（対価）」としての賃金には含まれないと主張するので、ここでは、いわゆる賃金二分説と労基法一一条にいう賃金との関係について考察することにする。

いわゆる賃金二分説は争議行為による賃金カットに関連して提起された見解であり、「労働争議と賃金債権」と題する私の論文（季刊労働法二三号、昭和三二年三月刊）が嚆矢とされている。当時の私の問題意識は、ストライキの際の賃金カットに関連していわれている「ノーワーク・ノーペイの原則」を理論的に解明したいという点にあった。

そこで労働契約の構造が従業員としての地位の取得と日々の労務の提供という二つの基本的な部分から成り立っていることに着目し、賃金も労務提供の対価として支払われる部分と、従業員としての地位ないし資格に基づいて支払われる部分とがあり、争議行為中は、労務提供の対価としての賃金請求権は発生しないが、ストライキが労働契約関係を断絶せしめない以上、従業員としての地位ないし資格に基づいて発生している権利義務関係はいささかの影響もうけないのではないかという問題の提起を行った。すなわち、わが国では、賃金にも家族手当、住宅手当を初めとしてさまざまな諸手当が存在しているが、労使間になんらのとりきめもない場合、ストライキによって労務の提供がなされなかったときに生ずる「賃金カット」の範囲は、賃金債権の発生原因を労働契約の二重構造に則してとらえることにより原理的な基準をたてうるのではないかと考えたわけである。

その後、最高裁（二小）昭和四〇年二月五日判決（明治生命事件、民集一九巻一号五二頁）は、ストライキによって削減しうる賃金は、労働協約などで別段の定めがある場合を除き、「拘束された勤務時間に応じて支払われる賃金としての性格を有するもの」にかぎられるとし、出来高に応じて支払われる賃金ですでに一定の出来高が確保されている場合については、その分の賃金を控除できないことはもちろんのこと、勤務手当、交通費補助などのように、「労働の対価として支給されるもの」ではなく、労働者に対する「生活補助費」としての性格をもつ賃金については、当然に控除できるものではないと判示した。

この判決を契機として、学説ではいわゆる賃金二分説をめぐって賛否両論が闘わされたのである。しかし、私は、「賃金二分説」に立つ学説判例が、賃金を「交換的性格」をもった部分と「生活補助費」的（「生活給的」、「生活保障的」）性格をもった部分という呼称で二つに分けたのは適切ではなかったと思う。これらの用語が独り歩きをし、無用な論争をよんだからである。賃金は、経済学的な意味では、諸手当を含めた総体が労働力の対価としての性格をもち、また社会学的な意味では、「労働者は賃金のみによって生活していかねばならない」という点で、そのすべてが「生活保障的」な性格をもつものである。しかし、賃金は法律学的には労務提供の対価である。労働契約が先に述べたような二重の構造をとるとはいえ、例えば、日給・週給・月給制にかかわらず、いわゆる本給（基本給、固定給）のみの賃金形態をとる場合には、賃金のすべてが労務提供の対価であって、ストライキに際してカットしえない賃金部分は存在しない。しかし、わが国においては、それが労使の力関係や企業の側の労務政策に基づくものであり、多くの問題点を含んでいるとはいえ、従業員としての地位ないし資格に基づいて支払われる諸手当が存在するのが一般的である。労働の質ないし内容とは無関係に、従業員としての地位ないし資格に基づいて支払われるこれらの諸手当は、時間的な経過とともに具体化する狭義の労務提供の対価としての賃金とは無関係であるがゆえに、ストライキによっては直接的な影響をうけないのである。

いわゆる賃金二分説は、ストライキによって労務の提供がなされなかったときの賃金請求権の存否を判断する際の解釈の基準の定立を目的とするものであるから、保護法的な目的の下に統一的な概念の定立を目的とする労基法一一条の賃金とは別の次元の問題である。しかし、賃金を労働契約の二重の構造と関連させて把握しようとするかぎり、両者は、基本的には同じようにとらえられてしかるべきものであろう。そうだとすれば、通説では、賃金二分説のいわゆる「生活補助的部分」（私見の「従業員としての地位ないし資格に基づいて支払われる部分」）も労基法一一条にいう「労働の対償」に含めて理解しているのに対し、銀行側は、同条の「労働の対償」とは賃金二分説にいう「交換的部分」（「日々の労働に対応する部分」）のみを指すと理解していることになる。この点の違いをさらに検討してみることにする。

七　賃金の法律構造

今日では、一般に労働契約という場合、雇用、請負、委任の形式のいかんを問わず、契約当事者間に「使用従属関係」があり、労基法を初めとする労働保護立法の適用下にある契約形態を指しているが、原理的には民法の雇用を包摂する概念である。したがって労働契約は、その原型である民法の雇用契約と同じように「労務の提供」と「報酬の支払」とが対価的な牽連関係に立つ双務有償契約であるということができる。労基法一一条は、このような関係をとらえて、賃金は「労働の対償」であると定義づけているのであるが、賃金の約因（consideration）である「労働の対償」が具体的にどのような意味内容をもったものであるかは必ずしも明確ではない。わが国においては、賃金体系が複雑であり、本給のほかにさまざまな諸手当が支給される場合が多いからである。しかし、例えば家族手当のように、いかにそれが日常の労働と無関係であり、家計補助的な性格をもつものであるとしても、就業規則や賃金規程等において支給条件が明確に定められているかぎり、このような労働債権は、労働契約上は、反対給付としての賃金の中に含めて考えていかざるを得ない。

労働契約は継続的な債権関係であるから、労働者は、契約の締結（採用）とともに従業員としての地位ないし資格を取得し、このような資格に基づいて、毎日、所定時間、就労する義務を負う。使用者は、これに対して反対給付としての賃金支払義務を負うのである。この場合、究極的には所定時間の労働に対して賃金が支払われるという関係にあり、事実、諸手当がなく職能給としての基本給のみという賃金形態をとるところでは、労働契約がこれまでにみてきたように二重の構造をとるとはいえ、反対給付としての賃金は、完全に所定時間の労働に対応するものとなっている。しかし、このような賃金とは別個に、家族手当、住宅手当等、およそ従業員としての地位ないし資格に基づいて支払われる諸手当の制度が存在する場合には、これらの諸手当の請求権は、「所定時間の労働」とは別個の「従業員としての地位の保有」そのものから発生したものであり、これらを含めた賃金、諸手当等の金銭的利益の総体が「労務提供の対価」あるいは「労働の対償」というべきものである。換言すれば、労働契約は、「労務の提供」と「賃金の支払」とを対価的な牽連関係とする一個の契約として成立するが、賃金債権についていえば、このような契約の成立によって基本権が設定され、所定時間の就労により、その労働に対応する支分債権としての賃金請求権が発生し、また、所定の要件をみたす従業員としての地位ないし資格の保持から一方の支分債権としての賃金（諸手当）債権が発生するとみることができる。

通説が、家族手当等の支給条件が明確な労働債権は労基法一一条の「労働の対償」としての賃金に含まれると解しているのは、労働契約の以上のような法的構成を背景にしているからであるといってよいであろう。

八　労基法三七条と家族手当

銀行側は、さらに労基法三七条二項が割増賃金の基礎となる「通常の労働時間又は労働日の賃金」の中から家族手当を除外していることを、賃金の「労働の対償（対価）」性という本質に基づくものであるとし、家族手当が労基法一一条並びに四条の「賃金」に含まれないことの補強的な論拠としている。

しかし、時間外、休日および深夜の割増賃金の支払を義務づける同条が、「平均賃金」ではなく「通常の労働時間又は労働日の賃金」の二割五分以上の割増賃金と定めていることからも明らかなように、ここでは、労基法一一条にいう賃金であっても、「通常の労働時間又は労働日」に対応する賃金のみが割増賃金の計算の基礎となるとされているのである。そして家族手当、通勤手当、別居手当、子女教育手当、臨時に支払われた賃金および一ヵ月を超える期間ごとに支払われる賃金の六種が、労基法三七条二項および同法施行規則二一条により、割増賃金の基礎となる賃金から除外されることになっている。右のうち、家族手当をも含めて前者の四種類の賃金は「労働と直接的な関係がうすく個人的事情に基づいて支給される賃金であるため、また、後者の二種類の賃金は計算技術上の困難があるため、それぞれ、割増賃金の基礎となる賃金から除外されたものであると考えられる。」（労働省労働基準局編著『解釈通覧労働基準法』二七六頁）とされている。

その当否はともかく、労基法三七条二項が明示的に家族手当を「割増賃金の基礎となる賃金」から除外しているのは、一般的な定義規定である労基法一一条にいう賃金には家族手当が当然に含まれることを論理的な前提とするものであり、労基法三七条二項は、労基法一一条にいう「労働の対償」としての賃金を特別の目的のために限定したものというべきである。

九　労基法四条と家族手当

労基法一一条にいう賃金には家族手当も含むという通説の立場からは、家族手当についても当然に同法四条の適用があるから、性別を理由とする家族手当についての差別支給は同条に反するといわねばならない。

銀行側は、労基法四条は男女「同一価値の労働に対する同一報酬（賃金）」の原則を定めたものであるから、本件のような「労働の対償（対価）」性を具有しない家族手当の支給に関しては、労基法四条違反を構成しないと主張している。労基法四条はただ単に「労働者が女子であることを理由として、賃金について、男子と差別的取扱いをしてはならない。」と規定しているにすぎないが、銀行側の主張のように男女の実質的に同一の価値の労働に対しては同一の賃金を支払わなければならないという趣旨であることは改めて述べるまでもない。だからこそ「職務、能率、技能等によって賃金に個人的」差異が生ずることは本条にいう差別に当たらないが、職務や職種が異なっても、実質的に同一価値の労働が行われているかぎり、差別的な取扱いをすることは許されないのである。本条は、両性の実質的平等（男女同権）の理想を労働生活の面においても実現しようとして労基法の総則（労働憲章）に掲げられたものであるから、同一価値労働同一賃金の原則を骨子とするとはいえ、わが国のような複雑な賃金体系をとるところでは、それは「本人の労働とは無関係」な家族手当のようなものを規制の対象から排除するという趣旨ではなく、むしろ、従業員としての地位ないし資格に基づいて家族手当を支給する以上は、その支給条件について性別を理由とする差別を行ってはならない趣旨であると解する方が妥当であろう。

一〇　家族手当の支給と私的自治

なお、銀行側は、家族手当は「家計の補助を目的とし、その支給も義務づけられていないものであるから、その支給および支給基準を設けることについては、私的自治が大幅に尊重されてしかるべきである。」と主張しているので、この点につき一言ふれておきたい。

確かに家族手当は、その支給が法的に義務づけられているわけではない。したがって、家族手当を支給するか否かは完全に私的自治に委ねられている。また、家族手当を支給するとした場合に、いかなる支給基準を設けるかという点もなお私的自治の範囲内にあるというべきである。しかし、その支給基準は、法令または公序良俗に反することが許されないのである。

銀行側が提示する資料にも明らかなように、「今日のわが国においては、共働き世帯でない場合はもとより、共働き世帯においても、その圧倒的大部分は、夫たる配偶者が一家の生計維持者であり、世帯の主宰者たる世帯主であることは」、「厳然たる社会事実」といわなければならない。だからこそ、世帯主に対して支給される家族手当、住宅手当等が実質的には男女の差別賃金としての社会的な機能を果たしているのである。わが国においても、例えばフランスのように、家族手当が社会保障の一環として国の基金のみから支払われると仮定した場合には、男女の賃金格差は家族手当がなくなった分だけ縮小する。しかし、法的には、家族手当を、男女を問わず、一家の生計を維持する世帯主に支給すると定め、運用上も差別がなかった場合には、結果として男性にかたよって家族手当の支給がなされても現行法の下では違法な差別とはいい難いであろう。しかしながら、本件のように「その配偶者が所得税法に規定されている扶養控除対象限度額を超える所得を有する場合は、夫たる行員とする。」(給与規程三六条二項)と明確な男女差別の取扱いを規定している場合には、労基法四条に違反し、同時に憲法一四条の下につくられた公序良俗違反(民法九〇条)を含むといわざるを得ないのである。それは、かつて厚生年金の受給年齢につき男女間に五年の差があるということを理由に五年の男女の差別的定年制は社会的許容性の範囲内にあるのではないかという主張が最高裁(三小)昭和五六年三月二四日判決(日産自動車事件、労働判例三六〇号一四頁)によって斥けられたことからも明らかなように、合理的な差別とは認め難い。

銀行側は、夫婦のいずれであっても扶養家族に対し扶養責任を有し、かつ扶養能力があると認められるかぎり、家族手当の受給権を認めるべきであるという主張を認めると「労働者の配偶者が他の企業に勤務している場合、その労働者夫婦は家族手当をより有利に定めている企業から支給をうけようとするであろうから、同じ受給資格者であっても、実際の家族手当の受給は全くまちまちとなるばかりか、長男は夫の方に次男は妻の方にという受給の仕方や、更には、いちいち調査することが困難であることから、社会的にみて二重受給という不都合な問題も発生する可能性がある。しかも家族手当の有利な改正が行われれば、その都度受給者の変更がなされることになるからであろうから、そのための手続きも煩瑣となるのはいうまでもない。」と非難している。しかし、これらはいずれも企業の側の政策の問題であり、「夫婦の一方が他企業で家族手当を受給している場合には支給しない」と定めるか、国の児童手当または児童扶養手当と家族手当との二重の受給を多くの企業が認めているように、家族手当は、本来、家計補助のための福利厚生的賃金であるから、労働者がそれぞれ自己に有利な選択をしてもかまわないと割り切るか、あるいは思い切って家族手当は廃止すると決断するかにかかわるものである。企業の側の政策論を理由に憲法上の男女同権の理念を歪曲することは許されないであろう。

二　退職金

一　退職金制度の沿革と機能

わが国における退職金制度の淵源は、「暖簾分けに類する伝統に由来する」[1]ものと強制貯金の制度に求めることができるとされている。[2]すなわち、永年勤続者がやめていく際の功労報償的な金一封支給の慣行と労働者の賃金の一部を強制的に天引きして使用者が管理する強制貯金が退職金制度の原形をなしたというのである。わが国の退職金制度が、その後の変遷にもかかわらず、多分に功労報償的な性格をもち、しかも賃金の後払い的な形態をとりながら、併せて退職後の生活保障の役割を果たしているのは、このような退職金制度の淵源に由来するものとみてよいであろう。しかし、より重要な問題は、退職金制度がいかなる社会的・経済的必要性によって生まれ、いかなる機能を果たしつつ今日にいたっているかを明らかにすることでなければならない。

(1)　わが国の退職金制度は、端的にいって企業における労働力確保のための政策（いわゆる足止め策）として登場したといってよい。わが国における産業資本主義の確立は明治二〇年代であるが、当時の急激な工業の発展は労働力の不足を招き、苛酷な労働条件による職工の逃亡、企業間における職工争奪戦がこれに拍車をかけた。そこで労働者を確保するために、三年ないし五年に亘る年期奉公的な有期契約を締結するとともに年期明けにはなにがしかの功労報償金を支給することが行なわれた。同時に信認金とか保信金と呼ばれる強制貯金制度が設けられ、自己都合による退職および懲戒解雇の際には没収し、使用者の承認する円満退職の場合にのみ支払われたのである。

明治三〇年代に入り、労働組合期成会の結成を初めとして労働組合運動が芽ばえ始めると、労働者の不満は使用者が専制的に管理する強制貯金へ向けられた。例えば明治三二年の日本鉄道の争議、同四〇年の品川毛織の争議、同四四年の星電気鍍金の争議等は、強制貯金全廃の要求に基づくものであったといわれている。[3] このような労働者側の反対により、一部の大企業にかぎられるとはいえ、従来の強制貯金の制度は、次第に使用者の全額負担にかかわる労働福祉としての退職金制度へと変っていったのである。

一方、明治四〇年代には、共済組合制度が登場している。それには、例えば東京砲兵工廠義助会規約にみられるように労働者の単独拠出によるものと、秀英舎、三菱造船、鐘紡などの例にみられるように労使共同拠出によるものとがあるが、いずれも傷病、出産、死亡、退職、養老等を給付内容とするものであり、社会保険制度の先駆的な形態といいうるものである。

(2)　主として労働者の足止め策という要請から生まれた退職金制度は、大正時代の後半から昭和の初めにかけて、解雇・退職後の失業時における生活保障の機能に力点がおかれるようになった。すなわち第一次大戦後の不況による事業の縮小および休廃止に対処するため、労働者側では失業防止運動を活発に展開し、失業保険法の制定と退職金制度の設置を強く主張したのである。そのために大正九年頃から退職手当制度が慣行的に普及し始め、[4] また大正一五年には工場法施行令の改正により解雇予告制度が導入せられた。解雇予告手当制度は、失業時の生活保障とは理念的にも制度的にも異なるものである。しかし、個別企業における給与規程等においては退職手当・退職慰労金・解雇手当等の用語が混然として使われており、当時においては法によって強制される解雇(予告)手当も、個別企業における解雇（退職）手当と同じく失業時における生活保障の機能を果たすことが期待されていたとみることができる。

さらに、昭和二年の金融大恐慌、四年の緊縮政策により産業界は不況に追い込まれ、大量の失業者が輩出した。「馘首反対」、「退職金増額」を要求する労働争議があいついだのである。このような背景のもとに退職金制度はいちだんと普及した。昭和五年四月の協調会労働課の調査によれば、職工三〇〇人以上（紡績業は千人以上）を使用する製造業二五六の中、退職手当制度を有するものは一四九（五八％）[5]、同一〇年七月の社会局労働部の調査によれば、一〇人以上の労働者を使用する製造業三〇、五九二企業の中、退職手当の規程を有するものは二、二一四（七％）、規定はないが慣例のあるものは、二、九七二（一〇％）となっており、これを一〇〇人以上の事業場にかぎってみれば三六％が退職手当の規程を有し、慣例のあるもの一七％を含めれば、過半数が退職手当制度を有していることが窺われる。[6]このようにして、退職手当制度は使用者の単なる恩恵的なものから、労働者が権利として主張しうる対価的な生活利益へと変貌を遂げたのである。

しかしながら、使用者側は、依然として、解雇・退職手当は「被傭者の勤労に対する慰労及び感謝の表徴として事業主が情誼に基きて為す贈与」[7]であると主張し、退職手当が慣行に基づく場合はもちろん、明確な規程を有する場合にも言を左右にして支払を拒む例が皆無ではなかった。また中小企業において退職手当制度の普及率が低いこと、大企業においても満州事変後急増した臨時工には門戸が閉ざされていたこと、退職手当の支給規程が存するところでも積立金は一般事業財産と混同されていたため、不況になると事実上支払不能になるおそれがあったこと等の理由から、退職手当制度の法制化が要請されたのである。そのために、昭和一一年六月には退職積立金及退職手当法が制定されている。同法は常時五〇人以上の労働者を使用する事業に適用され、使用者が労働者の毎月の賃金の百分の二を天引きして積立てる退職積立金と、使用者が拠出する同額（年一割以上の利益配当率のある企業は百分の三まで）の退職手当積立金の双方を労働者の退職時（解雇および死亡を含む）に支払わせるものであった。そして日雇や六ヵ月以内の期間を定めて使用される臨時工も六ヵ月以上引続き使用されるにいたったとき（季節工については一年以上）には同法の適用を認めたのである。しかし、同法制定の翌年にはわが国は戦時体制へと移行し、失業問題は姿を消すとともに、退職手当問題も表面化しなくなった。一方、労働力保全の必要性から国民健康保険法、船員保険法、労働者年金保険法等が制定された。この中、労働者年金保険法は昭和一七年から施行されたが、同一九年には適用範囲を女子および職員層にも拡大し、名称を厚生年金保険法と改めた。そして、退職積立金及退職手当法は同法に吸収統合されることになったのである。

(3)　第二次大戦後、壊滅状態に瀕した軍需産業を中心に大量の整理解雇が行なわれたが、とくに昭和二三年の占領軍の要請による経済九原則、賃金三原則の実施は、必然的に企業整備＝人員整理を強行せしめるものであり、再び退職金問題を表面化せしめた。第二次大戦後、初めて団結権を法認せられた労働者階級は、戦後のインフレと生活難の中で活発な組合活動を展開していたが、賃上げと並んで退職金の要求もとり上げるようになった。労働省の統計によれば、解雇休業手当及び退職金制度の確立または増額を要求する争議件数は、昭和二一年一五四、同二二年一五五、同二三年一五八、同二四年三〇六、同二五年二七五、同二六年一一四、同二七年一八八となっており、昭和二六年には総数において八三％、五〇〇人以上の規模では九六％におよぶ事業所が退職金規程を有していることが窺われる。右の中、戦前から退職金制度を有しているものは一〇％程度にすぎないから、わが国の退職金制度は昭和二三年頃から二六年頃にかけて確立されるにいたったといっても過言ではない。しかもこの時期の退職金制度に特長的な点は、その多くが組合側の要求により団体交渉の成果として設けられていることである。その背後には、戦後のインフレにより、厚生年金保険制度の機能が失なわれたこと、企業整備による大量解雇の脅威が退職金の必要性を労働者側に痛感せしめたこと等の要因が存在するし、昭和二二年に制定された労基法が一〇人以上の労働者を使用する事業場に就業規則の作成を義務づけ、「退職手当その他の手当、賞与及び最低賃金額の定をする場合においては、これに関する事項」を記載すべきことを課していることが退職金制度の普及に寄与した点も見逃してはならないであろう。

その後、昭和二七年には、法人税法の改正によって退職金給与引当金制度が実施され、退職金の支払に当てるための社内積立てに対する税法上の優遇措置がとられるようになり、また、いわゆる退職金減税が行なわれて、退職金の普及化が側面から促されたのである。さらに昭和三四年には中小企業退職金共済法が制定せられ、個別に単独で退職金制度を設けることのできない一〇〇人以下(昭和三六年二〇〇人以下、同三九年三〇〇人以下に改正。ただし金融保険、不動産、小売、サービス業では五〇人以下、卸売業で一〇〇人以下)の中小企業を対象とする退職金共済制度が設けられることになった。同制度は、一定の資格を有する事業主が中小企業退職金共済事業団と退職金共済契約を結んだうえ、個々の従業員につき毎月所定の掛金を払込み、労働者は、退職時に所定の退職金を直接事業団から受取るというしくみをとっている。三年以上の掛金納付者については退職金に国庫補助金がプラスされる。また、特定業種に期間を定めて雇用される者については、中小企業退職金共済事業団に代って、特定業種毎に全国を通じて一個の特定業種退職金共済組合を設立しうるようになっている。この規定により、現在では建設業退職金共済組合が設立されている。

(4)　以上のようないきさつを経て確立されたわが国の退職金制度は、形態としては退職一時金を原則とするものであった。それは、賃上げと並ぶ労働者側の生活要求に基づいて権利化され、退職後の生活保障の役割を果たすことが期待されたのであるが、使用者側にとっては、生涯雇用、年功序列型の賃金と一体をなして企業への定着性を高め、企業に対する帰属意識を昂揚する点に存在意義が見出されていたのである。しかし、その後の社会経済情勢の変化は、従来の退職金制度にも一つの変革を要請しているように思われる。

すなわち、経済の高度成長期における若年労働力の不足と若年労働者を中心とする権利意識の変化は、相対的に若年労働者の賃金を高め、年功序列型賃金の上昇カーブを緩やかにした。もともと年功序列型賃金・生涯雇用は、低廉な若年労働力が豊富に存在することを前提として成立っているものであり、賃金制度のもつ矛盾は、五五歳の定年制により解消されることになっていた。定年時に支払われる退職一時金は、いわば打切り補償的な意味を有していたのである。しかし、初任給を中心として若年労働者の賃金が上昇し、しかも従業員の老齢化が進むと、必然的に年功序列型賃金の上昇カーブが緩やかになり、退職一時金の支給率が低下する(8)。経済の高度成長が望めなくなり、労働者側からする定年延長の要求が強まれば、必然的に退職金制度も従来の姿を維持することが困難になってくるのである。一方、老後の保障の確立は、労働者側の要求であると同時に、企業の側においても企業福祉としてなんらかの措置をとらなければ安んじて労働者を働かせることができず、ひいては労働者の定着性を高めることができない。そのために、例えば、退職一時金に代えて、あるいはこれと併用して一定年限の退職年金制を設けたり、従来の定年であった五五歳の時にいったん退職金を支払い、以後は退職金と無関係の形で定年を二、三年延長し、あるいは退職金の支給率を五五歳以降は低下せしめる等の工夫がなされている。

もちろん、老後の生活保障は、国の施策である公的年金の充実によるべきであるが、公的年金はいわばナショナル・ミニマムであり、その補完的意味をもつ退職金制度は、企業福祉の一環として今後も重要性を失なわないであろう。その意味では、昭和三七年に発足した適格退職年金制度(9)や、厚生年金の老齢年金に企業の側がプラスアルファを付加する調整年金制度[10]が次第に普及しつつあるのは興味深いことがらである。ただ、退職金制度につき、これまで法的に問題にされてきたのは退職一時金であるので、本稿でも、退職一時金に限定してその法律問題をみていくことにする。

（1）末弘厳太郎「退職手当と積立金法案」中央公論昭和一〇年九月号一〇三頁以下。
（2）氏原正治郎「退職金制度の性格と今後の方向」季刊労働法二二号一六二―四頁。
（3）宮島久義『最低賃金・退職金共済制度』九五頁。
（4）協調会労働課の調査によれば、調査数三八の退職手当制度の創設年次はつぎのとおりである。明治四〇年一、同四三年一、同四五年一、大正九年二、同一〇年二、同一一年三、同一二年二、同一三年七、同一四年四、同一五年六、昭和二年三、同三年三、同四年二、同五年一（協調会労働課編『退職手当制度の現状』）。
（5）注（4）に同じ。
（6）後藤清『退職積立金及退職手当法論』一九―二〇頁より引用。
（7）退職積立金法案に対する全国産業団体連合会の反対声明書（後藤・前掲書八七頁）。
（8）例えば中労委の調査によって昭和三〇年と五〇年の賃金を比較すると、定期給与は一万五千円から一五万円へと一〇倍、賞与は三万円から六〇万円へと二〇倍になっているのに対し、高卒定年退職者の一時金は三〇〇万円から千二百万円へと四倍にしか上っていない（藤田至孝「ライフサイクル構想と企業福祉の見直し」労働法学研究会報一一七三号七―八頁）。
（9）適格退職年金制度とは、税法上適格として優遇される年金制度をいい、国税庁から適格としての一一の要件（法人税法施行令一九五条参照）をみたしているとして承認をうけたものでなければならない。年金の基金（掛金）を生命保険会社か信託銀行に積立てられることが前提条件となる。
（10）調整年金制度とは、政府管掌の厚生年金の老齢年金部分の中、報酬比例部分を企業で代行することが認可されたものをいう。適格年金、調整年金制度については本多淳亮『賃金・退職金・年金』二四八頁以下参照。

二　退職金の法的性格

退職金の社会的・経済的性格については、功労報償説、生活保障説、賃金後払説等が主張されている。[(1)] これをどのようにとらえるかということが、退職金の法的性格の判断にもなにがしかの影響を与えることは否定し難いところである。しかし退職金の法的性格を検討するには、裁判上その支払を強制することが認められるか否かを基準として場合を分けてみていくことが必要である。

使用者が、全く恣意的に永年勤続者の退職時に手渡す金一封は、かりに退職金と称しても贈与にすぎず、労働者側から支給を訴求することができない。裁判例でも、長年の雇用関係にあった被用者に対して「将来は面倒をみるから他所へ移らないようにといい含めていた」ことが、「全人格的信頼関係に基づく不確定な約束は、そのような関係において理解し、かつ処理されるべきであって、これを契約関係として、法的保護を求めることはできない」と判断された事例がある。[(2)]

これに対し、協約や就業規則において支給条件が明確に定められている場合には、労組法一六条ないし労基法九三条を媒介として労働契約の内容となるから、労働者は、所定の要件をみたすかぎり、退職金に対する請求権を取得する。支給条件を定める明示の規定がなくとも、退職金の算定基準が客観的に明らかであり、それに基づいて退職金が支給されているという慣行[(3)]が存在する場合には、使用者は支払義務を負う。以上のほか、個別的な特約をも含めて、労働契約上、退職金の支払が使用者の義務とされている場合には、退職金は労働力の提供と対価的牽連関係をなす財産的出捐として、労基法一一条にいう「労働の対償」に該当し、賃金としての性格を有するとみてよいであろう。判例学説もおおむねこのように解している。(4) しかし、退職金が賃金としての法的性格を有するとはいえ、それは毎月定期日に支払われるべき通常の賃金とは異なり、労働者は、解雇、退職、死亡等労働契約の終了後に初めて履行の請求をなしうるのであり、その意味では、労働契約の終了の時を不確定期限とする期限付債権(5)であるということができる。

（1）　青木宗也「退職金」労働法大系5一四七―八頁。
（2）　林産業事件、大阪地判昭四七・一〇・二三判タ二九一号三一四頁。
（3）　労使間に確立した慣行となっている支給基準に基づく退職金請求が認められた事例として、宍戸商会事件、東京地判昭四八・二・二七労働判例一六九号速報カード、日本段ボール研究所事件、東京地判昭五一・一二・二二労働判例二六六号速報カードがある。
（4）　例えば久我山病院事件、東京地判昭三五・六・一三労民集一一巻三号六二八頁は、「退職金について使用者が就業規則中に規定を設けて、あらかじめその支給条件を明確にし、その支払が使用者の義務とされている場合には、退職金は賃金の一種に属するものとみるべき」であると述べ、名城交通事件、名古屋高判昭三六・四・二七高民集一四巻三号二三四頁は、「労働協約等によって明確化された支給条件にもとづき使用者が退職労働者に対して支払義務を負担する退職金（または退職手当）は労働基準法所定の賃金にあたると解するのが相当である。」と判示している。なお、小倉電話局事件、最判（三小）昭四三・三・一二最民集二二巻三号五六二頁は、国家公務員等退職手当法による退職手当も、労基法一一条にいう賃金に該当するとしている。学説については、青木・前掲論文一四八頁、本多・前掲書一九八頁、有泉亨『労働基準法』二四〇頁、古賀昭典「退職金・年金」新労働法講座8二一七頁等参照。
（5）　同旨、不二機械工業事件、大阪地判昭三七・四・二八労民集一三巻四号八二四頁、津曲蔵之丞「賃金」労働法講座五巻一一六三頁、古賀・前掲論文二一八頁、本多・前掲書一九八頁、宮島久義『労働基準法上の賃金』一二三頁等。

三　退職金と労基法

1　退職金と賃金支払の原則

退職金は労基法一一条にいう賃金であるが、退職時を不確定期限とする期限付債権であり、「臨時的な事由に基づき支払われる賃金」（昭二六・一二・二七基発八四一号）であるから、その性質上労基法二四条第二項の毎月一回以上定期日払いの原則は適用されない。

退職金は退職という期限の到来によって履行の請求をなしうるが、そのときの支払については労基法二四条一項の規定が適用される。[1]

(1)　まず直接払の原則との関連で問題になるのは、退職金債権を第三者に譲渡した場合である。裁判上は譲渡の可否につき、(a)退職金債権の譲渡は労基法二四条一項により許されないとするもの[2]と、(b)同条項は労働者の賃金が確実に労働者の支配内に引き渡され、労働者の自由な処分にゆだねられるよう使用者と労働者との間の直接的法律関係を規制したものであって、労働者がその賃金債権を第三者に任意譲渡することまで禁止したものではないとするもの[3]とが対立していた。しかし、最判（三小）昭四三・三・一二[4]は、国家公務員の退職手当について、「退職手当法による退職手当の給付を受ける権利については、その譲渡を禁止する規定がないから、退職者またはその予定者が右退職手当を受ける権利を他に譲渡した場合に譲渡自体を無効と解すべき根拠はないけれども、労働基準法二四条一項が『賃金は直接労働者に支払わなければならない』旨を定めて、使用者たる賃金支払義務者に対し罰則をもってその履行を強制している趣旨に徴すれば、労働者が賃金の支払を受ける前に賃金債権を他に譲渡した場合においても、その支払についてはなお同条が適用され、使用者は直接労働者に対し賃金を支払わなければならず、したがって、右賃金債権の譲受人は自ら使用者に対してその支払を求めることは許されないものと解するのが相当である。」と判示し、最判（三小）昭四三・五・二八は[5]、民間労働者の退職金の譲渡性の有無につき同様の立場をとった。学説においても多数説はこのように解している[6]。

しかし退職金債権の譲渡契約それ自体は有効であるが、労基法二四条一項により、使用者は退職金を譲渡人に支払うことは許されないと解するのは、結局、譲渡契約も使用者に対する関係では効果を生じないとすることに帰着し、実際問題としては譲渡契約を無効と解する立場と大差がないことになる。賃金（退職金）が労働者に一身専属的なものであること、労基法二四条一項が賃金を確実に労働者の支配圏に引渡し、自由な処分にゆだねることを罰則付で使用者に強制していること等を勘案すれば、賃金受領に関する委託・代理等はもとより、譲渡契約も同条により無効となると解する方が妥当であろう。

(2)　労基法二四条一項の全額払の原則からすれば、賃金債権に対しては、使用者は、労働者に対して有する債権をもって相殺することが許されない[7]。退職金も賃金である以上、同様に解すべきである[8]。しかし、労働者側の便宜のため、労働者の完全に自由な意思によってする退職金請求権による相殺は同条に違反することではないし[9]、労基法二四条一項但書に基づく協定が存在する場合には、その限度での退職金からの控除も違法とはなしえない[10]。

（1）　最判（三小）昭四三・三・一二（前述「退職金の法的性格」注5）、同旨、住友化学事件、最判（三小）昭四三・五・二八判時五一九号八九頁、日本赤十字社事件、東京地判昭四五・一一・三〇労働判例一一七号九六頁。
（2）　宇和島郵便局事件、松山地宇和島支判昭三七・一〇・一六訟務月報八巻一一号一六三六頁。
（3）　小倉電話局事件、東京地判昭三九・二・二八労民集一五巻二号一四一頁。

(4)　小倉電話局事件（前述「退職金の法的性格」注5参照）。
(5)　住友化学事件、判時五一九号八九頁。
(6)　本多・前掲書二〇二頁、同書七三頁注3所収の学説参照。
(7)　関西精機事件、最判（二小）昭三一・一・二最民集一〇巻一一号一四一三頁、日本勧業経済会事件、最判（大）昭三六・五・三一最民集一五巻五号一四八二頁。
(8)　退職金債権は反対債権をもって相殺できないとする裁判例に、不二機械事件、大阪地判昭三七、四、二八労民集一三巻四号八二四頁、ナウカ退職金事件、東京地判昭四三・八・一判時五三九号七一頁、イタリヤハム事件、東京地判昭四五・一二・二三労働法令通信二四巻三号八頁等。
(9)　シンガー・ソーイング・メシーン事件、東京高判昭四四・八・二一労民集二〇巻四号八四〇頁は、労働者が従業員たる地位を失った後またはその地位を離脱するに際してする使用者の労働者に対する債権と退職金債権との合意による相殺は、労働者が抑圧された意思によって合意することは考えられないから有効であるとしているが、退職時または退職後であれば必ず労働者の自由な意思に基づくものと断定することは形式論理にすぎる。個別的実質的に判断すべきものである。なお同事件の最判（二小）昭四八・一・一九最民集二七巻一号二七頁は、本件の場合、労働者の自由な意思に基づく退職金債権の放棄であるとして、その効力を肯定している。
(10)　日之出タクシー事件、福岡地小倉支判昭四九・一一・二八判時七七一号八九頁は、協定に基づく社会保険料の退職金からの控除を違法とはいえないとしている。

2　退職金支払の時期

退職金についても労基法二三条の適用があるから、労働者が死亡または退職し、権利者の請求があった場合には、七日以内に支払わなければならない[1]。ただし、同条は使用者の負担する賃金債務で履行期がすでに到来したものについて七日以内の支払を義務づけるものであるから、協約・就業規則等において退職金の支払期日を特別に定めたり、分割払を定めることまで禁止しているものではない。裁判例では、「退職金は発令後六箇月以内に支払う。ただし、情況により変更することができる。」という就業規則の規定が、退職金の支払期日自体について定めをしたものと解されるから労基法二三条一項前段には違反しないと判断された事例[2]がある。同判決はさらに、就業規則中の右但書については、本文所定の支払期限に退職金を支払えないことが相当であると認められる情況にある場合にかぎって、退職者に対する使用者の一方的意思表示によりて右期限を変更できることを規定したものと解すべきであり、その場合には、本文所定の期間経過前に労働者に対してその旨の意思表示をしなければならないと判示している。退職金制度は退職後の生活保障を目的としているものであるから、退職後の生活を脅かさない限度で支払期日を別個に定めたり、分割払を定めたりすることが認められているのである。本件の場合も「経営困難」という「情況」が発生したときには、あくまでも新たな合意をとりつけるべきであり、支払期限の定めを実質上骨抜きにするような解釈をとるべきではない。なお裁判例では、退職金の支払に関し、「会社の経理状況が好転すれば一時に残額を支払う」、「合併するときには親会社から合併資金が入り経理状態も好転するだろう」等の発言だけでは、合併に期待をもたせていたにすぎなく、まだ合併を始期とした契約の成立を認めることはできないとされた例[3]がある。

（1）　共立機巧事件、名古屋地判昭五一・一一・一九労働判例二六四号速報カード。
（2）　久我山病院事件、東京地判昭三五・六・一三労民集一一巻三号六二八頁。
（3）　東急運輸事件、東京地判昭三〇・一二・一五労経速二〇五号四頁。

3　退職金の支給条件

退職金規程には、自己都合による退職、会社都合による退職、定年退職、懲戒解雇等退職事由によって退職金の支給率に差を設けているものが少なくない。これは退職金を専ら恩恵的・功労報償的なものとしていた戦前からの名残り(1)であるといってよい。

今日では、ほとんどその例をみないが、退職金が労働者の拠出による積立金であるときには、社内預金として労基法一八条の手続をとることを要するのみならず、退職時には当然のこととして全額を返還しなければならない。したがって、これまでの行論がそうであったように、ここでも全額が使用者の負担になる退職一時金の不支給ないし減額の問題に限定してみていくことにする。

懲戒解雇の場合の退職金の不支給について、学説では、(1)退職金は賃金の後払いであるからそこに差異をつける合理的理由は見当らず、かつ労基法一六条の賠償予定の禁止に違反して許されないとする見解(2)と、(2)退職金は賃金的性格を有しているが未払賃金ではなく、通常の退職または死亡を条件として過去の勤労に対して支払われる一種の報償的対価であるから、懲戒解雇の場合は支給条件をみたさず退職金債権は発生しないとするもの(3)、(3)懲戒解雇の場合の退職金の不支給は、「労基法の諸規定やその精神に反せず、社会通念の許容する範囲でのみ是認される(4)」と説く見解等がみられる。

一般には懲戒解雇の場合、退職金を受給する権利を失うと受けとっているむきが多いし、これを当然の前提としているかのごとき裁判例もみうけられる。しかし、懲戒解雇は、懲戒責任を追及することによって全体としての服務規律ないし企業秩序違反行為を禁圧することが目的となっており、退職金の不支給を論理必然的に含むものではない。懲戒解雇の場合に予告なしの即時解雇が認められるかどうかが別個の判断を要する問題であるのと同様に、退職金の不支給は別個の制度として扱うべきである。また、退職金は一定の年数の労働に対する報償として支払われるものであるから、必ずしも円満退職を条件として発生する権利でもない。しかしながら、経済学的には賃金の後払いであるとしても、法律的には未払賃金とみることはできないから、そもそも懲戒解雇の際の退職金不支給が許されないとみることもできないのである。

すでに述べたように、退職金請求権は、労働契約の終了という期限の到来によって発生するが、協約・就業規則等に、自己都合の場合および懲戒解雇の場合の減額ないし不支給の定めがなされているときには、それらは、勤続年数別の支給率とともに金額の確定についての約定と解することができる。かかるとりきめも、それが法令ないし公序良俗に反しないかぎり(5)、許されないとはなしえないのである。退職金は、あくまでも長期勤続に対する対価的な報償であるから、例えば五年以上の勤続者に対してのみ支給すると定め、あるいは勤続年数別に支給率をアップしても、制度の趣旨から合理性をもつと解されるし、自己都合による退職と会社都合による退職に差を設け(例えば自己都合を半額とし、あるいは逆に会社都合による場合を倍額とする)ても、社会的相当性の見地から、かかる約定を無効とすることはできない。また、懲戒解雇の際に退職金の減額ないし不支給をとりきめることも、それが、永年勤続の功を抹消してしまうほどの不信行為についての約定であるならば許されないとはいえないであろう(6)。その際、留意しなければならないのは、懲戒処分に処せられたがゆえに退職金の不支給になるのではなく、退職金制度の趣旨からしてそれの支給を否定しうるほどの不都合な行為がなされたかどうかが判断の基準となるということである。したがって、事案によっては、懲戒解雇は正当であるが、退職金の不支給は許されないとされる場合もありうる。この場合の退職金の減額ないし不支給は、いわゆる懲戒処分としての減給とは異質のものであるから、労基法九一条は適用にならないとみるべきである(7)。

(1)　裁判例では、退職後の競業を避止させる目的で退職後同業他社へ転職するときは自己都合退職の二分の一の退職金しか支給しない旨の就業規則の規定が、間接的に競業避止義務を課し、損害賠償の予定を約定したものと解せられるから労基法一六条に違反し無効とした事例[8]がある。しかし、労基法一六条の趣旨は、契約期間中の労働者の転職ないし逃亡を阻止し、強制労働を強いることを防止することにあるから、自己都合退職者の退職金全額不支給は同条に違反して許されない[9]としえても、退職金の支給率に差異があるにすぎない場合は、それが足止め的機能を果すことが客観的に明らかにされないかぎり同条違反とまでいうことはできないであろう。本件は、自己都合退職金を受領して退職した後、同業他社へ転職したことが発覚したため、会社が退職金の返還を請求した事案であるが、本件のような一般労働者の場合には競業避止約款自体が社会的に相当とされる合理性を欠くものとして処理する方が妥当である。なお、類似の裁判例としては、「転職のため退職した者」には退職金を支給しない旨の規定が労働の自由を制限するもので公序に反し無効とされた事例[10]、経理事務担当者が退職する際に、税務上の不正の密告をしないことを条件に退職金を贈与する旨約した場合、右条件は不法で無効であるが、退職金の支給契約は有効とされた事例[11]等がある。

(2)　すでにみてきたように、懲戒解雇の場合には退職金を減額または支給しない旨の規定があっても、「労働者に永年の功を抹消してしまうほどの不信」行為がなければ退職金を支給しないことは許されないというべきであるから、懲戒による退職金の不支給をめぐっての争いが生じた場合には、当該不信行為を理由とする退職金の不支給が社会的相当性の見地からみて許されるか否かを検討すべきである。裁判例では、社長等に対する暴言を理由とする諭旨解雇を正当としながらも、懲戒および諭旨解雇者に対する退職金不支給の規定の文理解釈上、諭旨解雇者には退職金を支給しなければならないと判示した事例[12]がある。結論は妥当であるが、本件の場合、就業規則における諭旨解雇の対象となる行為の性格から退職金不支給の定めが合理性を欠くと判断されてしかるべき事案である。また、大阪地判昭四七・一・二四[14]は、懲戒解雇事由がある場合でも依頼退職とした場合には特段の事情がないかぎり退職金請求権を失わないと判示している。本件は、懲戒解雇に対する退職金不支給の規定が存在しない場合であるから、懲戒解雇ならば退職金請求権はないという暗黙の前提そのものが問題である。しかし、かりに明示の規定が存在する場合であっても、会社が依願退職扱いにすることは退職金の不支給については不問に付すという意思の現われとみることができるから、退職金請求権は失わないというべきである。なお、任意退職の申出をし、退職金を請求した労働者に対して、退職後同種の業務に従事する意図や製法上の秘密漏洩が予測されるとして懲戒解雇にし、退職金の支払を拒絶した事案につき、懲戒解雇事由に該当せず、退職金の支給義務があるとした裁判例[15]がある。労働者が任意退職の申出をすれば必ず退職金の不支給を伴う懲戒解雇の規定の適用を免れるとするとはできないが、同時に懲戒解雇にすれば退職金の支給を免れるというものでもない。あくまでも懲戒解雇事由に該当するとされる行為の性格との関連で退職金不支給の規定の適用の当否を判断すべきである。

（1）　例えば、大正一五年に制定された戸畑鋳物株式会社大阪工場賞与及諸手当給与規則八条はつぎのとおりである。
「現業員左記各号ノ一ニ該当スルトキハ本会社ハ第五条ニ依ル解雇手当ハ之ヲ支給セズ
一、天災地変ニ基キ本会社ノ事業継続不可能トナリタルトキ
二、本会社現業員就業規則ニ依リ懲戒解雇セラレタルトキ
三、許可ナクシテ自ラ退職シタルトキ
四、解雇手当ノ支給ヲ受ケンガ為ニ詐術ヲ用ヒ又ハ虚偽ノ申出ヲ為シタルトキ
五、闘争其他不都合ノ行為ニ依リ死亡シタルトキ」（後藤・前掲書四八頁）。

（2）　青木・前掲論文一五四頁、古賀・前掲論文二二〇頁、本多・前掲書二〇八頁、浅井清信「使用者の懲戒権」労働法大系５二六七頁、沼田稲次郎『労働法論』上二九九頁等。

（3）　馬場東作「退職金」日経連『労働契約と就業規則』二一九頁。

(4) 有泉・前掲書二三三頁。なお同書は、具体的な基準として、(イ)退職金を失わせる懲戒解雇の事由は「労働者に永年の勤続の功を抹殺してしまうほどの不信があった」こと、(ロ)就業規則に明記し、周知させておくこと、(ハ)「退職金の額の通常の賃金に対する比率があまりに大きいもの(例えば十分の一を越えるもの。法九一条参照)については、その没収は許されない」こと等をあげている。

(5) 中島商事事件、名古屋地判昭四九・五・三一労経速八五七号一九頁は、協約、就業規則、労働契約等によって予め退職時一定の事由の発生をもって退職金不支給あるいは減給を定めることは、「それが社会的相当性の見地よりみて合理的である限り当然許される」と判示する。

(6) 同旨、有泉・前掲書二三三頁、下井隆史『労働基準法入門』八九頁。

(7) 反対、有泉・前掲書二三三頁(前出注5参照)。

(8) 三晃社事件、名古屋地判昭五〇・七・一八判時七九二号八八頁。

(9) 退職金を円満退職者以外には支給しない旨の定めは労基法一六条、二四条に反して無効であるとされた事例に栗山精麦事件、岡山地玉島支判昭四四・九・二六判時五九二号九三頁がある。なお、ミナト産業事件・東京地判昭四八・九・五労働判例一八四号速報カードは就業規則中に「円満退職した者には……退職手当を支給する」旨の文言がある場合でも、解雇処分をうけないかぎり任意退職の場合には退職手当金支払の義務があると解し、日本建設協会事件、東京高判昭五〇・八・一九判時八〇一号八八頁は、社員給与規定にいう「円満退職」とは懲戒解雇以外のすべての退職を指すと解している。

(10) イタリヤハム事件、東京地判昭四五・一二・二三労働法令通信二四巻三号八頁。

(11) 大久遠商会事件、大阪地判昭四〇・一一・三〇判時四四三号四六頁。

(12) 橋元運輸事件、名古屋地判四七・四・二八判時六八〇号八八頁。

(13) 中島商事事件、名古屋地判昭四九・五・三一労経速八五七号一九頁。

(14) チトセ事件、判時六八一号八七頁。

(15) 久保田製作所事件、東京地判昭四七・一一・一労働判例一六五号六一頁。

第八章　労働時間

一　労働時間の起算点・終了点

ある中規模の製造業の使用者から、次のような質問を受けた。この会社では、始業時間は午前九時となっているが、従業員は八時四〇分までに出勤し、タイムカードに打刻した後、作業衣に着替え、各部署に到着し、九時から朝礼、仕業点検の後、スイッチを入れて作業を開始することになっている。しかし、八時四〇分以後は、タイムカードをチェックして遅刻扱いとし、賃金は差し引かないがボーナスの査定に影響させている。ところが組合から、遅刻扱いにする以上、タイムレコーダーの設置場所に到着する時刻をもって始業時間とすべきではないかという申入れがあった。これはどのように考えていけばよいのかというのである。

この質問は、労働時間とはなにかという問題と、労働時間の起算点、終了点に関する問題にかかわるものであって、学説判例上争いの多いところである。今回はこの問題を、最近の判例の動きとも関連させてみていくことにする。

一　労働時間の定義

労働基準法三二条にいう労働時間とは、「使用者の指揮監督下に労務を提供している時間をいう」（三菱重工長崎造船所事件・長崎地裁平元・二・一〇判決）というのが判例学説のほぼ一致した見解であるといってよいであろう。

労働契約は、労務の提供と賃金の支払いとが対価的牽連関係にたつ双務有償契約であるから、労務の提供があって初めて賃金請求権が発生する。そして、ここにいう労務の提供とは、使用者の指揮命令に服して労働することを指す。つまり、労働者は、決められた仕事を、決められたやり方にしたがって、使用者の指揮監督に服しながら働くのである。しかし、労務の提供とは必ずしも具体的な労働を意味するものではなく、労働者は、使用者の指揮命令があれば、ただちに労働できる状態に自己を保持すれば足りる。具体的な作業と作業の合間の手待時間や休息時間も、使用者に拘束されているという意味で労働時間に含まれるのである。

二　労働時間の起算点

労働契約上定められた業務を使用者の指揮監督下に遂行する時間が労働時間であることはいうまでもないが、労働時間の計算が具体的に何時から始まるかということを確定するのは必ずしも容易なことではない。実際には、現実に仕事を開始する前に、入門に始まり、タイムカードへの打刻、作業衣への着替え、保護具の装着、朝礼、機械・安全装置等の点検などの準備の時間をおいて作業を開始するのが一般的であるからである。労働時間を、職務上定められた具体的な労働を行う時間と解すれば問題は簡単であるが、それでは手待時間や休息時間は労働時間ではなくなるし、安全衛生法や安全衛生規則で義務づけられている各種の作業帽・作業衣の着用、保護帽・安全靴・保護具の着用、作業開始前の点検等に要する時間が労働時間ではなくなるという不合理な事態が生じる。そこで、前に述べたように、学説判例は、ほぼ一致して、労働時間を「労働力が使用者の指揮命令権の下におかれている時間」とか「使用者の拘束下にある時間」と解することにより、手待時間や休息時間、あるいは法令によって義務づけられている作業開始前の各種の準備のための時間を労働時間に含めているのである。

行政解釈も、労働時間とは、「労働者が労働契約の本旨に基づいて使用者の指揮命令下に拘束されている時間」と解し、次のような場合は労働時間に該当するとしている。

① 昼食時の休憩時間中の来客当番（昭二二年四月七日基収一一九六号）

② 消防法八条に基づいて行われる消防訓練の時間（昭二三年一〇月二三日基収三一四号）

③ 作業の準備又は終業に必要ある整理整頓時間（昭二三年一〇月三〇日基発一五七五号）

④ 定期路線トラック運転手の貨物の積込みのための待機時間（昭三三年一〇月一一日基収六二八六号）

⑤ 安全委員会・衛生委員会の会議時間（昭四七年九月一八日基発六〇二号）

⑥ 労働安全衛生法に基づく安全衛生教育の時間（昭四七年九月一八日基発六〇二号）

⑦ 特定有害業務に従事する労働者について行われる特殊健康診断（昭和四七年九月一八日基発六〇二号）

労働時間の起算点に問題を限定すれば、少なくとも法令で義務づけられた作業衣・保護帽・保護具等の着用、機械・安全装置等の点検に要する時間を労働時間に含める点では異論はないといってよいが、法令で義務づけられていない作業服や制服の着用、準備体操、整理整頓等が労働時間に含まれるかどうかは争いのあるところである。

行政当局は、使用者の拘束下にあるか否かの具体的な判断基準として、「遅刻として精皆勤手当などに反映させるとか、賃金そのものをカットするとか、あるいは勤務成績として評価する」場合をあげている（労働省労働基準局監督課監修「労働基準法実務問答第一集」九〇頁）。すなわち、遅刻扱いになんらかの不利益な取扱いをする場合には、その時点をもって使用者の指揮命令権の下に入ったとみるわけである。したがって、この立場にたてば、本件の質問の場合には、タイムカードをチェックすることにより八時四〇分以降を遅刻扱いとし、ボーナスの査定で経済的不利益を課すわけであるから、遅刻扱いとなる八時四〇分が始業時間ということになる。

この点に関する判例は二つに分かれている。

第一は、始業開始前の準備作業は労働時間に含まれないとするものである。

①日野自動車工業事件・東京地裁八王子支部昭和五五年六月六日判決は、作業服、安全靴の着用は会社の明示ないし黙示の指示によるものであるが、「現実に労働力を提供する始業時刻の前段階の時間を準備行為の故をもって労働時間に含めることは、使用者の犠牲において労働者に余暇を与える結果になり、その不当であることは明らかであろう。」という理由で否定し、第二審の東京高裁昭和五六年七月一六日判決も、「入門後職場までの歩行や着替え履替えは、それが作業開始に不可欠のものであるとしても、労働力提供のための準備行為であって、労働力の提供そのものではないのみならず、特段の事情のない限り使用者の直接の支配下においてなされるわけではないから、これを一律に労働時間にふくめることは使用者に不当の犠牲を強いることになって相当とはいい難」いと述べて一審判決を支持した。なお、最高裁一小昭和五九年一〇月一八日判決は、「原審の判断は、原審の確定した事実関係の下においては、正当として是認することができ」るとして上告を棄却している。

②住友電気工業事件・大阪地裁昭和五六年八月二五日判決は、「更衣時間は一般的には労働時間に含まれないものと解すべきところ、被告において原告らの更衣等の時間が労働時間に含まれるものと認めるべき特段の事由は認められない。」として、作業衣、ヘルメット、安全靴等の着用に要する時間は労働時間に含まれないと判示している。

③三菱重工業長崎造船所事件・長崎地裁昭和六〇年六月二六日判決は、造船工場に勤務する従業員の始業前の更

衣ならびに就業後の更衣、洗顔、洗身および入浴は、いずれもこれなくしては現実に労働力の提供ができないというものではないから労働時間には含まれないと述べている。

第二は、始業時間前の準備作業もそれがなんらかの形で義務づけられている場合には労働時間に含まれると解するものである。

①石川島播磨重工業事件・東京高裁昭五九年一〇月三一日判決は、作業服もしくは保護具はその着用が法令上または経営管理上義務づけられている場合には、「右着用は、業務遂行のために必要な準備行為として業務に含まれる」が、就業規則に、始業時刻を午前八時とし、始業時刻と同時に業務を開始すべき旨の定めがある場合には、「始業時刻（八時）に業務（更衣等）を開始するためには、それに間に合うように八時以前に入門していなければならない」とし、午前八時までにタイムカードに打刻すれば賃金計算上は遅刻とはしないという取扱いがなされていたとしても、労働契約上は、午前八時までにタイムカードに打刻しさえすれば当然に義務を尽くしたことになるとはいえないとした。

②三菱重工業長崎造船所事件・長崎地裁昭和六二年一一月二七日判決は、労基法上の労働時間とは、使用者の指揮監督下に労務を提供している時間をいい、本来の作業に当たらなくとも、法令、就業規則、職務命令等によって義務づけられている場合には、労務提供に必要不可欠ないし不可分の準備行為も含まれると解し、作業服、安全保護具等の着装およびその後の作業場への歩行のための時間が労働時間に該当すると判示している。

③三菱重工業長崎造船所事件・長崎地裁平成元年二月一〇日判決も、労働時間には本来の作業に当たらなくとも、右作業を遂行するため必要不可欠ないし不可分の行為も含まれると解し、作業服への更衣、安全衛生保護具等の着脱、更衣所からの作業現場への往復、材料や消耗品等の受け出し、作業場での散水に要した時間は労働時間に該当

すると判示している（ただし、手洗い、洗面、入浴、入浴後の着衣に要した時間は労働時間に当たらないとしている）。

三　労働時間の構造

これまで法的に労働時間が争われたケースは、それぞれ、そのときどきの労使関係を反映していて興味深いものがある。前記行政解釈に休憩時間中であっても来客当番は労働時間であるという趣旨のものがみられるが、これは終戦直後、不時の来客や電話に備えて当番制で職場に残るのが一般的であった世相であるし、その後は、各種の会議への出席、使用者の命令による研修や講習会への出席が労働時間に当たるかどうかが問題になった。高度成長期に入ってからも、一方において、小集団活動が労働時間に当たるか否かが争われるとともに、他方においては、時間管理の強化や週休二日制の採用によるタイムカード制からいわゆる面着制への移行につれ、始業前の準備行為が労働時間に含まれるか否かが争われるようになった。また、入浴時間が労働時間に含まれるかという争いも、ある意味では、古き良き慣行と時間管理の強化との衝突とも考えられるのである。

労働時間に関する争いやこれまでの判例の流れをみていると、この問題は、法的には三つの、それぞれ交錯しているとはいえ、次元の異なる領域で起きていることを明らかにすることが必要であるように思われる。

第一は、いうまでもなく賃金請求権との関連で生じている問題である。ほとんどの事件は賃金請求ないしは割増金請求の形で提起されているから、始業時間をめぐる争いの大部分は「賃金請求権を発生させる労働時間」の解釈にかかわるものであるということができるであろう。前記東京高裁昭和五六年七月一六日判決（日野自動車工業事件）

は、入門後の準備作業を「労働時間に含めるか否かは、就業規則にその定めがあればこれに従い、その定めがない場合には職場慣行によってこれを解決するのがもっとも妥当である」と述べ、また東京地裁昭和五二年八月一〇日判決（石川島播磨重工業事件）も、「就業規則上定められた就業時間の起算点をどこに定めるかは原則として法的自由の領域に属」すると述べている。しかしながら賃金請求権が問題となる労働時間は、あらかじめ就業規則や協約、あるいは慣行等によって客観的に定まっているものの解釈にかかわるものであるから、労使の合意によって自由にその起算点を定めうるものではない。すなわち労働時間は「使用者の指揮命令権の下に労働力がおかれている時間」を指すから、どのような状態にあるときに「使用者の拘束下」にあったといいうるかはあくまでも客観的に定まるのである。原則として、それは、労働契約上定められた業務を遂行する時間、および業務遂行に不可欠ないし不可分の準備行為に要する時間を指す。したがって、職務遂行にあたり、法令または就業規則上義務づけられている作業服や保護具の着用は、使用者の明示ないし黙示の指揮命令の下に行われているという意味で労働時間に含まれるのである。

もっとも、たとえば、任意参加のラジオ体操や就業後の入浴のように、厳密には労働時間といえない場合であっても、労基法三二条の法定労働時間制の枠内のものであれば、労使の合意によって労働時間の起算点・終了点とすることは差し支えないであろう。

第二は、服務規律との関連の問題である。すなわち、労務の提供を確保するという意味で始業時刻を設定し、それに違反したときには、なんらかの制裁を課す場合である。労働者は、労働契約上労務を提供する義務を負うが、これは、定められた始業時刻に前に述べたような意味での使用者の指揮命令下に入ることを指す。その履行を確保するために、始業前の出社を義務づけ、違反に対してなんらかの制裁を課すことは、それが合理的な範囲内のものであれば違法不当なものとはなしえないであろう。このような場合には、なんらかの不利益が課せられるからといって、出社を義務づけた時刻をもって賃金請求権が問題となるような意味での労働時間が始まるということはできない。しかし、多くの場合は、賃金請求権が問題となる始業時間と労務提供の確保が問題となる始業時間とは一致しており、遅刻は同時に服務規律の対象となっているため、混同しやすいが、理論的には区別して考えていくべきものであろう。

第三は、労災補償との関連で問題となる労働時間である。業務遂行中の事故は、原則として業務上の災害と認定されるため、労働時間中であるか否かが問題になるわけであるが、いうまでもなく、業務上の災害か否かは相当因果関係によって決めるべきものであり、使用者の拘束下にあったか否かは労働時間と交錯する面が多いとはいえ、別の角度からみていくことが必要である。

以上のような点を考慮してみていくならば、本件の質問の場合は、作業衣の着用が職務上不可欠ないし不可分のものとして法令上または就業規則上義務づけられているときには、その時点から労働時間の計算が始まるというべきであるが、そうでない場合には、九時が始業時刻であり、八時四〇分は服務規律を確保するためのものであるということができる。もっとも、ボーナスの査定につき不利益が大きいときには、合理的な制裁かどうかという別の問題がでてくる余地がある。

二　時間外・休日労働と三六協定

一　問題の背景

わが国では労基法上八時間労働制がとられているが、各企業の所定労働時間は、それよりも短くなっているのが一般的であろう。しかし、時間外労働が意外と多いといわれている。

最近の新聞にも、都市銀行で女子職員の募集に苦労しているという話が出ていたが、その中で、銀行員は残業が多いのが敬遠される理由の一つであるということがあげられていた。

このことから見ても、わが国では残業が広範にわたって行なわれていること、それを労働者が最近嫌い出したということがうかがえるわけである。なぜ時間外労働の問題を労働者が最近やかましくいうようになってきたのかという点については、つぎの要因をあげることができる。

一つには、技術革新の結果、単純労働あるいは監視的労働、つまり単調な、しかも労働密度の高い仕事がふえ、それが肉体的、精神的に労働時間を短くしなければやっていけない、という要求となってあらわれてきているということである。このような、技術革新による労働密度の強化が、長時間労働の抑止の必要性を惹起しているといってよい。

これと関連して、技術革新の結果、労働者は、目まぐるしく変わっていく知識を、新しく吸収しなければいけない。そのための勉強時間がどうしても必要だという要因、これが労働時間を短くしていこうという要因の一つとして働いている。

さらに、労働密度が高くなってきていることから、心身の疲労が激しく、労働力を休める時間を多く取る必要が出てきている。これが生活時間の延長という要求となってあらわれてきているのである。

日本人は勤勉だといわれていたように、かつては労働時間が長いということは、むしろ一種の美徳であるとすら考えられていた。また労働者は、企業に帰属するという意識が強いために、企業のためならば長時間労働をいとわないという心情が働いていたわけである。

しかし、今日ではこのような意識は次第に変わりつつある。つまり、一日はどんなにがんばっても二四時間より長くはならないから、会社で働く時間が長ければ長いだけ生活時間が切詰められる。人間の一生も、これまた限られた期間であるから、人間らしい生活をしていくためには、労働時間は短ければ短いほどいいという考え方が生じつつある。

また、最近の若い世代になればなるほど、権利・義務関係を明確にしていこうという動きが出てくるわけである。とくに、最近のように若年労働力が不足するようになってくると、残業をしてくれといっても、労働者は平気でことわる。文句をいえば、さっさとやめてほかに行ってしまう。このようなことから、いままでのような時間外労働に対する考え方では、労務管理はうまくいかないという現実が出てきたわけである。こういった事実が、時間外労働をめぐる争いの背景となっている。

二　八時間労働制と時間外労働

1　原　則

わが国では、労基法三二条で、週四〇時間、一日八時間労働制がとられ、また同法三五条一項により、毎週少なくとも一回は休日を与えなければならないことになっている。しかし、こういった原則を厳格に守ると、たとえば非常災害が発生したとか、予測し難い繁忙事態が出てきたときに、企業経営が成立たないということから、労働時間の原則に対する例外が認められている。

例外は二つあり、一つは労基法三三条による場合である。すなわち、三三条では、災害その他避けることのできない事由によって、臨時の必要がある場合には、使用者は、行政官庁の事前の許可をうけ、またその暇がないときは事後に届出ることにより、時間外労働を命ずることができるようになっている。

第二は労基法三六条による場合である。すなわち、使用者は、当該事業場に、労働者の過半数で組織する労働組合がある場合においてはその労働組合、労働者の過半数で組織する労働組合がない場合には労働者の過半数を代表する者との書面による協定をし、これを行政官庁に届出た場合には、時間外労働あるいは休日労働をさせることができるというようになっている。このように、八時間労働制や週休制をこえて時間外労働をさせたときには、二割五分以上の割増賃金を支払わなければならない（労基法三七条）。

また労働時間の弾力化から、労基法三二条の二、三、四、五では、変形労働時間制が認められ、所定の要件をみたす場合には、特定の日または特定の週に法定労働時間をこえる所定労働時間の設定が可能であるが、当該変形期間全体を平均して法定労働時間をこえるときには、時間外労働の問題が出てくるわけである。

2　労働時間および時間外労働

時間外労働の問題をみていく前に、労働時間の意味を明らかにし、どのようなときに労基法上の時間外労働の問題が生ずるかを明確にしておくことが必要である。

労働時間とは、使用者の指揮命令権のもとに労働力がおかれている時間をいうと定義づけることができる。

一　労働者は、労働契約上定められた職場で定められた種類の労務を提供するわけであるが、このような定められた労務を提供した時間だけが労働時間に算入されるのではなく、通常の仕事と異なった種類のものであっても、それが使用者の指示によるものであるかぎり、その遂行に費やされる時間は労働時間に算入される。

したがって、逆に労働者が労働契約で定められた範囲外の労働を現実に行なっても、それが使用者の指示に基づかない場合には労働時間に算入されない。それゆえ、かかる労働に従事することによって、事実上八時間をこえる労働がなされても時間外労働の問題は生じない。例えば、「教員が一定資格取得のため教育免許法にもとづく認定講習に出席する場合、特に使用者より教員に対し出席方を命じた事実がなければ講習に出席する時間は業務の延長時間とは認め難い」（昭二五・七・一基収二八七五号）し、また、「労働者が使用者の実施する教育（安全衛生教育等）に参加することについて、就業規則上の制裁等の不利益な取扱による出席の強制がなく、自由参加のものであれば、時間外労働にはならない」（昭二六・一・二〇基収二八七五号）とされているのである。

二　労働時間に算入さるべき労働は、使用者の指揮命令権の下に遂行される労働であるが、その際の使用者の指示は、明示的なものであると、黙示的なものであるとを問わない。したがって、例えば当該企業ないし担当部署において慣行的に行なわれている業務の遂行は、使用者の黙示の指示に基づくものとみなされ、労働時間に算入される。

三　労働時間の起算点・終了点に関しては、労働者がいつから使用者の拘束下に入り、あるいは離脱したかということを基準として判断すべきである。したがって、作業前の点検整備や朝礼、後始末等も、それが使用者の明示ないし黙示の指示に基づいてなされるかぎり、労働時間に算入すべきものである。

四　使用者は、就業規則に各労働日における労働時間および休憩時間の位置を具体的に規定しなければならないが、所定の始業時間に労働者をいったん出勤させた後、仕事の都合で始業時間を一時間繰下げたような場合、その間の空白は手待時間として労働時間に通算さるべきものであるから、当然には終業時刻を一時間繰り下げることは許されない。ただし、その時間だけ終業時刻を繰下げても、総実働時間が八時間をこえないときは時間外労働の問題は生じない。

五　労働者が、出張、記事の取材その他事業場外で労働時間の全部または一部を労働する場合で、実働時間を算定し難い場合には、当該事業場における所定労働時間勤務したものとみなされるが、使用者があらかじめ別段の指示をした場合にはこのかぎりではない（労基法施行規則二二条）。

六　労働時間に関する労基法上の規定は、事業場を異にする場合には通算して適用される。この場合の通算は、同一事業主に属する異なった事業場において労働する場合だけでなく、事業主を異にする事業場で労働する場合にもなされる（昭二三・五・一四基収七六九号）。したがって、各事業場における当該労働者の労働時間を通算した結果、法定限度をこえる場合には、時間外労働の手続がとられ、かつ割増賃金が支払われなければならない（昭二三・一〇・一四基収二一一七号）。

三　非常災害および公務のため必要ある場合の時間外労働

時間外労働が認められる第一の場合は、非常災害の場合である。労基法三三条一項により、使用者は、「災害その他避けることのできない事由によって臨時の必要がある場合」には、事前に所轄労働基準監督署長の許可を受けて、必要な限度において時間外労働をさせることができるようになっている。ここでいう「非常災害その他避けることのできない事由」とは、火災、地震、洪水といった天災事変、その他緊急あるいは不可抗力によるものであって、通常予見される範囲をこえるものをいう（昭二六・一〇・一一基発六九六号）が、その認定基準としては、つぎのようなものがあげられている（昭二二・九・一三発基一七〇号）。

①　単なる業務の繁忙その他これに準ずる経営上の必要は認めないこと。
②　急病人、ボイラーの爆発、その他人命または公益を保護するための必要は認めること。
③　事業の運営を不可能ならしめるような実質的な機械の修理は認めるが、通常発見される部分的な修理、定期的な手入れは認めないこと。

このような非常災害のときには、時間外労働を必要な限度においてさせることができるわけであるが、必要な限度には格別に時間数の限度はなく（昭二三・七・五基収一六八五号）、個別的に社会通念により判断せられる。たとえば火災が発生したときに、消火作業、救護作業にあたるのは、必要な限度に含まれるが、その後の復旧作業はこれには含まれない。

また労基法八条一六号にいわゆる官庁事務に従事する官吏公吏その他の公務員は、「公務のため臨時に必要がある場合」には災害その他避けることのできない事由の有無にかかわりなく時間外労働を命ずることができる。このときは監督署の事前の許可、あるいは事後の届出は必要ではないとされている。「公務のために臨時の必要」があるか否かの認定は、一応当該行政庁が行なう（昭二三・九・二〇基収三三五三号）。その必要性なしに時間外労働がなされたときは労基法三二条、四〇条違反が成立するが、その監督は、人事院あるいは人事委員会ないし公平委員会が行なう。

四　協定による時間外労働

使用者は、当該事業場に労働者の過半数で組織する労働組合のある場合にはその組合、このような組合がないときには労働者の過半数を代表する者との書面による協定をし、これを行政官庁に届出れば時間外労働をさせることができる（労基法三六条）。

1　三六協定の結ばれる単位

三六協定は、時間外労働を必要とする事業場単位に締結することを要する。事業については、「工場、鉱山、事務所、店舗等の如く一定の場所において相関連する組織のもとに業として継続的に行なわれる作業の一体をいうのであって、必ずしもいわゆる経営上一体をなす支店、工場等を総合した全事業を指称するものではない」とされている。したがって、「一の事業であるか否かは主として場所的観念によって決定すべきもの」であるが、「同一場所にあっても、著しく労働の態様を異にする部門が存する場合」には、「その部門を一の独立の事業とすること」(昭二二・九・一三発基一七号、昭二三・三・三一基発五一一号、昭三三・二・一三基発九〇号）として扱われる。

これは、労基法の適用事業についての解釈例規であるが、三六協定の結ばれる単位についても同様に考えて差し支えないであろう。要は、三六協定を締結せしめる趣旨が、実際に時間外労働を行なう労働者の規範的意思を把握することにあるわけであるから、その意思ができるだけ正確に反映できる構成単位を一の事業場とすることが望ましいのである。

2　当事者

三六協定の当事者は、当該事業場において対向関係を有する労使である。

使用者側　当該事業場において、労基法上の義務の履行につき責任を有する者が使用者側の当事者となる。通常は、工場長、支店長等であるが、特定の部門が一の事業場とされているところでは、部門の責任者、例えば部長、課長が当事者となる。しかし、使用者側については、労基法上の義務の履行についての責任の主体が明らかになればよいわけであるから、経営上の責任者である社長が、直接、三六協定の当事者となっても差支えはない。

労働者側　労働者側については、「当該事業場に労働者の過半数で組織する労働組合」がある場合にはその労働組合、そのような組合がないときは、「労働者の過半数を代表する者」が当事者となる。

ここにいう労働者とは、労基法九条にいう労働者を指す。すなわち、三六協定は、「当該事業場において法律上又は事実上時間外労働又は休日労働の対象となる労働者の過半数の意思を問うためのものではなく、同法一八条、第二四条、第三九条及び第九〇条におけると同様当該事業場に使用されているすべての労働者の過半数の意思を問うないためのもの」であるからである（昭四六・一・一八基収六二〇二号）。したがって、時間外労働を行なう可能性のない管理監督者（労基法四一条二号該当者）、病欠・出張・休職・期間中の者、法律上あるいは事実上時間外労働のありえない女子年少者ないしアルバイト、パートタイマー等もすべてここにいう労働者に含まれる。

一　当該事業場において、労働者の過半数を組織する労働組合があれば、その組合が三六協定の当事者となる。ここにいう労働組合とは当該事業場の労働者の統一的な団結体を指す。この場合、必ずしも当該事業場の労働者のみで組合が結成されていることを必要とするものではなく、事業場の労働者とともに企業別組合や産業別組合、あるいは合同労組を結成していてもよいのであるが、三六協定の当事者には、必ず当該事業場の組織体、すなわち当該事業場における労働者によって組織された支部・分会等がなければならない。しかし、三六協定の当事者としての支部・分会は、独立した規約と役員をもち、独自の組織体としての活動を行なう必要はなく、労働組合の組織上の単位であればよい。したがって、このような意味での事業場単位の組合組織が存在しない場合には、組合本部を当事者として三六協定を締結することは許されない（昭三六・九・七基収四九三二号）。

事業場に二つ以上の労働組合が存在する場合であっても、その一つの労働組合が事業場の労働者の過半数を組織していれば、その組合が三六協定の当事者となる。この場合、職員と工員が別個に組合を組織していても、工員組合が労働者の過半数を組織していれば、工員組合と三六協定を締結すれば足りる（昭二三・四・五基発五三五号）。

一事業場に二個の組合が存在し、各組合の組合員数がいずれも全労働者の過半数を占めるにいたっていないが、両組合の組合員数を合算すれば過半数を占める場合に、使用者が各組合の代表者と相次いで同一期間内に適用すべき同一内容の時間外労働に関する協定を締結したときは、労基法三六条所定の当事者に関する要件を充足したものと解すべきであるとした裁判例（全日本検数協会事件・名古屋高裁昭四六・四・一〇判決）がある。しかし右のような場合に、それぞれの組合と同一内容の三六協定を締結すれば、当然に労基法三六条の要件をみたすと解するのは疑問である。そこには過半数の労働者を代表する組合が存在しないわけであるから、労働者の過半数を代表する者が協定の当事者とならなければならない。したがって、両組合が協定の当事者となるためには両組合を共同代表とすることについてのそれぞれの組合の承認を必要とする。両組合の委員長が連名で協定を締結するか、あるいは本件のように別個に協定を結ぶ場合には、共同でする意思が明確に表明されていなければならないであろう。

二　つぎに過半数の労働者を代表する組合がない場合には、労働者の過半数の代表者が協定の当事者になることになっているが、その選任方法について特別の規定を欠くため、困難な問題が生じる。労働組合の組織すらないところにおいては、労働者の過半数を代表する者が、協定事項を意識したうえで民主的に選出されるという制度的な保障がないためである。

この点が立法上の欠陥であるが、運用上は、時間外労働を行なってもよいという事業場における過半数の労働者の意思が何らかの形で表明されるような手続に従うことが要請されているとして、監督行政が行なわれるべきであろう。

3　内　容

三六協定の内容には、労基法施行規則一六条一項により、「時間外労働又は休日労働をさせる必要がある具体的事由、業務の種類、労働者の数並びに延長すべき時間又は労働させるべき休日」について規定するようになっている。

一　労基法三六条は、「通常予想せられる臨時の必要のある場合の規定で八時間制又は週休制の例外であるから協定はできる限り具体的な事由に基いて締結するよう指導すること」（昭二二・九・一三発基一七号）とされているが、一方、時間外労働および休日労働を常態化して行なう三六協定であっても、「その内容が施行規則第十六条の要件を具備したものであれば受理して差支えない」（昭二三・一二・一八基収三九七〇号）として扱われている。しかし恒常的な時間外労働並びに休日労働を目的とする三六協定は、八時間労働制並びに週休制を根底から崩すものであり、労基法三六条がこのような常態的な時間外労働まで容認しているとはとうてい解し難い。

前記指導方針（昭二二・九・一三発基一七号）は、労基法三六条が「通常予想せられる臨時の必要の場合の規定」と解するわけであるが、例えば年次棚卸しとか年次貸借対照表作成のための労働、あるいは特定の季節的事業のための労働に対しては、変形労働時間制を利用すべきであり、労基法三六条は、あくまでも経営上の理由に基づく不時の繁忙事態に対処するための規定と解すべきであろう。したがって、定期的に予想される時間外労働や、恒常的な時間外労働を目的とする三六協定は受理すべきではない。

二　三六協定には、有効期間の定めをすることを要する（労基法一六条二項）。ただし、三六協定が労働協約として締結されているときにはこのかぎりではない（同上）。

労基法施行当時には、施行規則一六条により、三六協定の期間は原則として三ヵ月以内とされていたが、二七年の改正により、労働協約による場合には一年、それ以外は三ヵ月と改められ、さらに二九年の改正により、「有効期間は協定の目的に従って労使間の自主的決定に委ねられるべきであるとの見地から」（労働省労基局編「労働基準法」上三三六頁）現行通りに改められたものである。

三六協定の有効期間は、労働省の調査（労働基準局「時間外労働の実態——昭和四三年度時間外労働実態調査結果」）により、六ヵ月から一年までのものが八一・五％と圧倒的に多いが、このことからも分るように、有効期間を労使の自主的な決定に委ねれば、労働者側の抑止力が弱いことから、恒常的な残業を許容するかのごとき有効期間が定められてしまうのである。立法論として再考すべき問題であろう。

4　三六協定の法的性格

労基法施行規則一六条二項は、三六協定が労働協約として結ばれることがありうる旨を定めている。学説においても、「協定は、それが直ちに労働協約とは言い得ないとしても、一種の団体協約（Tarifvertrag）としての性格を認めない訳にはいかない」（三浦恵司「労基法における過半数労働者の代表者の行う協定」横浜大学論叢九巻四号九頁）と説く見解がみられる。

しかし多くの学説は、①協約は事業場の枠の拘束をうけないが、三六協定は事業場単位に結ばれること、②協約は組合の存在を前提とし、組合員の多少を問わないが、三六協定は組合の存在を前提とせず、組合がある場合でも必ず労働者の過半数でなければならないこと、③協約は行政官庁への届出を必要としないが、三六協定は届出を要すること、④協約は労働契約の基準を定めるものであるが、三六協定は使用者に対する処罰を解除するための要件にすぎないこと等から、三六協定は労働協約ではないとする見解が多数を占めている（松岡三郎「条解労働基準法」上四四二頁、吾妻光俊編「註解労働基準法」三八一頁、沼田稲次郎「労働協約の締結と運用」一四〇頁）。

たしかに三六協定は、それが所定の手続に基づいて締結されているかぎり、使用者は、労基法三二条、四〇条および三五条違反の責を問われることなく、例外的に時間外労働および休日労働をさせることができるという公法上の効果を有するものであり、労働協約とは全く別個のものというべきであろう。三六協定の当事者は、すでにみてきたように事業場単位の過半数労働組合であり、組合の支部ないし分会である場合が多いわけであるが、三六協定の当事者たる組合が、同時に労組法一四条の協約能力を有する場合には、三六協定を協約の形式で締結することも可能である。

三六協定が協約としての形式をとっているか否かを問わず、三六協定は、個々の労働者と使用者とが、時間外労働の契約を締結する際の最低基準としての効力を有する。したがって、例えば一日の延長時間を二時間と協定した場合には、一日二時間をこえる時間外労働は、いかに個々の労働者の同意をえた場合でも許されないことになる。このような効力をもつことからすれば、三六協定は労基法上特別に認められた一種の事業場協定であるということができるであろう。

5　三六協定の効力

使用者が三六協定なしに時間外労働をさせた場合には、それが労基法三三条の非常災害の場合を除き、六ヵ月以下の懲役または五千円以下の罰金に処せられる。しかし三六協定が適法に締結せられ、かつ届出がなされている場合には、時間外労働をさせても罰則の適用をうけない。三六協定は、第一にこのような公法的効果を有する。

また三六協定には、「延長すべき時間」を必ず定めなければならず、適法な三六協定に基づく時間外労働も、当該「協定の定めるところに」よらなければならない。すなわち、協定に定める限度をこえてなされた時間外労働については、使用者は労基法三二条一項違反の責を免れないのである（昭二三・七・二七基収二六二二号）。したがって、三六協定はその内容として協定された限度で、使用者が事業場内の個々の労働者と時間外労働の契約を結ぶことを適法ならしめるという効果をもつことになる。

以上の点については、学説上余り異論のないところである。しかし三六協定が適法に締結され、届出がなされている場合に、当該事業場の労働者は、協定の定めるところに従って時間外労働をなすべき義務を使用者に対して負うかどうかという点に関しては、学説判例はつぎのように分かれる。

一　第一は、三六協定自体から個々の労働者の残業義務が生ずるとする見解である。すなわち、労基法は、三六協定を「一定限度において労基法上の法律関係につき『特殊な労働秩序を自主的に形成し得る要具』として認めたものともみられ得るから、それは同時に一種の経営協定（Betriebsvereinbarung）としての側面をもち、規範的並びに債務的効力をもつものと解し得る」（孫田「わが国労働法の問題点」三五〇頁）とし、あるいは三六協定は「その協定内容が労働条件の最低基準であること、および当該事業場（一の経営体）の決定的多数者の規範意識が制度的に評価されていることを理由として、事業場内全従業員に対し統一的に直律する規範的効力を有する」（花立「労働基準法上の協定」専修法学論集二号四九頁）と説くのである。三六協定が締結されれば、「その協定自体が個別の労働契約の内容に化体するか、もしくは内容を規律」し、「三六協定の範囲内においては使用者から命令されれば労働者には早出・残業・休日労働に応ぜねばならないという一般的、抽象的な労働契約上の義務が当然に発生」する（近藤富士雄「三六協定締結後の残業義務」中の発言、季刊労働法七四号七八頁）という見解もこれと同列に位置するものである。

裁判例としては、「組合と会社との間に協定がなされた以上、組合員は右協定に服する義務あるものというべきであるから、正当の理由なくして会社の残業命令を拒否することは許されない」（池貝鉄工所事件・東京地裁昭二五・六・一五決定労民集一・五・七五三）とするもの、あるいは組合との間に「残業協定が成立している場合は、その協定の範囲内で使用者は労働者に残業就労を求めることができる」（佐久間鋳工所事件・横浜地裁昭三九・二・一九判決労民集一五・一・六一）とするものがある。判旨は、いずれも三六協定から直接残業義務が生ずることを認めたものであるのか、あるいは三六協定が労働協約として結ばれているから残業義務が生ずるとしたのかは必ずしも明確でない。しかし少なくとも三六協定が組合との間に「協定され」ているときには直接残業義務が生ずるとしている点で第一の見解の中に含めて差し支えないであろう。

二　第二の見解は、三六協定そのものは免罰的効果をもつにすぎないが、三六協定に加えて、残業を義務づける趣旨の労働協約・就業規則等が存在する場合には、個々の労働者に残業義務が発生するとするものである。すなわち、「労働者が使用者の超過労働命令に従う私法上の債務を負担するかどうかは労働協約、就業規則、慣習等によってその内容がきまる場合をも含めた意味における労働契約によってきまる。」（有泉「労働基準法」三三九―三四〇頁）と説かれ、あるいは「具体的な債務は、労働協約か就業規則の明白な規定による。そのような労働協約や就業規則が有効な期間中は、労働者は、事情の変更の原則が適用し得るような場合その他正当な理由がなければ、労働者は、時間外労働或は休日労働を拒否することができない。」（松岡「条解労働基準法」上四四七頁）と説かれている（同旨、労働省労働基準局編著「労働基準法」上三四六頁、石井「新版労働法」一八五頁）。

この立場に立つ裁判例としては、「時間外労働を義務づける就業規則」が存在する場合には三六協定有効期間中は残業義務が生ずるとする福岡高裁昭四〇・一一・一判決（西日本新聞事件・労民集一六・六・八一九）、三六協定が締結されたほか、労働組合と使用者との間に「覚書が交換され、従業員は昭和四〇年度においては右各協定に基づく時間外就労の義務を負うことを承認したのであるから」残業義務が存するとする名古屋高裁昭四六・四・一〇判決（全日本検数協会名古屋支部事件・原審の名古屋地裁昭四三・一〇・二一労民集一九・五・一三二六も同旨）、「およそ、ある事業場の就業規則は、より有利な内容の特別の労働契約がない限り、それ自体労働契約の内容になる。従って三六協定があり、休日出勤を定めた就業規則があれば、労働者の個別的同意はいらない。労働協約がある場合も同様である」とする山口地裁徳山支部昭四四・八・二七判決（東洋鋼板事件・労経速六八八号三頁）などがある。

三　第三の見解も、第二説同様、三六協定自体は免罰的効力をもつにすぎないと解するが、協約や就業規則、労働契約等で残業が義務づけられている場合でも残業義務は生ぜず、残業義務が生ずるためには、個々の労働者のその都度の同意が必要であると説く。この立場に立つ学説は、基本的には「八時間以上の労働や休日労働を拒否する個々の労働者の自由――拒否すべき義務は排除されるが――は、三六協定下においても労基法に保障されるミニマムの権利である。この自由を拘束する他律的・画一的規範は労基法に反して無効と解すべきである。」（沼田「労働協約の締結と運用」一三九頁）ということを前提とし、三六協定が適法に締結せられていることは、これによって使用者は合法的に労働者に対し超過労働の申込みをなしうるにとどまると解する（本多「業務命令施設管理権と組合活動」一二五頁以下、青木「時間外労働協定」労働法二六号、山本「労働時間制の法理論」一〇〇頁以下、佐藤「労働基準法第三六条と争議行為」労働法大系三巻一五六頁、宮島「労働協約の法理」学習院大学法学部研究年報(3)二八頁、三島「残業拒否・定時出勤」季刊労働法五六号一一五頁、深山「三六協定」季刊労働法六八号五七頁等）。そしてこれらの学説の多くは、残業義務が発生するためには、「そのつどの合意」を必要とする（沼田、本多、山本前掲書）としているが、「適法な三六協定の締結と届出を条件として協定に定められた限度内での時間外・休日労働を引受ける旨を予め契約することは有効であり、かかる契約があった場合にのみ三六協定にもとづく就業命令の違反が債務不履行となるにすぎない。」（吾妻編「註解労働基準法」〔蓼沼〕三八二頁）と解する説もある。

裁判例としては、東京地裁昭四四・五・三一判決（明治乳業事件・労民集二〇・三・四七七）が、「時間外勤務に関して三六協定、労働契約、就業規則、労働協約などいかなる形式をもって取り決めをしてみても労働者にその義務を生ずることがないが、ただ三六協定成立後、使用者から具体的な日時、場所、などを指定して時間外勤務に服してもらいたいとの申込みがあった場合に個々の労働者が自由な意思によって個別的に明示もしくは黙示の合意をしたときは、それによって労働者の利益が害されることがないから、その場合に限り、私法上の〔時間外〕労働義務を生ずるものと解するのが相当である」と判示して以来、仙台地裁昭四五・五・二九判決（七十七銀行事件・労民集二一・三・六八九）および広島地裁昭四五・七・二判決（広島西郵便局事件・労働判例一〇八号三五頁）がこれと同一の立場に立った判断を示している。

四　すでに述べたように、三六協定は労基法上特別に認められた事業場協定であるが、それは適法に締結されているときには時間外労働をさせても罰則の適用をうけないという公法上の効果と、個々の労働者と時間外労働の契約を結ぶときには三六協定の定めるところによらなければならない、という私法上の効果をもつにすぎない。すなわち三六協定が事業場協定であるとしても、八時間労働制ないし週休制を骨抜きにする制度を労基法三六条が許容したとは到底考えられないから、三六協定それ自体から残業義務が生ずるとは解しえないのである。三六協定の私法上の効力は、あくまでも、将来、使用者と個々の労働者が時間外労働の契約を結ぶ際の最低基準を設定したという点に限定されなければならない。この点では三六協定が労働協約として締結された場合でも変わりはない。

つぎに三六協定のほかに、残業を義務づける趣旨の労働協約や就業規則が存在する場合、それらの規定がいかなる効力をもつかが問題となるが、この点については問題を二つに分けてみていくことが必要であろう。

第一は、所定労働時間が八時間以内であって、八時間までの時間外労働をさせる場合である。このような場合には、そもそも三六協定は必要でなく、協約や就業規則の時間外労働に関する定めは労働条件の基準として労働契約の内容に入り込んでくるから、労働者は実働八時間までの残業義務を負うというべきである。ただし学生アルバイトやパート・タイマーのように、他の労働者に比し、労働時間が短いという特殊な勤務形態をとる労働者については、労働契約上有利な特約がなされているものとして個々の労働者のその都度の同意なしには時間外労働を命ずることができない。

また八時間までの残業であっても、時間外労働をなすべき日時やその内容が特定されていなくて、単に一般的概括的な時間外労働に関する義務が定められているにすぎない場合には、労基法一五条の労働条件明示義務との関連で、労働者側はこれを拒否するについて社会的に相当とされるような合理的な理由があるときは義務の不履行となしえない場合がありうるであろう。

第二は、実働八時間をこえる時間外労働の場合であるが、八時間をこえる時間外労働を義務づける協約・就業規則はその限度で労基法三二条に違反し、無効と解せざるをえない。この場合に、時間外労働に関する協約・就業規則が意味をもちうるのは、将来、使用者と個々の労働者が時間外労働に関する個別契約を締結するときの最低基準ないしは枠を設定した場合である。例えば、労働協約で一日二時間までの時間外労働を認める規定を設けているときには、協約の適用をうける労働者とは二時間までの残業契約しか締結できないことになる。就業規則についてもこれと同様に考えるべきである。

したがって、実働八時間をこえる時間外労働義務は、使用者と労働者がその都度個別的に合意した場合に初めて生ずると解すべきである。また労基法上、協定による時間外労働は、あくまでも不事の繁忙事態に対処するために例外的に認められているものであるから、事前に包括的同意を与えておくことは許されないというべきであろう。このように解すれば、争議戦術としての残業拒否は、労働者がいったん個別的な同意を与えた後に就労を拒否したとき初めて争議行為となりうることになる。

三　三六協定と就業義務

東京都水道局時間外労働拒否事件・東京地裁昭和四〇年一二月二七日判決
（労民集一六巻六号一二一二頁）

一　事実の概要

東京都水道局と東京水道労働組合との間には、昭和三六年八月一日に締結された「労働基準法三六条の規定に基く協定に関する協約」が存在するが、それは、具体的な三六協定が各事業場ごとに締結される際の締結当事者・時間外および休日労働の限度等の基準を定めたものであり、具体的な三六協定は締結されていなかった。

水道局は、昭和三七年四月より水不足対策として制限給水を行なうこととしたため、本件北部第一支所を含め七支所の管轄下で夜間作業が必要となった。

制限給水は四月一六日より実施されたが、北一支所長は、組合の北一支部に対し、右作業に従事する組合員に対する一四時間一五分相当の時間外手当支給、翌日の完全休養実施の要求を暫定的に認めたため、同月二〇日まで右作業は滞りなく実施された。しかし同月二一日同支部との間に行なわれた団体交渉において、支所長は、同日以降の作業にも上記労働条件を維持することについては了解を与えなかったため、同支部は同日以降作業を拒否することとし、組合役員である原告らは、予定されていた作業員を説得して同月二六日まで作業を拒否せしめた。

水道局（被告）は、原告らの右の行為が地公労法一一条一項に該当するとして解雇。そこで原告らは、東京都労委に対し不当労働行為の申立を行なったが、都労委は、水道局が従来組合を嫌っていたことや被告らを組合活動の中心人物として特に注目していたことが疎明されていない等の理由から不当労働行為ではないとして申立を棄却（昭和三九・九・八別冊労法旬五七一号）。原告らは中労委に再審査の申立をするとともに、東京地裁に対し本訴を提起した。

原告らは、三六協定がない場合、使用者が労働者に時間外労働を行なわせることは刑罰法規に触れる違法行為であり、労働者は労務提供の義務を負わない。したがってかかる違法な命令による業務の実施は、業務の正常な運営ということができないから、これを拒否し、または拒否させることは争議行為ではない、それゆえ地公労法一一条一項を理由とする本件解雇は、解雇権の濫用であると主張した。

これに対し被告は、①時間外勤務は、長年の慣行として三六協定の有無にかかわりなく日常的に実施されてきた、②前記制限給水作業についても、組合は全面的協力を約しており、ただ時間外勤務の手当の問題につき統一交渉をしていたにすぎない、③前記協約において三六協定に関する一般基準が定められているから、各事業所で締結さるべき三六協定は、すでに骨組みができているのと同様である。したがって三六協定の有無にかかわらず、職員は時間外勤務命令に服する義務があるとして争った。

二　判旨

裁判所は、まず地公労法一一条一項にいう「業務の正常な運営」とは日常的慣行的に行なわれている現実の業務の運営形態を意味し、それが適法なものであると否とを問わないという被告の主張に対し、「地方公営企業において慣行化した業務運営に違法が伴なう場合、それが比較的軽微な行政法規違反にとどまり業務の円滑な遂行上やむを得ないものとして社会的にも黙認されているようなときは、なお右規定にいう『業務の正常な運営』というを妨げないものと解されるけれども、右違法が労働者の利益を保障する労働法規侵犯の点に存する場合についても右と同様に解することは、同規定が職員の労働基本権に対するやむを得ない制約として争議行為を禁止した趣旨を越えて、広く労働者としての法的保護を奪うこととともなり、妥当でない。」としつつ、「三六協定を欠く本件時間外作業の実施は労基法上許されないものであつて、北一支所長の支所職員に対する右作業命令は、労働条件の法的基準を下回る勤務を強制する点において違法であり、職員は右命令に服従する義務を負わないものというべきである。」とした。

したがって、三六協定なしに強いられた時間外労働の阻止を目的とする本件行為は、労働者の団体行動の自由の範囲内のものであって地公労法の禁止する争議行為には該当せず、本件解雇は労組法七条一号の不当労働行為に当たるゆえ無効と判断した。

三　解　説

一　残業拒否戦術は、典型的には本件のように争議行為の制限禁止が立法上なされている官公労働者について問題になるわけであるが、民間労働者の場合にも、協約の平和義務ないし平和条項との関係で争議戦術としての意味をもちうる場合がある。しかし、いずれにしても時間外労働が常態化しているというわが国の労使関係の上に展開されるきわめて日本的な争議戦術であるといってよいであろう。

ところで遵法闘争との関連では、第一に争議行為のメルクマールとなる「業務の正常な運営」の阻害という場合の「業務の正常な運営」とはなにを指すかということが問題になる。学説では、①「業務の正常な運営」とは、業務が「適法に」運営されている状態でなしに、「事実上ノーマルな」作業状態を意味し、したがってかかる状態を阻害する組合の行為等が一定の争議目的貫徹の手段として行なわれる場合には争議行為に該当するという見解（吾妻・労働法概論二一三―四頁、同「遵法闘争の法理」季労一五号六六頁以下、石井・労働法二一九頁以下、三藤・不当労働行為の諸問題二五三―四頁等）と、②違法または法律上「非正常な」状態は、いかに慣行化しても法律上「正常な」ものとして取り扱われることはありえない、したがって労調法・公労法等にいう業務の「正常な」運営とは、業務の平常の運営状態をいうのではなく、さらに業務が「適法ないし法律上正当に」運営されていることを意味するから、いわゆる遵法闘争は、右の諸法規にいう争議行為には該当しないという見解（松岡「労働時間・時間外協定の解釈」季労三〇号六八頁、片岡「遵法闘争」労法旬三五九号三頁以下）と、③遵法闘争が争議行為となるかどうかについては、遵法闘争の具体的態様に応じ、各法規との関連において個別的に決定すべきであるという基本的立場に立ちながら、三六協定拒否が法律上非正常な時間外労働の常態化をあらためようとする意図に発するかぎりでは争議行為の禁止規定には触れないが、もっぱら他の争議目的に対する争議手段としてのみ用いられた場合には「争議行為」と解すべきであるとする見解（吾妻編・註解労働基準法（蓼沼）三九一頁以下）が対立していた。

本件においても被告は、地公労法一一条一項にいう「業務の正常な運営」とは日常的慣行的に行なわれている現実の業務の運営形態を意味し、それが適法なものであると否とにかかわらないと主張したが、裁判所は、「かかる業務形態について存する違法性の質や程度のいかんを問わず、ただそれが慣行化、常態化しているという事実により、一概にこれを争議権剝奪に値する正常な運営視する見解は、憲法の法治主義、人権尊重のたてまえからもたやすく首肯し難く、右規定の正当な解釈とは認められない」として斥け、基本的には前記第二の立場に立ちながら、慣行化した業務運営の違法の性質、程度等を考慮して具体的に判定すべきものであるとして、これを一歩進めている。

二　本件のように三六協定が存在しない場合には、使用者側に業務上の必要性があり、また従来慣行的に残業が行なわれていたとしても、八時間労働は、労働者の権利であり、しかも労基法上承認された原則であるから、適法な就労命令が出てくる根拠はないというのが通説であるといってよいであろう（野村「業務命令と組合活動」労働法ノート一九三頁、沼田・団結権擁護論三五八―九頁、人事行政学会・公労法ハンドブック五八―九頁）。本件判決もこれに従うものである。

しかし遵法闘争としての残業拒否については、それが、(1)三六協定の締結拒否という形で行なわれる場合、(2)三六協定の有効期間中に残業を拒否する場合について、さらに論議が展開されている。

(1)　残業拒否が三六協定の締結拒否という形で行なわれる場合には、一般には協定を締結するかどうかは労働者の自由であり、これまで協定を締結してきたかどうかにかかわりなく協定の締結を拒否することができる（正田・官公労法一二五頁、松岡「労働時間・時間外協定の解釈」季労三〇号六八頁）と解されている。

(2)　問題は、三六協定が締結せられているときの残業拒否についてであるが、多くの学説は、三六協定は、単に処罰の解除条件としての意味しかもたず、時間外労働に服すべき労働者の義務は、三六協定から直接に生ずるものではないと解している（本多・業務命令施設管理権と組合活動一二〇頁以下、労働省編・労働基準法（上）三四一―二頁等）。

ただ三六協定が協約の形式をとる場合には、同時に組合員に対する関係で時間外労働の義務をも発生せしめるかどうかが問題となる。これについては、(イ)協約の一般法理から残業義務を肯定する説（松岡・条解労働基準法（上）四四五頁、西村他・労働基準法論一八六頁等、なお組合と会社との協定により、組合員に残業命令に服する義務があるものとされた例として、池貝鉄工所事件・東京地決昭和二五・六・一五労民集一巻五号七四〇頁がある）、(ロ)協定（協約）は、残業がなされる場合に、それに違反してはならない例外的最低基準として協約の内容となるのであって、それ以上に労働者を拘束することはできない、したがって個々の労働者の合意なくしては残業義務は生じないという反対説（沼田・労働法論（上）三七六頁、吾妻編・前掲書三八一頁、山本「三六協定と残業拒否闘争」野村還暦記念・団結活動の法理二六一頁以下、佐藤「労基法三六条協定と争議行為」労働法大系3一五六頁、外尾「基準内労働・基準外労働」労働法大系5一四〇頁等）が対立している。

四　宿直業務と監視断続労働
――東京都教委譴責処分取消請求事件――

東京高裁昭和三八年一〇月一二日判決
（昭和三二年（ネ）第一九〇二・第一九一二号東京都教委譴責処分取消請求控訴事件）
（高民集一六巻八号六一二頁）

一　事実の概要

X、Y、Zは、東京都の公立学校教諭であるが、それぞれ宿直勤務中、火災が発生し、校舎が焼失した。X、Y、Zはいずれも勤務を懈怠したという理由で、当時（昭和二五年～二六年）懲戒権限を有していた東京都教育委員会により譴責処分に附された。XYZは、右教育委員会を相手どって、懲戒処分の取消請求訴訟を東京地裁に提起した。

東京地裁は、Zについては、勤務懈怠の責任なしと認定して処分の取消しを命じ、XYについては、都教委の主張を認めて請求を棄却した（東京地裁判決昭和三二・八・二〇労法句別冊二八四・五号）。

そこでXYは、第一審判決を不服として控訴し、都教委も、原判決中Zについて敗訴した部分の取消しを求めて控訴した。控訴審での法律上の争点は、もっぱら労基法（以下単に法という）四一条三号の監視断続労働に宿直業務が含まれるかどうかという点にあった。

第一審原告（XY）は、この点につきつぎのように主張した。

(1)　労基法四一条三号について。

①　同号にいう「監視又は断続的労働に従事する者」とは、監視断続約労働を本来の業務とする者を指し、宿直のように他に本来の業務のある者が、その業務以外に宿直として断続的労働に従事する場合は同号に該当しない。

②　同号に規定された断続的労働と労基法施行規則（以下単に規則という）二三条所定の宿直とはその実体においても相違する。

③　規則二三条は法四一条三号に基づいて設けられた規則三四条と異なり、「許可を受けた場合は、法第三十二条の規定にかかわらず使用することができる。」と規定しているが、このことは規則二三条は法四一条三号に基づく規定ではなく、法三二条の例外を創設したものであることを示しているのである。なお、規則二三条の置かれた法文上の位置からみてもそれが法四一条三号に基づくものでないことが明白である。

要するに法四一条三号は、その立法趣旨、文理、形式のいずれからみても、本来の業務自体が断続的業務に従事する者に関する規定であって、本来の業務を有する者が宿直として断続業務的に従事する場合について定めた規定ではない。

(2)　規則二三条が、法四一条三号の例外を定めたものとすれば、それは法の委任なくして法の適用を排除することを定めた命令であるから、法三二条、憲法二七条に違反し無効である。したがって規則二三条によっては公立学校教諭に宿直を命ずることは許されない。

これに対し、第一審被告（都教委）は、法四一条三号所定の「監視又は断続的労働に従事する者」には、かかる労働を本来の業務にしている者ばかりでなく、他に本来の業務のある者が、それ以外の労働として宿直をする場合まで包含するものと解するのが正当であり、また規則二三条は法四一条三号の施行規則たる性質をもっていることはその規定自体に照らして明白であるとして争った。

二 判 旨

一 法四一条三号の「断続的労働に従事する者」とは断続的労働を本来の業務とする者のみを指し、本来の業務の外に宿直として断続的労働に従事する者を包含しないものと文理上解釈しなければならないものとはいえない。また法四一条三号が特則を設けた趣旨は、監視断続労働の場合に、他の実労働と同様の労働時間、休憩、休日の規定の適用をすれば均衡を失するところにあるが、このことから直ちに本来の業務の外に宿直としての断続的業務に従事する者が、法四一条三号に該当しないと断ずることはできない。したがって規則二三条は、法四一条に基づくものであり、規則二三条にその旨の明示の規定がないこと、同条の位置が労働時間に関する規定の部分におかれていることは、右の解釈を左右するものではない。けだし規則二三条は、本来の業務の外に宿直として断続的業務に従事する者につき、本来の業務が断続的である場合とは別異に取扱い、法三二条の適用の除外のみを定めるものであり、その関係上同じく法四一条の規定に基づく規則三四条と規定の位置を異にするものと解せられるからである。

二 また法四一条は、同条各号の一に該当する労働者については法の定める労働時間、休憩および休日に関する規定を適用しないことができる旨を定めたものであり、労働時間、休日に関する規定の適用を敢て禁ずる趣旨ではないと解されるから、規則二三条が労働時間についてのみ法三二条の適用を除外する旨を定めたものと解するからといって、同条が法三二条に違反しないのはもとより、憲法二七条に違反するものとはいい難い。

――として控訴を棄却。

三　解　説

宿直および日直は、ほとんどすべての事業場において広く行なわれているが、宿日直を本務として雇われた者がいる場合にはそれほどの問題は生じない。その勤務が定期的巡視、緊急文書または電話の収受、非常事態発生に備える準備や措置などを目的とするもので断続的労働に属するとすれば、法四一条三号がそのまま適用されるから、規則三四条により行政官庁の許可をうければよいわけである（同旨、昭和三四・三・九基収六七六二号）。

しかしわが国では、警備員・小使等の専門の要員による宿日直とは別に、他に本務を有する従業員が所定勤務時間外に宿日直をする慣行がみられる。普通、宿日直という場合には、このような特殊な勤務の形態をさしていると考えでよいであろう。

規則二三条は、「使用者は、宿直又は日直の勤務で、断続約な業務について」「所轄労働基準監督署長の許可を受けた場合は、これに従事する労働者を、法第三十二条の規定にかかわらず、使用することができる」と規定しているが、行政上の取扱いとして、同条は、法四一条三号に該当する特殊な場合についての解釈規定とされ（昭和二三・

三・一七基発四六四号、昭和三四・三・九基収六七六三号）、したがってこの規定に基づいて許可をうけた宿日直の勤務については、労働時間、休憩および休日に関する労基法の規定は、すべて適用がないと解されている（昭和二三・一・一三基発三三号）。

以上のような宿日直の取扱いに対しては、つぎの点が判例学説上問題とされてきた。

第一は規則二三条の違憲性である。すなわち行政解釈では、規則二三条は法四一条三号に基づくものであるとされているが、多くの学説はつぎのような理由から、これを違憲無効の規定とした。

① 法四一条三号は、本来の業務が監視断続労働である労働者を対象としているのに対し、規則二三条は、本来の業務を別にもつ者が、その業務の終了後にときどき従事する宿日直という特殊な労働を対象としているから、両者はまったく別個の性質のものである。

② 法四一条三号に基づくものとしては、すでに規則三四条が定められている。規則二三条が法四一条三号に基づくとするならば、なぜに両者がこのようにはなればなれにおかれているのであるか。

したがって宿日直は通常の勤務の変形にすぎず、本務が断続的労働である場合とは異なるから、法四一条三号を根拠にこのような施行規則を作ることは許されず、また規則二三条に対応する法律規定は他に存在しないから、規則二三条は、労働条件に関する基準を法律によらないで定めたものとして憲法二七条二項に反するとする（後藤「労働基準法雑題」法律文化三巻一〇・一一合併号、松岡・条解労働基準法（上）五六五頁、恒藤「宿直および日直について」同志社法学三四号六九頁、青木「宿日直勤務と賃金」月刊労働問題三四号六三頁、沼田・労働法論（上）三六五頁、西村外・労働基準法論一九一頁等）。

これに対し、他の論者は、日本的な宿日直の不合理性や規則二三条が形式的にみても実質的にみても法四一条三号に基づくとするにはかなりの無理があることを指摘しながらも、規則二三条は違憲であるから宿日直勤務を命ずるには時間外労働の手続を経て時間外手当を支払わなければならないとすれば、(イ)宿日直につき行政官庁の許可制を外すことになり、組合のないところ、あるいは弱いところでは宿日直が野放しで行なわれるおそれがある。(ロ)宿日直のための時間外手当についても、労働者の組織の弱いところでは、宿日直という特殊な勤務に固有の低い賃金が定められることにより、不当に安い時間外手当（宿日直手当）が支払われる可能性があるということから、法四一条三号は、本務を他に有する者が附随的に監視断続労働に従事する場合も、その本務と附随的業務とを一体としてとらえて労働密度の点から、労働時間に関する法的規制を外しても労働力の保護に欠けるところがないと判断される場合には、その者が宿日直に従事するかぎりで四一条の適用を認めても差支えないと解した（外尾「基準内労働・基準外労働」労働法大系5一三三頁以下、同旨、有泉・労働基準法三一九頁以下。なお理由づけは若干異なるが規則二三条を違憲とみない説としては、吾妻編・註解労働基準法五六九頁、山本「官公労働者と労働基準法（下）――宿日直について」茨大政経学会雑誌九号八九頁以下）。

この問題を扱った裁判例は僅少であるが、本件第一審判決および熊本地裁昭和三七年四月三日判決（熊本県教職員組合事件・行裁例集一三巻四号七〇九頁）は、いずれも法四一条三号は、元来、監視断続労働を本務とする者に対する規定であるが、必ずしもこればかりに限定されることなく、他の業務に従事する者が附随的に監視断続労働に従事する場合をも過度の労働に亘らないことを条件として包含規定する趣旨のものであると解した。本件判決は、これまでの判例の立場を踏襲したものである。

第二に、規則二三条が法四一条三号に基づくとして、規則二三条と労働時間、休憩、休日との関連が学説上問題とされていた。規則二三条が「法三二条の規定にかかわらず」と定めているところから、文理上の解釈からは、法三四条の休憩、三五条の休日、五一条の女子の労働時間および休日の規定の適用は排除されていないように思われる。この点は行政解釈でも当初認めていたところであるが、後にこれを改め、規則二三条が法三二条だけをあげているのは例示にすぎないとした（昭和三四・三・九基収六七六三号）。

しかし本件判決は、このような解釈を斥け、宿日直については法三二条の労働時間の適用の除外のみが認められるにすぎないことを明らかにした。したがって休憩・休日の規定は、附随的業務として行なう宿日直勤務者には適用されるわけである。

五　教員の時間外勤務手当

調布第三中学校事件・東京地裁昭和四三年一一月二八日判決
（判例時報五四六号四九頁）

一　事実の概要

原告らは、いずれも東京都の公立学校の教職員で調布市立第三中学校に勤務し、市町村立学校職員給与負担法一条に規定する給与の支払をうけているが、昭和三五年四月一日から翌三六年三月三一日までの間に、学校長の指示にもとづき職員会議に出席して時間外勤務を行なったにもかかわらず、労基法三七条の定める時間外勤務手当の支払がなされていないとして、同手当並びに労基法一一四条によるこれと同額の附加金の支払を求めた。

これに対し被告（調布市）は、①原告らのごとき公立学校の教員は、そもそも時間外勤務手当請求権を有しないし、②仮に有するとしても、その支払義務者は都道府県であり、③仮に原告らが職員会議に出席したことにより時間外勤務をしたと認められても、本件時間外勤務手当の請求は信義誠実の原則に反し、かつ権利の濫用である、として争った。

二　判　旨

一　(1)　教員の職務が単純な機械的作業あるいは事務処理と異なり、児童生徒の健全な育成という創造的なものであることから各教員がその職務を遂行するにあたり、常に所定の勤務時間に拘束されていたのではその活動に柔軟性を欠き本来の目的を達成することは難しい。しかし「右の職務の性質並びに勤務の実態そのものは、教員が現実に勤務した時間を算出することが事務上容易でないことの説明にはなるものの、右の教員の勤務の実態がすでに教員が時間外勤務をすることがあることを示しており、この時間外勤務時間の算定が常に不可能であると称し得ないことは当然である」。「従つて、このような教員の勤務の実態は教員に時間外勤務手当を支給することが不適当であるという根拠にはならないし」、まして教員は時間外勤務手当請求権を有しないという「解釈を導き出す手がかりにはならないというべきである」。

(2)　被告は、東京都下で勤務する教員は労働基準法の制定以後においても時間外勤務の観念をもたず、ひいてはこれに対する特別の手当の支給も期待していないという慣行が長く続いており、これが、教員が時間外勤務手当請求権を有しないことの一根拠であると主張するが、「被告の主張するような事実をそのまま肯認することはできず、他にそのような事情の存在を窺わせるに足りる証拠はない」。逆に、「東京都下に在勤する教員並びにそれ以外の教員から時間外勤務手当の支払を求める訴訟が東京その他の地方裁判所に提起されたことは公知の事実である」。「従つて被告の右主張はにわかに容認し難い」。

(3)　また被告は、教員に対しては時間外勤務手当を支給しないみかえりに調整号俸を付して一般行政職員よりも初任給で優遇しており、これも立法に際して教員に時間外手当を支給しないことにした理由の一つであると主張する。しかし「教員の初任給はこの措置によつて昭和三五年四月当時で一般行政職員より一、八一〇円高くなつているが、その後の昇給の過程では〔逆〕に行政職員の昇給率が高いために教員の方では昇給期間を短縮することにより辛うじてこの優遇措置を維持しているものの、一時的には行政職の方が高い時期のあることが認められることからすると、実際には時間外勤務手当を支給しないことのみかえりとしての意味は非常に少いとも考えられる」。「この優遇措置が右のように優遇の意味を充分には保つていないにもかかわらず、その後これが是正されておらず、且つ被告の主張するような優遇措置の趣旨が法令上明確にされていないことからすると、この調整号俸の点から現行法上教員に時間外勤務手当請求権は存しないとの結論を引き出すことは困難である」。

(4)　以上の諸事実から考察すると、教員の職務が本質的に時間外手当になじまないとはいい難いばかりでなく、「これを実定法に照らして見ると労働基準法、教育公務員特例法、市町村立学校職員給与負担法の上ではこれを消極に解さねばならない条文上の根拠は存しないばかりかむしろ、昭和二二年法律第一六七号労働基準法等の施行に伴う政府職員に係る給与の応急措置法以来法は一貫して公立学校の教員には時間外勤務手当を支給する建前であつた」。また「地方公務員法においては、同法第五八条により労働基準法第三二条、第三七条等が地方公務員たる教員に適用があることが明示されており」、「更に実質的に考えても、教員が現実に時間外勤務した時間を事後明確に算出することは常に不可能であるとは考えられないこと、更には地方公務員法によれば同法の適用をうける職員は法律又は条例に特別の定めがある場合を除く外、その勤務時間及び職務上の注意力のすべてをその職務遂行のために用いることを義務づけられているが決して無定量の職務義務を負うものではないことからすれば、その反面において所定の勤務時間をこえて労働したときには、これに対し相当の対価を支給してこれに報いるのが当然であつて労働基準法は憲法第二七条第二項に由来し、労働基準法の定める労働条件は最低のものであることに徴すると、教員についても同法所定の時間外勤務手当を認めるのが相当といわねばならない」。

二　被告は、①市町村立学校職員給与負担法第一条に列挙された給与項目は例示的列挙であり、これと同性質のものはすべて包含されるから、市町村立学校教員の時間外手当も都道府県の負担とされるべきものである、また②市町村財政の薄弱および不均衡、③教員の任命権が都道府県教育委員会にあること等から、時間外手当の支払義務者は都道府県であると主張する。

しかし、①労働基準法施行以後制定された昭和二三年政令第二八号、市町村立学校職員給与負担法が数次にわたって改正され、そのつど都道府県の負担する項目が追加されながら市町村立学校教員の時間外手当については現在にいたってもなおこの中に入れられていないこと、②市町村財政の薄弱は、それ故にこそ本来学校設置者である市町村の負担すべき費用を都道府県に負担させることとした趣旨であること、③給与項目のなかの一費目の支給者と任命権者が不離の関係になければならないとの根拠は存しないこと等から、「市町村立学校職員給与負担法第一条に列挙された項目は限定的なもの」であり、時間外手当を「支給すべきものは都道府県であるとの被告の主張はいずれも理由がない」。

三　被告はさらに、①教員の下校が所定の勤務時間終了時刻より早い場合もあること、夏季その他の長期休暇の際に必ずしも自宅研修が行なわれていない事実があること、②従来より教員は時間外手当の支給を期待していない慣行が存したこと等から、時間外手当の請求は信義誠実の原則に反し、かつ権利の濫用であると主張する。

しかし「教員にも労基法第三二条第三七条の適用がある以上、その時間外勤務には所定の手当を支給した上勤務の励行について改善すべき余地があれば、それを行うのが本則であつて、右手当を支給することなく、この不支給を一因として生じた教員の前記の如き勤務の状況を捉えて時間外勤務手当の請求は信義誠実の原則に反し権利の濫用であるとすることはできない」。また仮に時間外手当不支給の「慣行があったとしても、これが労働基準法第三七条の趣旨に反することはこれ迄の説明から明らかである以上このような慣行は公の秩序に反するものとして法律上の効果をもたせることはできないところである」。

三　解　説

一　教員の時間外勤務手当については、「教師は聖職者であるか、労働者であるか」という形でかなり古くから文部省と日教組の間で争われてきたし、また現に争われている。日教組は、わが国の教員が、長年にわたって時間外勤務手当をうけることもなく超過勤務や休日勤務を行なってきた状態を改善するため、昭和四〇年に文部大臣に対し、市町村立学校職員給与負担法の改正による超過勤務手当制度の確立を要求した。その結果同年一〇月一八日、当時の中村文部大臣は、日教組代表に対し、「日教組の要求に対しては文部省として誠意をもってとりくむ。そのため昭和四一年度に約八六〇万円の予算をもって教員の超過勤務の有無について全国実態調査を行ない、その結果をえてさらに日教組と話合い、解決のための結論を出す」という確約を行なった。昭和四一年度一年間にわたって行なわれた文部省の実態調査によれば、平均して一週間当たり、小学校では二時間三〇分（月一〇時間）、中学校三時間五六分（月一五時間四四分）、全日制高校三時間三〇分（月一四時間）の時間外勤務が行なわれている事実が判明した。

そのために文部省では、四二年六月に超勤手当制度確立の方針を内定し、日教組代表に対して、「昭和四三年度から超勤手当を支給する方針である」という回答を行なった。そして四三年度の予算編成に当たっては、概算要求として六三億円を計上した。

しかし、その後、予算の確定をめぐって、文部省当局と、財政の硬直化を理由に予算の削減を主張する大蔵省と、「教師は労働者ではなく聖職にあるのだから労働基準法に基づく超勤手当は支給すべきでない」と主張する自民党文教部会との間で意見が対立し、結局、昨年三月一日に、①教員に対し昭和四四年一月より「教職特別手当」として本俸の一律四％（一人月平均二、〇〇〇円）を支給する、②教員に対しては労基法上の時間外勤務手当制度の適用を排除し、業務命令をもって時間外勤務、休日労働を行なわせることができるようにする、③管理職手当の支給をうけている校長、教頭は、「教職特別手当」の支給対象から除外する、という閣議決定が行なわれた。そして三月四日には「教育公務員特例法の一部を改正する法律案」が第五八国会に上程されたのである。この法案は、日教組や社会党を始めとする野党側の強い反対により、六月の通常国会で一応廃案となったが、政治問題としてはいまなお懸案となっている。一方、日教組は、全国的に超勤訴訟を起こし、その一つとして出されたのが本件判決である。こういった情況のもとで出された判決であるだけに、教員の時間外勤務手当請求権を明確に肯定した本判決は極めて高い意味をもっているといってよいであろう。

二　教員の職務に時間外勤務の観念が認められるかどうかは、法的にもかなり古くから争われてきたところである。

昭和二三年に提起された京都市立小学校教員超過勤務手当請求事件において、京都府は、「原告等が当時その担当の教育事務を完全に果すためにはいわゆる居残りを余儀なくされる実情にあつたことは認めるが、原告等のなした居残りは校長から時間外労働を命ぜられてなしたものではなく却つて原告等自身の愛国愛児の真情より出た任意自発の奉仕行為であつて、全く反対給付の伴わない性質のものである。被告においてもこれに対し衷心より敬意を表するに吝なるものではないが、それは反対給付の要求を伴わない故に尊しとするのである。然るに原告等がこれに対し、割増賃金を訴求する如きは自ら自己の崇高な聖職を放棄して市井一介の労働者に伍せんとするもので被告の甚だ遺憾とするところである。」（労民集一巻六号一〇四八頁参照）という見事な聖職論を展開した。京都地裁はこれを「賃金によつて自己と家族の生活を維持する者にとつて賃金は生命の保障である。自己の労働に対し賃金の支払を期待するのは特段の事情のない限りむしろ当然のことであつて、何等いやしいことではなく、又その請求の手段方法を誤らなければ教育者としての品位を傷けるものではない。教員の経済的な要求を崇高な聖職という名の下に一概に抑圧せんとする如き態度には到底賛し得ない。」（昭和二五・一一・九労民集一巻六号一〇四三頁）として一蹴し、教員も労基法にいう労働者であり、「小学校教員と雖も正規の勤務時間の定められている以上、それを超えて労働した時間に対し労基法に従う割増賃金を支払うことは何等妥当性を欠くことではない」と判断した。

もっとも右の控訴審判決において、大阪高裁は、市町村立学校職員給与負担法の解釈から時間外勤務手当の支払義務者は学校設置者たる京都市であって、任免権者である京都府ではないとして原判決を取り消し、請求を棄却（大阪高判昭和二八・一二・一六）し、最高裁もこれを支持した（最高三小判昭和三二・七・二三民集一一巻七号一三三一頁）。

その後、静岡県立学校教職員超過勤務手当請求事件（静岡地判昭和四〇・一二・二一労法旬五八五号、判時四三四号一四頁）において、静岡地裁は、①職員会議への出席は教職員の職務の一部に属し、時間外に職員会議が行なわれた場合には時間外勤務となる、②教職員はその勤務につき校長の指示・命令に服従する義務があるから、時間外職員会議への出席が校長の違法な命令によるものではないとしても、県は教職員に対し時間外手当を支払う義務がある、③時間外勤務に対する割増賃金の支払は公の秩序に関する事項であるから事実たる慣習の存在をもってしても排除できないと判示し（評釈、判旨賛成、正田・判例評論九四号（判時四五三号）二五頁、青木・季刊労働法五九号九七頁）、この趣旨は控訴審判決（東京高判昭和四四・二・一三判時五四六号四二頁）においても支持された。

また静岡地裁は、市町村立学校教員の勤務時間外にわたる修学旅行、遠足等の学校行事および職員会議等への参加を理由とする時間外手当請求事件（昭和四一・一・二九行裁例集一七巻一号六四頁）において、市町村立学校職員給与負担法一条における給与項目の列挙は限定的列挙であるから学校設置者である市町村が時間外手当の支払義務者であると認定したうえ、右の超過勤務は命令権限のない学校長の違法な命令によるものであるが教職員は時間外勤務手当請求権を有するとし、ただ修学旅行、遠足に従事した勤務は実質上労基法四一条三号にいう監視断続労働に当たるゆえ時間外手当の支払義務はないとしてその部分の請求を棄却した。

さらに人事委員会でも、かつて千葉県教組が行なった超勤手当支給の措置要求に対して、同県人事委員会が昭和三六年に「教員の超過勤務に対しては、当然労基法に基づく割増賃金を支給すべきである」という勧告を県当局に提出したのをはじめとして、現在までに全国二十数県の人事委員会が同趣旨の勧告を出している（槇枝「教特法改悪阻止を中心とする教育三法粉砕のたたかい」労法旬六六八号三五頁）。

このようにみてくると、①教員が時間外勤務手当の請求権を有すること、②その支払義務者は、市町村立学校教員については学校設置者である市町村であること、は判例上ほぼ確立された原則であるといってよい。その意味では、本判決はなんら新しいものをつけ加えているわけではないのである。ただ本判決は、先ほど述べたように、教員の職務に「聖職」という古いイデオロギーを導入することにより、無制限無定量の勤務を課し、ひいてはものいわぬ「順良」な教師をつくりあげていこうとする政府自民党側の政治的な動きの中で改めて出されたものであるだけに「憲法の番人」である裁判所からする痛烈な批判が下されたとうけとめることができるであろう。

六　一ヵ月単位の変形労働時間制と就業規則

パートタイマーを多数使用しているある製造業の方から次のような質問をうけた。

「従来から仕事の都合で四週間単位の変形労働時間制を採用してきた。今回の労基法の改正では一ヵ月単位の変形労働時間制に改められているが、運用上どのような点に留意すればよいのであろうか。とくに就業規則との関係について教えて欲しい。」というのである。なお、この企業は、従業員を一〇〇人以上使用しているため、猶予措置がなく、一週間の法定労働時間は四八時間である。

一　一ヵ月単位の変形労働時間制の趣旨

改正前の労基法は、「使用者は、就業規則その他により、四週間を平均し一週間の労働時間が四八時間を超えない定をした場合においては、その定により前項の規定にかかわらず、特定の日において八時間又は特定の週において四八時間を超えて、労働させることができる。」（三二条二項）と定め、四週間単位の変形労働時間制を認めていた。しかし業務の繁閑の周期は必ずしも週単位ではないこと、通常の賃金計算期間が一ヵ月となっていること等から、今回の改正により変形制の最長期間を一ヵ月としたものである。

四週間単位の変形労働時間制は、これまでは、主としてタクシー、バス、ハイヤー、トラック等の運輸交通業やガードマン等の警備、施設管理関係、病院等で利用されてきたが、今後、週法定労働時間が四六時間、四四時間と段階的に短縮されていくにつれ、四週五休制あるいは四週六休制等の休日の増加によって労働時間の短縮をしようとする場合には、一般の企業でも、必然的にこの制度を利用せざるをえなくなる。その意味では、一ヵ月単位の変形制の重要性は増しているといえるであろう。

二　一ヵ月単位の変形労働時間制の要件

一ヵ月単位の変形労働時間制は、最長期間が従来の四週間から一ヵ月に延長されたほかは、改正前の変形労働時間制と要件等には変更がない。一ヵ月というのは変形制の単位期間の最長限度であるから、一ヵ月以下の期間とすることは差支えなく、したがって、従来変形期間を四週間としてきた場合に、引続き四週間単位の変形制をとることは一向に差支えない。

一ヵ月単位の変形労働時間制を採用するためには、次の要件が必要である。

(1)　使用者は、就業規則その他これに準ずるものによって変形労働時間制をとる旨の定めをしなければならない。「その他これに準ずるもの」というのは、就業規則の作成義務を負わない一〇人未満の事業場を想定したものであるから、一〇人以上の労働者を使用する事業場の使用者は、必ずその旨を就業規則において定めなければならない。一〇人未満の労働者を使用する事業場においても、変形労働時間制を採用する場合には、就業規則に準じてその定めを文書化し、労働者に周知させることが必要である。

(2)　一ヵ月単位の変形労働時間制を採用する場合には、変形期間を平均し、一週間の労働時間が法定労働時間を超えない定めをしなければならない。すなわち、変形期間における所定労働時間の合計を次の式によって計算される変形期間における法定労働時間の総枠の範囲内とすることが必要である。

$$46 \times \frac{\text{変形期間の暦日数}}{7}$$

したがって、たとえば一ヵ月を単位とする変形労働時間制の総枠を算定すると次のようになる。

(イ)　三〇日の月　$46 \times \frac{30}{7} = 197.1$（一九七時間）

(ロ)　三一日の月　$46 \times \frac{31}{7} = 203.7$（二〇三時間）

(3)　変形期間は、一ヵ月以内であれば、四週間でも、一五日でも、一〇日でも差支えないわけであるが、就業規則その他これに準ずるものにおいて「規定する期間の起算日を明らかに」しなければならない（規則一二条の二）。つまり変形期間を具体的に特定することが必要とされているのである。

(4)　さらに就業規則その他これに準ずるものにおいては、変形期間における各日、各週の労働時間を具体的に定めなければならない。なお、労基法八九条一項一号は、就業規則の必要的記載事項として始業および終業の時刻を掲げているから、就業規則においては、各日の労働時間の長さだけではなく、始業および終業の時刻も定める必要がある。

したがって、単に、抽象的、一般的に、「一ヵ月を平均し、一週間の労働時間が四六時間を超えない」旨の定めをするだけでは足りず、それゆえ、変形期間を平均し週四六時間の範囲内であっても、使用者が業務上の都合によって任意に労働時間を変更するような制度は認められないのである。

三　就業規則の記載例

就業規則には、変形労働時間制の要件として以上に掲げた点を記載すればよいわけであるが、参考までに二、三の事例をあげておくことにする。

(1)　いわゆる四週六休制をとる場合（変形労働時間制）

第○○条　所定労働時間は、一ヵ月を平均し一週間の労働時間が四六時間を超えないものとし、各日の労働時間を次のとおり定める。

始業時刻　午前八時
終業時刻　午後五時
休憩時間　正午　―　午後一時

2　前項の規定による一ヵ月の起算日は毎月一日とする。

（休日）

第○○条　休日は次のとおりとする。

1　日曜日

2　毎月第一、第三土曜日
3　国民の祝祭日
4　年末年始（一二月二九日より一月四日まで）
5　その他とくに定められた日

(2)　月末の繁忙事態を処理するための変形制の場合

第○○条　所定労働時間については、一ヵ月単位の変形労働時間制によるものとし、各日の労働時間、始業時刻、終業時刻および休憩時間は、次のとおりとする。

日	所定労働時間	始業時刻	終業時刻	休憩時間
毎月一日から二四日まで	七時間	午前九時	午後五時	正午から午後一時まで
毎月二五日から月末まで	九時間	午前九時	午後七時	正午から午後一時まで

2　前項の一ヵ月の起算日は毎月一日とする。

(3)　一ヵ月単位の変形労働時間制をとる場合には、このように一定期間の起算日と、割り振られる各日、各週の労働時間を具体的に特定して就業規則に記載しなければならないが、事業によっては各課、各班、各人毎に勤務番が異なり、すべてのパターンを就業規則に具体的に定めるのが困難なことがある。また、業務の実態から月毎に勤務割を作成する必要がある場合もありうるであろう。そのような場合には、「就業規則において各直勤務の始業終業時刻、各直勤務の組合せの考え方、勤務割表の作成手続及びその周知方法等を定めておき、それにしたがって各日ごとの勤務割は、変形期間の開始前までに具体的に特定することで足りる。」（昭六三・三・一四基発第一五〇号）とされている。

四　一ヵ月単位の変形労働時間制と時間外労働

広告業を営む使用者から、一ヵ月単位の変形労働時間制をとる場合の時間外労働の計算方法、業務上の都合によりさらに労働時間を変更した場合の処理の仕方について質問をうけ、また別の企業の労務担当者からは、従来の四週間単位の変形労働時間制をそのまま維持する場合、就業規則の監督署への届出は不要であるのかという質問をうけた。前の一ヵ月単位の変形労働時間制と就業規則についての質問とも関連するので併せてここでみていくことにする。

五　変形労働時間制を定める就業規則と届出

まず、一ヵ月単位の変形労働時間制については、変形制の最長期間が四週間から一ヵ月に改められたが、その他の要件には変更はない。しかし、労基法施行規則一二条の二により、変形期間の起算日を就業規則その他これに準ずるものに明記すべきことが義務づけられ、かつ、就業規則の必要的記載事項を定める労基法八九条一項一号および労働条件の明示義務を定める同法一五条一項、同法施行規則五条一項一号により、始業終業の時刻および休憩時間を明示すべきことが義務づけられているのである。すなわち、どの月、どの週、どの日（何日から何日まで）を変形期間とするかということと、その期間中に割り振られた各日、各週の労働時間、始業終業時刻、休憩時間を具体的に特定し、明示することが要請されている。したがって、従来どおり、四週間単位の変形労働時間制をとることは自由であるが、就業規則には、変形期間の起算日、各日の始業終業時刻、休憩時間等を具体的に記載しなければならない。

一ヵ月単位の変形労働時間制は、他の変形制のように労使間の協定とか監督署への届出は必要ではないが、就業規則に記載が義務づけられている以上、変形労働時間制を定める就業規則は、新たに作成するものであれ、改正されたものであれ、労働基準監督署に届出ることが義務づけられているというべきである。就業規則の届出がない場合には、労基法八九条違反の罪に問われる。

しかしながら、労基法三二条との関係では別異に解しなければならない。一ヵ月単位の変形労働時間制は、労基法三二条に定める労働時間の原則に対する例外のひとつとして、同法三二条の二において認められたものであり、そこに定める要件を具備するかぎり労基法三二条違反にはならないとするものである。したがって、変形労働時間制がいくら慣行的に行われていたとしても、就業規則その他これに準ずるものにその旨の定めを置かないかぎり、一定期間の平均週労働時間が法定労働時間以内であっても、特定の週、特定の日については労基法三二条違反の問題が生ずる。

一ヵ月単位の変形労働時間制は、他の変形労働時間制の場合と異なり、労使間の協定や労働基準監督署への届出は要件とされていない。それゆえ、就業規則にその旨の定めがあるかぎり、かりに監督署への届出がなされなかったとしても、労基法三二条違反の問題は生じないのである。ただ、就業規則への記載が要件とされていることから、就業規則との関係でその作成手続における過半数組合ないし過半数の労働者の代表者に対する意見聴取義務や監督署への届出、周知義務が課せられているのである。したがって、就業規則の届出がない場合には、すでに述べたように労基法八九条違反の問題が別個に生ずるわけである。

六　一ヵ月単位の変形労働時間制と時間外労働

(1)　労働省の通達（昭六三年一月一日発基一号婦発一号）は、一ヵ月単位の変形労働時間制をとる場合に、時間外労働となるのは次の時間であるとしている。

①　一日については、就業規則その他これに準ずるものにより八時間を超える時間を定めた日はその時間を、それ以外の日は八時間を超えて労働した時間

②　一週間については、就業規則その他これに準ずるものにより四六時間を超える時間を定めた週はその時間を、それ以外の週は四六時間を超えて労働した時間（①で時間外労働となる時間を除く。）

③　変形期間については、変形期間における法定労働時間の総枠を超えて労働した時間（①または②で時間外労働となる時間を除く。）

以上の原則について若干の具体例を挙げながら説明していくことにする。

(2)　一週間単位の変形労働時間制

参考までに一週間単位の場合を示そう。

土曜、日曜の週末が忙しい事業（商業、この場合、週の法定労働時間は四六時間とする）で火曜日から金曜日まで所定労働時間が七時間、土曜日および日曜日は九時間という一週間単位の変形労働時間制を採用しているとする。

この事業場で、ある週、火曜日に九時間労働、木曜日に八時間労働、土曜日に一〇時間労働をさせた場合、時間外労働となるのは、①では火曜日の一時間分と土曜日の一時間分、③では火曜日の一時間分と木曜日の一時間分、計四時間が時間外労働となるのである。一週間単位の変形制における時間外労働の計算において、右の①および②で時間外とされた時間を除くのは、一度時間外労働として算定されたものを一週間単位の計算の中に含むのは二重の評価になるからである。

(3)　一ヵ月単位の変形労働時間制の場合

週の法定労働時間が四六時間である事業において、月末の繁忙事態を処理するため、一ヵ月単位の変形労働時間制をとることとし、毎月一日から二四日までは七時間労働、毎月二五日から月末までは九時間労働と定めた。この事業場において、たとえば、第一週のある日九時間労働、第二週は月曜日から土曜日まで毎日八時間労働、月末のある日一〇時間労働をさせたとした場合、時間外労働は次のようになる。

まず、一週間の法定労働時間が四六時間の場合、一ヵ月を平均し一週あたりの労働時間が四六時間以内となるためには、一ヵ月の所定労働時間の合計は、

三〇日の月の場合は、一九七・一時間

三一日の月の場合は、二〇三・七時間

以内としなければならない。設例の場合は、週休一日制で二五日以降は毎月九時間労働、その他の日は七時間労働

であるから、三一日の月の所定労働時間の合計は二〇一時間、三〇日の月の所定労働時間の合計は一九二時間となり、限度枠を超えてはいない。労基法上、時間外労働となる時間を前記の基準にあてはめて計算すると次のようになる。

①　各日毎に計算する時間

イ　所定労働時間が八時間を超えて定められている日にあっては、その所定労働時間を超える部分の時間が時間外労働となるから、月末の九時間労働の日に一〇時間労働を行った部分の一時間がまずこれにあたる。

ロ　八時間以下の所定労働時間を定めている日にあっては、当該時間をこえて一日八時間を超えるにいたった部分が時間外労働にあたるが、第一週に九時間労働を一日行っているから、その日の八時間を超える一時間分が時間外となる。

②　各週毎に計算する時間

ハ　各週については、①で時間外労働とされる時間を除き、週所定労働時間が四六時間を超えて定められている週にあっては、その週所定労働時間を超える部分が時間外労働となる。しかし、設例の場合は、月末の週の一〇時間労働の日の分はすでに①で時間外労働とされているので、ここでは計算から除く。

ニ　週所定労働時間が週法定労働時間以下に定められている週にあっては、その週所定労働時間を超え、さらに週法定労働時間を超えるにいたった部分が時間外労働となる。設例の場合には、第二週の四八時間労働のうち四六時間を超える二時間分がこれにあたる。

③　変形労働時間制の全期間で計算する時間

ホ　変形期間を通じては、①および②で時間外労働とされる時間を除き、変形期間の労働時間の総枠（一週四六時間制の事業では三〇日の月は一九七時間、三一日の月は二〇三時間）を超える時間が時間外労働となる。設例では、第一週の九時間労働の日の一時間分と第二週の八時間労働の四日分についてそれぞれ一時間ずつ計五時間分が問題となる。

三一日の月の場合は、二〇一時間プラス五時間であるから、変形期間の労働時間の総枠二〇三時間を超える三時間分が時間外労働となるが、三〇日の月の場合は、一九二時間プラス五時間で変形期間の労働時間の総枠である一九七時間と等しいので、法定の時間外労働とはされない。

結局、設例の場合には、三〇日の月か三一日の月かによって異なるが、三〇日の月だと、①、②を合計した四時間分、三一日の月であれば、①、②、③を合計した七時間分が時間外労働となるわけである。

七　事業場外労働と時間外労働
――セールスマンの場合――

ある自動車販売会社の組合の人から、つぎのような質問がよせられた。

「今回改正された労基法三八条の二は、事業場外労働について規定しているが、外勤のセールスマンに残業が認められるためにはどのような要件が必要なのか」というのである。

一　事業場外労働

労働の態様は、業種あるいは職種によってさまざまであるから、労働時間の計算が難しい場合が少なくない。しかし、これまでの労基法では、三八条一項で、ただ「労働時間は、事業場を異にする場合においても、労働時間に関する規定の適用については通算する」とだけ定め、事業場外労働については、労基法施行規則二二条で「労働者が出張、記事の取材その他事業場外で労働時間の全部又は一部を労働する場合で、労働時間を算定し難い場合には、通常の労働時間労働したものとみなす。但し、使用者が予め別段の指示をした場合は、この限りではない」と定めるのみであった。ここにいう「通常の労働」とは、一般には、当該事業場における所定労働時間を指すと解されていた（労働省労働基準局監督課編著『改正労働基準法の実務解説』一七二頁、総評弁護団編集『労働基準法実務全書』九二頁）から、外勤者が時間外労働と認めてもらうためには、あらかじめ使用者の「別段の指示」をあおぐ必要があった。

しかし、最近では、第三次産業の増大や、ＭＥ化の結果、外交やセールス、営業、出張など事業場外で労働が行われるために使用者の具体的な指揮監督がおよばず労働時間の算定が困難な業務や、研究、開発、企画など業務の性質上、労働の遂行それ自体が労働者の裁量に委ねられる必要があるため、使用者の指揮監督になじまず、労働時間の算定が困難な業務がいたるところでみられるようになった。

そこで今回の労基法の改正では、前述した従来の労基法施行規則二二条（事業場外労働における労働時間の計算）の規定を労基法三八条の二に組み入れるとともに、新たに裁量労働に関する規定を設け、いわゆる「みなし労働」についての制度の整備を行ったのである。

二　事業場外労働の範囲

事業場外労働に関する「みなし労働時間制」の対象となるのは、①事業場外で業務に従事し、かつ、②使用者の具体的な指揮監督がおよばず、③労働時間を算定することが困難な業務である。したがって、事業場外の業務であっても、使用者の具体的な指揮監督下に労務を遂行しているとみられる場合には、みなし労働時間制の適用はない。労働省の通達（昭六三・一・一基発一号）は、つぎのような場合を例示的に掲げ、それらは、みなし労働時間制の対象とはならないとしている。

「① 何人かのグループで事業場外労働に従事する場合で、そのメンバーの中に労働時間の管理をする者がいる場合、

② 事業場外で業務に従事するが、無線やポケットベル等によって随時使用者の指示を受けながら労働している場合、

③ 事業場において、訪問先、帰社時刻等当日の業務の具体的指示を受けたのち、事業場外で指示どおりに業務に従事し、その後事業場にもどる場合」。

したがって、たとえばメーカーや商社、問屋などの外勤販売員であっても、朝夕の出社が義務づけられている場合、すなわち、朝、出社後、業務連絡や打合せ、訪問予定表作成などの業務を行ってから出かけ、夕方は帰社後、販売報告書、納品指示伝票等の作成、入金処理などを行うようになっている場合には、そもそも、みなし労働時間制の対象とならないわけである。もし、本件質問の自動車販売会社のセールスマンの勤務形態が、右のようなものであるならば、出社後、上長の指示の下に業務の打合せを開始した時点から、帰社後、所定の事務処理を終了するまでが労働時間であり、それが、所定の始業・終業時刻をこえていれば時間外労働の問題が生じるわけである。

最近では、在宅勤務の一種として、営業マンが、朝、ファックスやコンピュータにより会社から指示を受け、直接、自宅から顧客のところにまわり、帰宅後、業務報告をファックスやコンピュータを利用して送るという勤務形態が一部においてとられているが、朝夕の業務連絡や指示をＭＥ機器に置き換え、通勤時間を省略しただけにすぎないとみられるから、事業場外労働ではあっても、使用者の具体的な指揮命令がおよばず、労働時間の算定が不可能な場合とはいえないであろう。ＭＥ機器の小型化により、ラップトップ型のパソコンによる通信、ポケットベルの利用等により、外勤者に対する緊密な連絡、すなわち事業場外労働に対する時間の管理が今後はますます進むで

あろうから、みなし労働時間制を適用する余地はそれほどは増えないのかもしれない。

三　労働時間の算定方法

みなし労働時間制の適用をうける事業場外労働の場合の労働時間は、つぎのように算定される。

① 原則として所定労働時間労働したものとみなされる。

② 当該業務を遂行するために、通常、所定労働時間をこえて労働することが必要となる場合には、当該業務の遂行に通常必要とされる時間労働したものとみなされる。

③ 右の場合、労使協定が締結されているときには、その協定で定める時間を当該業務の遂行に通常必要とされる時間とする。

以下、逐次コメントを加えることにしよう。

通常、所定労働時間以内に仕事が終わる事業場外労働の場合

労働時間の全部または一部について事業場外で業務に従事し、労働時間を算定し難い場合には、原則として、所定労働時間労働したものとみなされる。労働時間の一部を事業場内で業務に従事し、その後、事業場外で業務に従事した場合には、事業場内で業務に従事した時間と事業場外で業務に従事した時間とを合わせて、その日には、所定労働時間だけ労働したものとみなされる。

通常は所定労働時間以内に仕事が終わるが、顧客の都合その他でどうしても所定労働時間をこえそうだというときには、従来の扱いどおり、上長の責任者（使用者）の指示をあおぎ、「別段の指示」をえた後に仕事をすれば、その時間は時間外労働として扱われる。

通常、所定労働時間をこえる事業場労働の場合

当該業務を遂行するためには、通常、所定労働時間をこえて労働することが必要である場合には、当該事業の遂行に通常必要とされる時間だけ労働したものとみなされる。ここにいう「当該業務の遂行に通常必要とされる時間」とは、客観的にみて、当該業務を担当する平均的労働者が、通常、その仕事を処理するのに要する時間をいうといってもよいであろう。前記労働省の通達も、通常の状態でその業務を遂行するために客観的に必要とされる時間をいうと解している。

事業場外労働も、従来は、それが所定労働時間とみなされていたため、ややもすれば所定労働時間をこえて仕事をしても時間外手当がもらえないというきらいがあったが、今回の改正により、この点は明確になったわけである。したがって、たとえば一日の所定労働時間が八時間である企業のセールスマンの事業場外労働が客観的に九時間かかるという場合には、みなし労働時間制によって、当該業務に従事するセールスマンは、すべて一時間分の時間外手当を請求することができる。この場合、労使間に、みなし労働時間制についてなんらの取決めがなかったとしても、「当該業務の遂行に通常必要とされる時間」が客観的に定まるものである以上、みなし労働時間に対応する賃金請求権は具体的に発生しているというべきである。

労使協定が締結されている場合

右にみてきたように、事業場外労働に従事する個々の労働者が、みなし労働時間に対応する賃金および時間外手当請求権を有するとしても、「当該業務の遂行に通常必要とされる時間」の長さについて労使間に争いが生じたときにはやっかいである。話合いがつかないときには労働者側が訴えを提起して最終的には裁判所の判断をあおがざるをえないが、無用の紛争を避けるためにも、あらかじめ業務の実態を熟知している労使間で、その実態をふまえて協議決定することが望ましい。

そこで労基法三八条の二第二項では、当該事業場における労働者の過半数で組織する労働組合（以下、過半数組合という）、または労働者の過半数を代表する者（以下、労働者代表という）との書面による協定を締結したときには、その協定で定める時間を「当該業務の遂行に通常必要とされる時間」とすると規定している。そして、右の協定は、それが労働協約として締結されている場合を除き、有効期間の定めをするものとされ（施行規則二四条の二第二項）、かつ所轄労働基準監督署長に届け出ることが義務づけられている（労基法三八条の二第三項）。

みなし労働に関する書面協定に有効期間の定めをすることを要求しているのは、「当該業務に通常必要とされる時間」が時とともに変化しうるものであることから、一定の期間ごとの見直しの必要性を認めたからであり、監督署への届出を義務づけているのは、それが一面では恒常的な時間外労働の協定としての性格をもっているからである。したがって、協定で定めるみなし労働時間が、法定労働時間以下である場合には、監督署への届出は必要ないし、そうでない場合でも、みなし労働時間制に関する労使協定の内容を、時間外労働に関するいわゆる三六協定による届出に付記して届け出てもよいとされている。

右の労使協定の締結にあたっては、みなし労働時間制の対象となる労働者の意見を聴くことが望ましいことはいうまでもない。

四　休憩・休日・休暇等

事業場外労働に関するみなし労働時間制は、労働時間の長さをどう算定するかという規定であるから、当然、休憩、休日、深夜業、女子の時間外労働に関する規定は適用される。したがって使用者は、外勤者に対しても、たとえば所定の休憩時間をあらかじめ定め、その時間に休憩をとるように指示する必要がある。

八　一週間単位の非定型的変形労働時間制と「労働者の意思の尊重」

ある外食レストランの方から「春の行楽シーズンを迎え、繁忙な時季に入るので、一週間単位の非定型的変形労働時間制を採用したいが、労基法施行規則一二条の五第五項の『一週間の各日の労働時間を定めるに当たっては、労働者の意見を尊重するよう努めなければならない』という規定を実務的にはどのように解すべきか」という質問をうけた。なお、この事業場では二〇人の従業員を使い、労働組合が存在するということである。

一週間単位の非定型的変形労働時間制も、いわゆる労働時間制の弾力化のひとつとして、新しく改正された労基法によって認められた制度である。すなわち、日ごとの業務にいちじるしく繁閑の差があり、一週間のうちでもそのパターンが一定していないため、就業規則等で所定労働時間を特定する一ヵ月単位や三ヵ月単位の定型的変形労働時間制をとることができない業種の事業場に、仕事の繁閑に応じた労働時間の効率的な配分を行い、全体としての労働時間を短縮していこうということから認められた制度である。

一　対象事業場

一週間単位の非定型的変形労働時間制をとることができるのは、小売業、旅館、料理店および飲食店の事業であって、常時使用する労働者の数が三〇人未満の事業場にかぎられる（労基法三二条の五、同法施行規則一二条の五第一項、第二項）。とくに小売業については、中央労働基準審議会の答申において、「制度の趣旨に則って適切な運用を図り、今後、その運用実態を把握し、必要に応じ、その範囲等について検討を行うこととすべきである」という公益委員の見解が示されていることから、「日ごとの業務に著しい繁閑が生じることが多いものに限って利用されるなど制度の趣旨に則って適切な運用がなされるよう十分指導すること」という労働省の通達（昭六三・一・一基発一号）が出されている。

二　労使協定の締結

一週間単位の非定型的変形労働時間制をとるためには、つぎに、当該事業場における過半数組合または労働者代表と書面による協定を締結し、所轄の労働基準監督署長に届け出なければならない（労基法三二条の五第一項、第三項）。

労使協定を締結する資格をもつものは、当該事業場に労働者の過半数で組織する労働組合がある場合には、その組合、そのような組合がない場合には、当該事業場の労働者の過半数を代表する者である。これは労基法上の協定の当事者に一貫してとられている要件であるが、とくに過半数組合がない場合の労働者代表の選出については、労働者の意思が適正に反映されるような方法によることが必要である。実務上は、労基法三六条の時間外労働協定の締結に関して出されている労働省の通達（昭五三・一一・二〇基発四二号）の線にそって労働者代表を選出することが望ましい。

万一、過半数に達しない組合と協定を締結したり、過半数代表者の適格性を有しない者（たとえば、実質的に使用者側の利益を代表する者）と協定を締結したような場合には、当該協定は法的には無効となり、一週間単位の非定型的変形労働時間制は認められないから、労基法三二条二項違反の問題等が出てくる。

三　労使協定の記載事項

労使協定においては、①一週間の所定労働時間が四四時間以下であること、②一週間に四四時間をこえて労働させた場合には、労基法三七条の時間外労働の場合と同じように割増賃金を支払う旨を定めなければならない。

一週間単位の非定型的変形労働時間制は、本来週四〇時間制を前提とする制度であり、労使協定において一週間の労働時間が四〇時間をこえない定めをすることが要件とされている（労基法三二条の五第一項）が、附則第一三条二項により「一週の労働時間が四〇時間（命令で定める規模以下の事業にあっては、四〇時間を超え第三二条第一項の労働時間に相当する時間未満の範囲内において命令で定める時間）以内」を読み替えられることとされ、ここにいう命令で定める規模と時間は、政令により、それぞれ「三〇〇人」、「四四時間」と定められた。一方、一週間単位の非定型的労働時間制の対象事業場は、常時使用する労働者の数が三〇人未満と定められているから、労使協定においては、一週間の労働時間が四四時間をこえない定めをすることが必要なわけである。

今回の労基法の改正は、週四〇時間制をとりながら、一定規模以下の事業または一定の業種については政令において一定の猶予期間を設けたため、一週間単位の非定型的変形労働時間制の対象となる小売業、旅館、料理店および飲食店の事業であって、労働者数が三〇人未満の事業場の多くは、法定労働時間が一日八時間、週四八時間となっている。

したがって、労使協定において所定労働時間を四四時間以下とするように義務づけられているため、法定労働時間はこえないが、所定労働時間はこえるという時間外労働の割増賃金をどうするかという問題が生じる。この点を明確にするため、労基法一三二条二項では、一週間単位の非定型的変形労働時間制を採用する場合には、労使協定において、一週間に四四時間をこえて労働させた場合には、そのこえた時間(労基法三七条の規定の適用をうける時間を除く)の労働について労基法三七条の規定の例により割増賃金を支払う旨の定めをし、実際に、この時間をこえて労働させた場合には、割増賃金を支払わなければならないと定めたのである。労基法三七条の規定の例によるとは、割増賃金の算定基礎となる賃金の範囲、割増率、計算方法等が労基法三七条の割増賃金の場合と同様であることを意味する。

このように労基法は、週四四時間をこえる労働に対する割増賃金の支払いを労使協定の必要的記載事項とし、かつ現実に超過労働が行われた場合の割増賃金の支払いを義務づけているため、労使協定の法的性格をどのように理解すればよいのかという理論的には難しい問題が提起されているのである。しかし、実務的には、労使協定に基づく割増賃金は、賃金と解され、したがってこの割増賃金を支払わない場合には、労基法二四条違反になるとされている。

四　一日の労働時間の上限

一週間単位の非定型的変形労働時間制をとることによって労働させることができる一日の上限は、一〇時間である（労基法三二条の五第一項）。したがって、一週間の各日の労働時間はこれをこえることができず、一日一〇時間をこえて労働させる場合には、たとえ一週四四時間以内であっても時間外労働となる。

五　事前の通知

一週間単位の非定型的変形労働時間制を採用する場合には、一週間の各日の労働時間をあらかじめ労働者に通知する必要があるが、通知の方法としては、原則として前週末までに翌週一週間分の各日の労働時間を書面で通知することを要する。ただし、緊急やむをえない事由がある場合には、あらかじめ通知した労働時間を変更しようとする日の前日までに書面で通知することにより、労働時間を変更することができる（労基法三二条の五第二項、施行規則一二条の五第三項）。

なお労働省の通達では、緊急やむをえない事由がある場合とは、「使用者の主観的な必要性ではなく、台風の接近、豪雨等の天候の急変等客観的事実により、当初想定した業務の繁閑に大幅な変更が生じた場合が該当する」とされている。客観的な不可抗力によって業務の繁閑に大幅な変更が生じた場合に限定されるものであろう。

六　労働者の意思の尊重

一週間単位の非定型的変形労働時間制の下で一週間の各日の労働時間を定めるにあたっては、使用者は、労働者の意思を尊重するよう努めなければならない（労基法施行規則一二条の五第五項）。

日経連法制部編『就業規則改正のチェックポイント』は、「労働者の意思の尊重については、個々の従業員の都合を考慮するのか、全体の都合で判断すべきか不明であるが、個人ごとの意向をすべて考慮していては労働時間の決定はできないであろうから、たとえば地域の行事など大多数の従業員の都合を考慮することになろう」（四八頁）と述べているが、労働省の通達は「一週間の各日各人の労働時間を定めるに当たっては、事前に労働者の都合を聴く等労働者の意思を尊重するように努めなければならないもの」と解し、個人ごとの意向を考慮したうえで各日各人の労働時間を決定すべきであると解している。

前述したように労使協定の法的性格をどのように理解すべきかは困難な問題であるが、過半数組合ないし労働者代表の意向を無視しては、そもそも一週間単位の非定型的変形労働時間制をとることはできないから、労使協定が締結されていることは、当該事業場における過半数の労働者の規範意識がこのような形の変形労働時間制をとることを是認したものとみることができる。労基法は、このような労使協定の締結を要件として、労基法三二条の原則に対する特例を認めたものであり、いわゆる免罰的効果だけでなく、労働時間に関する労働契約を規律する規範的効力をも認めたものと解せざるをえないであろう。

この点は、労使協定の締結を前提とする他の変形労働時間制と同じであるが、一週間単位の非定型的変形労働時間制の場合には、労働時間が定型的でないため、労働者の生活の設計やリズムを脅かすおそれが強いため、各日の労働時間の決定については事前に労働者の意見を聴き、これを尊重すべきことが要請されているのである。しかし、これは、いわゆる道義的義務であって、個々の労働者の同意をうることまでは要求されていないから、労使協定のワク組みの中で業務上の必要性に基づく合理的な範囲内のものであるかぎり、最終的には使用者が決定できるといわざるをえない。労働者がどうしても都合が悪いときには、有給休暇をとるなり、欠勤せざるをえないが、労働者側のこうむる不利益にくらべ、業務上の必要性が少ないときには、労働義務の不履行についての責任を問うことができない場合がありうる。

九　働き方・遊び方

一　働くことの意味——よく働き　よく遊べ

1　今の子供は怠け者か

数年前、タイのバンコックへ行ったとき、日本のテレビ番組の「おしん」が放映されており、大変な評判であった。驚いたことには大根飯という言葉すら流行していた。「おしん」がタイの貧しい家庭の子供の姿とダブッて共感をえたのであろう。そのときは、労働法関係の国際会議に出席するために出かけたのであるが、私がたまたま議長役をおおせつかったときの議題が「児童労働」であった。東南アジア諸国からの出席者はみな、熱っぽく、自国の児童労働の実情と問題点を話し合った。法律をみるかぎりでは建前上無い筈の児童労働が実際には広く存在していること、家計を支えるためには止むをえないとか、働くことによって自立心が養われるといった見方がある反面、学校にいかずにタバコや賭けごとを覚える、なによりも悲惨なのは事故に会って一生を台無しにする場合があることなどが報告された。いつでもそうであるが、発展途上国を訪れるとき胸を痛めるのは、子供がそれなりになにがしかのお金をえようと懸命になっているのを見るときである。明治や大正の昔と違って、幸にもわが国には、児童労働の問題は今では存在しない。子供を働きに出さなくてもすむだけの経済的なゆとりが家庭においても、また社会的にも形成されたからである。

このような場合、昔の子供と今の子供を比べ、あるいは発展途上国の子供と日本の子供とを比べて、今の日本の子供は働かないとか、怠け者であるというのはナンセンスな話であるし、誰もそういうことはいわない。

2　日本人は働きバチであるか

ところが大人になると話は変ってくる。よく日本人は働きバチであるとか、ワークホリック（働き中毒）であるといわれる。日本人が働きすぎであるという批判に対しては、例えば、イギリスが経済的に落目になったのはイギリス病のせいであるとか、労働時間の短縮に対しては、「そんなことをしていたら、日本は韓国や台湾に負けるぞ」といったような反論がかえってくる。確かに韓国や台湾に行って、デパートが夜の一〇時頃までにぎわっているのをみると、日本人は怠け者のようにみえてくるから不思議である。

ともあれ、日本人は働きバチであると非難めいていわれているのは貿易摩擦からきたものであるから、単純に働きバチであることをやめれば問題が解決するといったものでもないであろう。日本が敗戦後の廃墟の中から立直って、驚異的な経済成長を遂げたのは、なんといっても日本人が勤勉であったからにほかならないし、働くことは美徳でこそあれ、悪いことではありえない。問題は働くことの意味をきちっととらえることである。労働時間の短縮は一つには能率を落さないでいかに効率よく働くかということでなければならないのである。

実際、積極的に働く人ほど息抜きの仕方や休み方がうまいという例を私はいくらでも知っている。学校でも長時間机に向っているガリ勉型よりは、要領よく集中的に勉強するタイプの人の方が短時間の勉強でもえてして良い成績をあげているのである。このことは、実社会の働きぶりについてもあてはまるのではあるまいか。

これまでは品質の良い均質な製品を大量生産により安く生産することが必要であった。資源をもたないわが国が経済的に自立し、発展していくためには、加工貿易が至上の課題であったのである。そして、それを支えたのが良質の労働力であり、時間外労働、休日労働をもいとわない勤勉な労働者であった。しかし、貿易摩擦により輸出は伸びなやみ、安い賃金を武器とする中進国や発展途上国の追いあげにより、これまでのような経済体制を維持することは困難になった。いわゆる重厚長大の時代からＭＥ技術革新をとり入れての軽薄短小の時代へと変っていかざるをえないのである。とくに第三次産業やサービス経済に重点が移り、情報化社会、ソフト経済へと向うにつれ、知的労働の比重は増し、労働時間は量ではなく質こそが問題という時代へ向いつつあるのである。

3　ゆとりのある生活に向けて

現在、四〇代、五〇代の働き盛りの人達の突然死や過労死が問題となっている。それでなくてもストレスによる心身の障害については、社会問題にさえなるぐらい広がっている。女性の職場への進出が目覚ましいが、それにつれて女性も男性並みに受難の時代に入っている。とくに有能な女性、管理職クラスの人ほどストレスに悩まされているのである。これはわが国だけではなく、例えばイギリスでは管理職クラスの女性のストレスによる心身障害の事例や問題点がすでに一冊の本となって出版されているくらいである。不安やストレスからくる精神的身体的な障害に悩まされながら働いても、客観的にみれば効率が悪く、結果的にはロスが多いことはいうまでもないであろう。働くことによってストレスが生じ、それが原因となって心身の障害をひき起したというのであれば、やはり働き方に問題があったのであり、労働時間や休みの問題は、このような労働の態様や質の問題としても検討し直すことが必要である。

一日はどんなに頑張っても二四時間より長くはならないから、労働時間の短縮は生活時間の延長という関係にある。そして、それは、生活の設計の問題、すなわち生き方の問題とも密接な結びつきをもっているのである。どのようにすれば楽しく働けるのか、どのようにすれば楽しい生活が送れるのかという角度から労働時間の問題は考えるべきである。現在、日本の労働者の年平均総労働時間は二千百数十時間である。働きすぎといわれるこの労働時間でさえ、労働者の一生の持ち時間で計算してみれば、三〇年勤続としても生活時間に比べれば大したことはないともいえる。やはり人間は、働くために食べるのではなく、食べるために働くのである。かけがえのない大事な一生をどのように送るのか。これは各人に課せられた課題である。

二　西欧人の労働観

1　アルゼンチンの漁民

去年の話であるが、テレビをみていて面白いと思ったことがある。気仙沼の漁師がアルゼンチンの漁民と一緒にアルゼンチンの沖で操業をしていた。もう日は暮れ、皆、休んでいた。しかし、突如、魚の大群にぶつかったとき、日本人の漁民は当然のように位置につき、ものすごい勢いで働きだした。それをアルゼンチンの漁民は、じつに不思議そうな顔で手伝おうともせず、甲板に座ったまま眺めていた。彼等にしてみれば、約束された就業時間は終わったのに何故働くのかが理解できないということであったし、日本人にしてみれば、歩合が少しでも増えるのに何故働かないのかが理解できないということであった。

2　ドレスデンの老夫婦

もう一つ別な話をしよう。一九八四年に東ドイツのドレスデンに行ったときのことである。市内電車の停留場で、老人夫婦に、名所となっている昔の宮殿を見に行くのにはどの電車に乗ればよいかを聞いたことから、電車がくるまでの立話になった。バイエルンに住んでおり、今日はたまたま、ドレスデンに遊びにきたということであった。そして、聞いたわけでもないのに、自分達も年金がもらえるようになったと話してくれた。「もらえる」といったときの嬉しそうな顔を、私は、今でも忘れることができない。東ドイツでは、男が六五歳、女は六〇歳になると年金がもらえるようになるから、ご夫婦は、そのくらいの年齢であったのであろう。年金だけでも、夫婦あわせればなんとかやっていけるということであったし、なによりも、「働かなくても生活できる」ということが誇らしげであった。まるで、新しい人生が始まったかのように、いや、やっと本物の人生を取戻したかのように話すのが印象深かった。

3　西欧人の労働観

こういったことは、アメリカ人と話しているときでも、イギリス人と話しているときでも、しばしば感じさせられることである。あるフランス人は、冗談めかして、「働くのは日本人にまかせて、われわれはバカンスを楽しもう」といっていたし、西ドイツの小さな田舎町に行っても、八月か九月の初めであれば、「夏休み中」の張紙とともに店が閉まっているという光景にぶつかることは珍しいことではない。

とにかく、「働くのは生活のためであり、生活がなりたつのであれば働く必要はない」というのが彼等の哲学であるような気がする。これは、労働そのものが、神があたえた罰であり、苦しみであるというキリスト教の労働観に由来するものであろう。労働（英語のレーバー、フランス語のトラバイユ、ドイツ語のアルバイト）という言葉は、もともと苦痛とか骨折りといった語源に基づいているのであり、お産とか労働という言葉がそこから生れているのである。そして、「労働」の辛さを軽減することが人間の幸福につながるものであり、労働からの解放は、人間の進歩、ひいては聖書のいう楽園に近付く条件であると考えられていたのである。人間としての生活が中心にあり、生活のためやむをえない労働という考え方は、長いヨーロッパ文明の遺産であるといってもよいのかもしれない。

4　ヨーロッパ的労働観の意味

もちろんヨーロッパにおいても、近代資本主義の精神である勤労の美徳を説いたのはプロテスタントであったし、アメリカ合衆国の基礎を築いたのもピューリタンである。また、中世の職人は仕事そのものに喜びを見出していたから、キリスト教的労働観を一般化することは危険である。

旧約聖書の神話の生れる創世記の古代人にとっては、生きていくための農作業は、文字通り労苦そのものであった。エジプトやイスラエルの荒涼とした自然的条件を考えれば、生みの苦しみである出産と同じレーバーという言葉が、労働を意味したのも理解できるような気がする。そしてまたギリシャ、ローマの時代には、労働は、奴隷や賤民が担当し、貴族のみが人間らしい文化的な生活を送ることができた。人類の夢が、労働からの解放と人間らしい生活の追求にむかったのは自然のなりゆきであろう。

一方、歴史の流れのなかで、社会的条件や経済的条件が変わり、労働が富や成功のチャンスを生み出すようになると、労働観にも変化が生じる。中世の職人の職業意識やプロテスタントの勤勉さも、ある程度成功の機会に恵まれていた人達にとっては、一つの哲学となりえたのである。

しかし、イギリスが主導した第一次産業革命やアメリカが主導した第二次産業革命の結果、労働は、仕事の完成というそれ自体に目的のある職人的なものから、間接的なものに移行し、細分化された単調なものの繰返しとなって、人間疎外の現象を生むようになった。

西欧人の労働観が、労働を苦役とみて、それからの解放を人生の目的としているのは、このような歴史的ないきさつとともに理解すべきものであろう。

三　日本人の労働観

1　朝未明より夜十時まで

洋の東西を問わず、中世の農民にとっては、労働と生活とは渾然として一体をなすものであった。それが分離するのは、資本主義的生産制度が確立する近代社会になってからである。多くの働く人々は、従来の農民や職人の創造的労働や自立的労働から、工場労働者としての隷属的労働に従事するようになった。決められた仕事を、決められたやり方で、使用者の指揮監督に服して行う労働は、人間疎外の現象を生み、苦役以外の何ものでもないと感じられるようになったのである。そこから、当然のこととして、労働時間の短縮、すなわち、労働時間の法的規制や休憩、休日、休暇の問題が起きてくる。

わが国の場合も、大筋としては、このような流れにしたがってきていると言うことができるであろう。しかし、「日本人は勤勉である」といわれるように、明治から今日にいたるまで、西欧諸国に比べれば相対的には労働時間が長いことは間違いない事実である。しかも、そこにおいては、時間外労働が多いというのが特徴的である。今回はこの問題をとりあげることにしよう。

例えば、明治三〇年代の織物工女の労働時間は、「朝未明より夜の十時までは通例なるがごとし。家によりてはあるいは十一時まで夜業せしむるところあり、あるいは四時頃より起きて働かしむる所あれども、その間休息することを得るは飲食時間のほかなし」（横山源之助「日本之下層社会」）という状態であった。また、鉄工場においても、「規定の労働時間は十時間もしくは十一時間というといえども、大抵いずれも九時頃まで夜業なきはなし。しかして一カ月五六回は十二時迄夜業あるを例とす」る（同「日本之下層社会」）状態であったのである。

2　時間よりもお金

話はずっと飛ぶが、現在においても「夜業」はなくなっていない。例えば、昭和六二年度の所定労働時間は、五〇〇人以上の大企業で月一八時間、年間二一六時間である（一九八八年労働統計要覧）。しかし、これは統計的な数字であって、残業が月五〇時間位というのは常識であろうし、また統計に現れないいわゆるサービス残業、風呂敷残業が一般化していることも公然の秘密である。総理府の労働時間と週休二日制についての昭和六一年七月調査でも「労働時間が長くなっても収入が増えることが望ましい」と答えた者が三四％で、「収入が増えるよりも労働時間が短くなることが望ましい」と答えた二七・五％を上回っている（昭六一・一一・二三朝日新聞）。結局、労働時間の短縮は結構だが収入が減っては元も子もないと考えている人が多いことがうかがわれるのである。

3　労働大好き人間

相対的には労働時間は短くなってきているとはいえ、昔から今にいたるまで残業が多いということは、わが国には労働をいとわない人々が多いということを示すものである。これは、労働時間の観念が稀薄であること、換言すれば、労働と生活が未分化の状態にあることを物語るものであろう。

昭和三〇年代の初め頃、文部省が宮崎県のある村の婦人達にアンケートを求めたことがあるが、その中に「もっと時間が欲しいと思いませんか」という質問項目があった。質問者は、娯楽や修養のために「もっと時間が欲しい」という答えがあることを予期していたら、答えの全部は「時間が欲しいとは思わない」というものであった。当時の農村の婦人にとっては、時間とは労働であり、もうこれ以上は働きたくないというのがみんなの気持ちであったのである。

もう一つの例を挙げよう。十数年前の東北では出稼ぎが盛んであり、一つの社会問題にもなっていたが、農民は、出稼ぎに行く際、何時間働いていくらというのではなく、春までにいくら働けるかということで仕事を見付けていた。そこには、労働時間の観念を入れる余地はなく、一定期間にどれだけ稼げるかということが問題であった。事実、残業をさせてもらえるかどうかが、彼等が仕事を探す基準となっていたのである。

4　時間的余裕＝怠けること？

このことは、一昔前の農村の話としてすませるわけにはいかない。今でも多くの労働者が時間外労働を行っていることは、すでにみてきたとおりであり、時間外労働は、もはや賃金の一部として生活設計の中にとりこまれているのである。だからこそ、不況で残業カットとなると、労働者はたちまち困るし、不幸にして、組合が二つに分裂しているとき、一方の組合にだけ残業をさせるいわゆる残業差別が他方の組合に対する不当労働行為となり、他方の組合にも残業をさせろという奇妙な救済命令が出されたりするのである。

やはり、日本の労働者は、長い時間労働することを意に介さず、それを以って勤勉であると考えているふしがあるといわざるをえない。これは、時間的な余裕をもつことを怠けることと勘違いしている日本人の社会意識の労働関係における現れであろう。

四　日本の労働者とその働きぶり

1　工場では農民がひっぱりだこ

明治維新とともに、わが国は、近代国家としての道を歩むことになったのであるが、産業資本主義が確立するのは、明治三〇年代の後半以降のことである。一刻も速く世界の列強に伍していくため、政府は、積極的に富国強兵の政策をとり、国家自らが、造船、鉄鋼、繊維等を中心とする大企業の育成を図った。しかし、資本主義が穏やかに発展したイギリスなどと異なり、都市の近郊に大工場が出現しても、労働者はよそから連れてこなければならなかった。製糸工場や紡績工場では、農村の子女が大量に雇われたし、同じ製糸工場でも、例えば、官営の富岡工場では、下級武士層の子女が採用された。また、鉄鋼や造船、機械等の大工場でも主として農村の二三男が雇われている。企業の側では、これらの者を企業内で訓練し、一人前の労働者に仕立てあげなければならなかったのである。

2　未だ抜けないサムライ根性

このように、労働市場が社会的に形成されず、個別的に細分化されていたという事情は第二次大戦のかなり後の時期まで続き、日本の労使関係に大きな影響を与えたように思われる。近代的大工場の担い手である労働者の大部分が、直接の農村からの出身者であったことは、農民の勤勉さを工場に持ち込むことに役にたった。

いうまでもなく、労使関係はその時その時の社会意識を反映する。明治期には国家の積極的育成策によって、近代的な大企業が出現したとはいえ、労使関係は、当時の伝統的な社会意識を反映し、家長を中心とする家、ムラの農村的組織原理のうえに、農民的勤勉さや武士社会の滅私奉公の倫理を労働観とする労働者と、商人的合理性を持つ使用者によって独自なものが形成されたのである。

3　会社のためなら命までも

統計に表れた数字や全体としての比較からすれば、確かに日本の労働者はよく働くということができる。しかし、よく働くという意味では、どこの国でもよく働く人はいるわけであり、日本の労働者の場合も、もう少し対象を分けて、それぞれの労働者がどのような意識をもっているかをみていくことが必要である。

(1)　中軸的労働者

生涯雇用や年功序列型の賃金で特色づけられる日本的労使関係が最もよく当てはまるのは、中軸的な正規の従業員である。多くの場合、エリート校を卒業した後、いわゆる幹部候補生として大企業に採用され、一定期間の研修を経たのち、各職場や支店、出張所を廻りながら、螺旋階段を昇るように出世しつつ、定年まで勤めるというのがその典型的な姿である。そして定年後も、子会社なり関連会社に世話をしてもらえることが暗黙の了解になっている場合が多い。

これらの労働者の全生活は、会社での労働に捧げられている。あたかも自分が会社を背負っているかのように、会社の発展を願い、会社のためには骨身を惜しまず働くのである。事実、会社がよくなり、また地位が上がれば、自分の生活も豊かになるわけであり、会社に対する忠誠心は極めて強い。例えばアメリカでも、ハーバートのビジネス・スクールを出た超エリートの場合には、収入も日本の場合と比べて桁外れに多いが、日本人以上によく働く。しかし日本の場合には、正規の従業員のかなりの層が、そしてホワイトカラーだけでなく、ブルーカラーの人達にまで、これらの意識が浸透しているのが特徴的である。ストレスによる心身症や過労死の問題も含め、労働時間の短縮が一番必要なのはこれらの人々であるのかもしれない。

(2)　契約社員的労働者

第二のカテゴリーは、正規の従業員であっても、〈給料分だけ働けばよい〉と割り切っている人達である。もちろん、ほどほどの愛社心はもっているが、なんらかの理由から、企業内の競争をあきらめた労働者、技術革新にとりのこされた労働者、マイホーム中心の価値観をもつ労働者等がこれにあたる。労働時間は少なければ少ないほどよいと考えている者と、収入を増やすためには残業は多い方がよいと考えている者とが混在しているのが特徴的である。今後は若手を中心に、このようなカテゴリーの労働者が増えてくることが予想される。これらの労働者の場合には、労働時間の短縮の問題は、むしろ、いかに効率よく働くかという問題でもありうるのである。

(3)　周辺的労働者

今日では、多くの企業は、正規の従業員の比率を少なくし、パートタイマーや派遣労働者の比率を増やしている。これらの労働者には、景気変動の安全弁としての機能が期待されているのである。そこには、完全なギブ・アンド・

テイクとしての契約関係が支配する。これらの労働者は、ある意味では、もっとも西欧的労働者に近いとも言いうるのである。とくに家庭の主婦が労働者である場合には、家庭をもっているということが、労働時間に対する制約の原理として働く場合が多いが、家計を補助するための収入を得るという動機が、学生アルバイトの場合と同じように、長時間労働をいとわないものとして現れることがある。

労働時間の短縮の問題は、以上のことをも念頭におきながら、きめこまかな対策をたてていくことが必要であろう。

五　労働時間の昔と今――ヨーロッパの場合

1　職人達でギルドを結成

ヨーロッパでは、一一世紀頃から、産業生活の中心は領土や荘園から都市に移っていくが、それとともに手工業の組織化がみられるようになった。職人達は、各都市の同じ区画や同じ通りに集中して住み、同業組合（ギルド）をつくるようになった。そして、職人達は、これまでの不規則な仕事ぶりと異なり、決まった時間に規則正しく労働するようになったのである。すなわち、これまでは、ややもすれば気がむかないと仕事せず、金が入れば仕事をしなかった職人達も、同業組合の決まりに従って規則正しく働くようになった。

2　日の出から日の入りまで

一三世紀から一八世紀にかけてのヨーロッパ諸国の職人達の労働時間は、原則として、日の出から日没までである。夜明けは、中世の人々にとって、一斉に活動を開始する時間であった。ローソクは高価であったし、また粗悪でもあった。夜は暗く長く、寝るよりほかには仕方がなかった。それだけに、人々は、朝を待ちかねるようにして飛び起きたのである。そのかぎりでは、農民も職人も商人も、同じ生活のリズムをもっていた。

もちろん、日の出から日没までといっても、一年を短い冬と長い夏に分けるのが多くの業種における習慣であった。例えば、一四世紀のロンドンでは、鍛冶屋は、一一月から一月の間は、午前六時から午後八時まで、その他の時期は、夜明けから午後九時まで働いた。一四九五年のイギリスの制定法（11 Henry VII, C, 22）は、午前五時前から午後七時と八時の間までを夏の労働時間とし、冬の労働時間を日の出から日暮れまでと定めている。一方、フランスでも、一五世紀のパリの鍛冶屋の労働時間は、冬は朝六時から夕方五時まで、夏は朝五時から夕方七時までとなっていた。総じて、当時の労働時間は、「日の出から日の入りまで」であるが、夏は長く（一四時間）、冬は短く（七～八時間）、その間に一時間半の昼休みをとるのが一般的であった。

3　作業中に鼻歌も？

中世の労働者と今日の労働者の働き方の最も大きな違いは、中世の労働者が日中しか仕事をしなかったことである。日没後の仕事を避けさせたのは、ランプ、ローソク、松明等の照明の不十分さによるというよりは、最良の仕事は日光の下でしか行いえないと考えられており、水準以下の仕事は厳しい制裁によって禁止されていたからである。しかし、物事にはすべて例外がある。早く仕事を完成させたいという国王の要求によって、超過勤務や夜間作業が行われたことがある。

例えば、一二四三年には、ヘンリイ三世を迎えるために、昼夜兼行でウインザーに一室が設けられたし、ヘンリイ八世の治世には、宮殿建設のために、しばしば超過勤務が行われ、かなり高額の割増賃金が支払われている。超過勤務や夜間作業は、国王や教会の要請によって行われたことが記録には残っているが、一般的には、中世の労働時間は長いとはいえ、極めてのんびりとしたものであった。例えば、一三世紀のフランスの説教師は、衣料職人が、必要以上に故意に仕事を長引かせたり、建築職人が日給制で働くとき、働いた日数を増やすために何時までも仕事を長引かせてはならない旨を説いているし、屋根屋の職人は、当時の仕事の様子を次のように述べている。

「いつも時間をつぶしたり、腰掛けたり、ぶらぶら歩いて仲間から噂を聞き込んだりして一日が始まる。私は彼等から、どこで働いているか、どの位の賃金かを聞いて自分の今の賃金が低くないかどうかを確かめる。そして、一年分稼いだ後は、日給の良いところがあれば、そこへ行って雇ってもらう」。そして朝は、「三度か四度瓦に触ってみる、のんびりと瓦を並べ、他の職人も八枚から一〇枚、楽々と並べる。私は屋根組の上で歌をうたう。その後、昼食まで一眠りする。続いて夕食をとりに行くと夜になってしまう。朝九時になる前に、私は一日分の仕事を終えてしまうこともできるであろう」。それでも「私達の雇主はぶつぶつ不平を言うだけで何もできない。私達にとって大事なことは一日が過ぎるということである」（ルフラン「労働力と労働者の歴史」小野崎訳八八頁）。

4　労働時間の密度が濃厚に

産業革命により工場制生産制度が確立すると、労働は分業や協業を軸として機械によって統轄されるようになった。産業構造は一変し、膨大な賃金労働者が生み出された。

近代的な工場では、もはや、かつてのような熱練労働者は必要とせず、農村から都市に流れこんだ未熱練労働者で事足りるようになった。一九世紀の初期には、むしろ柔順な女子労働者や児童が好んで採用されている。一八〇二年のイギリスの最初の工場法が、一二歳未満の児童の労働時間を一日一四時間に制限するというものであったことからみても、当時の様子がうかがえるであろう。

どこの国でも、資本主義社会の初期には、長時間労働と低賃金が支配したが、中世の労働時間とは異なり、機械化と照明手段の新たな発明により労働時間の密度は飛躍的にたかまった。勿論、その後の労働組合運動や労働保護立法の影響により、労働時間は確実に減少の方向に向かってきた。ただ、見忘れてはならないのは、労働時間は昔と比べれば間違いなく短くなっているが、その密度は高くなっているということである。

六　日曜日のはなし

1　ユダヤ教の安息日は土曜日

今日では、多くの国々で日曜日が休日となっているが、いうまでもなく、これはキリスト教の安息日に由来するものである。

旧約聖書の出エジプト記二〇章には、「主は六日のうちに、天と地と海と、その中のすべてのものを造って、七日目に休まれた」とあり、そのために「安息日を覚えて、これを聖とせよ。六日のあいだ働いてあなたのすべてのわざをせよ。七日目はあなたの神、主の安息であるから、なんのわざもしてはならない」と説かれている。

安息日は、もともと、ヘブライ人が一週の第一日に与えた名称であり、金曜日の日没から土曜日の日没までを意味した。ユダヤ人は、安息日を宗教的礼拝の基礎としたが、その後、安息日の精神が忘れられて形式化したため、イエスは、その偽善を指摘し、本来の精神に立ち返ることを説いた。キリスト教徒が日曜日を安息日としているのは、イエスが日曜日の朝、復活したとされていることによるものである。ユダヤ教では、今でも土曜日が安息日とされており、イスラム教では、金曜日が安息日となっている。

2　日曜日には労働が禁止？

このように日曜日を休日とすることは宗教的なものから始まったのであるが、ここではフランスの場合を例にとって、その後の動きをみていくことにしよう。

フランスでは、一三八八年のシャルル六世の勅令や一四六一年のルイ十一世の勅令に日曜労働の禁止が盛込まれており、教会では、これに祝祭日を加えて休日としたのである。

王政復古の初め、一八一四年法は、カトリック教を国教と定め、旧王朝の勅令に準じて日曜日および祝祭日の労働を禁止した。したがって、商人は、露店、市場も含めて、店を開くことが禁じられ、職人や労働者の仕事場は閉鎖され、旅客や荷物を運ぶ馬車ですら、地方的交通が禁止されたのである。しかし、食糧品店や料理飲食店、下宿屋等は、例外的に、お祈りの時間を除き、営業が許された。

七月革命の結果、カトリックは国教でなくなったが、日曜労働を禁止する一八一四年法はそのまま存続された。しかし、一八八六年法は、宗教の自由と労働の自由の名において、一八一四年法を廃止したのである。

しかしながら、一方において、労働者保護のための週休制がとられるようになった。一八四八年法以来、一八五一年法、一八七四年法により、日曜日および祭日に年少者および徒弟を労働させることが禁止され、一八九二年法は、女子および年少者を一週六日以上および祭日に労働させることを禁止した。一九〇六年法は、週休制の原則を一切の被用者に広く適用することとし、かつ「週休は日曜日に与えられることを要する」と定めている。これがフランスの現行法となっているが、中世の勅令や王政復古の時の一八一四年法と違うのは、日曜日の労働そのものが禁止されているわけではなく、被用者を日曜日に使用することが禁止されているのである。したがって、商人が日曜日に店を開くことは自由であるし、週休は日曜日が原則とはいえ、法律によって、多くの例外が認められ、日常生活の便宜がはかられるようになっている。

3　日曜日とはヤソの休日のことなり

わが国が太陽暦を採用したのは明治五年のことであり、日曜日を休日としたのも、これまた洋風化の一つであった。

慶応四年六月の遠近新聞一二号には、横浜運上所の休日の表が載っているが、それには、「西洋の日曜日、並びにクリストマスデーには、運上所休日のことなり」という記事がみられる。排外思想が盛んであった当時の民衆は、日曜日をヤソの休日と呼んでいたから、明治の初めに日曜日を休みとすることは、国内の治安上はばからざるをえず、そうかといって日曜休日制を採用しなければ、外国人を雇用することができず、当局は大いに困惑したようである。しばらくの間は、昔からの風習である一六休日制と日曜休日制が混在している。

日曜休日制は、外国人を雇う必要のあった大学や、官営の勧工場などから始まっている。例えば、明治三年二月制定の、東京大学の前身である大学南校生徒心得には、「毎月休業朔日　日曜日　但朔日日曜日に相当たり候へば十一日休業之事」と書かれているし、明治四年の熊本県と英語教師カピテンチエーンス氏との「雇用条約書」にも日曜日を休日とする旨の条項がみられる。また明治七年には、「諸学校の休業、従来一六の日を以てするあり、あるいは日曜日を以てするあり、自今、官立学校は、都て一週一日すなわち日曜日に改定」という文部省の通達がだされている。

4　毎月一と六の日が休み

一方、戊辰正月二一日の布告は、官吏の公休日について「巳刻朝参申刻放衛一六の日休暇」と定め、また明治六年の太政官布告は、毎月の休暇はこれまで通り一六休日とするが、大の月三十一日は休業に非ずとしている。一六の日とは、毎月一と六のつく日をいい、この日は、一般に、休日、稽古日、寄合日にあてられていたのである。

しかし、明治九年三月一二日の布告では、これを整理して、諸官省や学校の休日を日曜日と定め、翌年四月一日より実施することとした。ただ、民間企業はこれに右へならえをしたわけではなく、明治、大正期の社規社則集をみても、一日と一五日を休日とするものが多く、日曜休日制が普及するのは昭和に入ってからである。

七　祝祭日のはなし

1　日本人は祝日は多いが…

祭祝日というのは、戦前は、国の祝日と大祭日とを併せていう言葉であったが、新憲法では、国民の祝日という用語に統一されている。国民の祝日として休日とされている日は、どこの国でもそうであるが、宗教的な祭りに由来するものと、国がとくに休日と定めた日との両方を含んでいるのである。

わが国では、祝日等の休日は、年間一八日であるが、アメリカでは九日、イギリスでは八日、イタリアでは一〇日、西ドイツでは一〇日、フランスでは八日となっているから、わが国は、祝日に関するかぎりでは、欧米諸国よりは一〇日ばかり多いということができる。

しかし、日本の労働者は有給休暇を平均して一〇日位しかとらないから、三週間から一月の休暇をとる欧米諸国の労働者と比べれば、祝日が多いことは帳消しになっている。しかも、週休二日制はまだまだ普及していないから、完全週休二日制が一般的である欧米の労働者に比べれば、やはり年間にして一〇日ばかりは多く働いているわけである。

ともあれ、今回は、祝日がどのようないきさつを経て今日にいたっているかをながめてみることにしよう。

2　自然や祖先崇拝の祝典が始まり

ヨーロッパでも、祝祭はもともと氏族、部族の自然崇拝や祖先崇拝のための祝典や祭典に始まり、教会の祝日がこれに加わり、これらが起源となって国の祝日が定められている。

すなわち、遊牧民族の間では日月が重要な意味をもっていたから、祝祭も太陽と月の崇拝に集中していたが農耕民族では、太陽と雨、種蒔きと収穫が重要であったので、祝祭は夏至と冬至、春分と秋分の時期に行われた。しかし、社会が複雑化して国家の形態をとるようになると、戦争の勝利や偉大な指導者を記念して祝日が設けられるようになり、また教会は、神やキリスト、聖母、聖人に特別の崇敬の念を捧げるための祝日を設けたのである。

キリスト教文化が支配した中世のヨーロッパでは、主日（日曜日）と並んで、降誕、復活、昇天、聖霊降臨、聖母昇天、万聖節等々多くの祝日が設けられた。また、歴史的には、中世の宗教的な兄弟団に発するとされる職人組合は、それぞれ自分達の守護聖人を奉じていた。例えば、大工は聖ヨゼフ、指物師は聖アンナ、錠前師は聖ペテロを奉じ、毎年、聖人の祭りを催したのである。祝日は、日曜と重なることもあるし、祝祭日の移動によってカレンダーが変わるから、毎年、全く同じというわけではないが、それは、しばしば四〇日をこえている。

3　昔、祝祭日は労働が禁止された

これらの宗教的な祝日は、日曜日と同じように労働が禁止され、ミサに行くことが強制された。一六六七年のフランスのリヨンの工場でつくられた規約には、「労働者はすべて、復活祭、五旬祭、諸聖人の大祝日、クリスマス、聖マリアの祝日には、告解し、聖体を拝受し、毎日曜日と祭日には説教とミサを聞かねばならない」と書かれている。

しかしながら、一九世紀に入り、産業資本主義の時代になると、日曜、祝日労働の禁止は使用者によって無視され、厳格にはまもられなかったようである。例えば、一八五四年、アルザスのバァスロンの仕事場では一日一四時間労働であったが、とくに土曜日は、日曜の安息日の埋合わせをするために夜も働いたという（ピエール・ギラール「フランス人の昼と夜」尾崎訳四九頁）し、一八四八年のウイーン革命の時期のほとんどすべての業種の労働者のストライキの要求の中に、日曜祝日労働の廃止の要求が掲げられている（良知「向う岸からの世界史」一四九頁）ことからも、その間の事情がうかがえる。なお、ウイーンでは、ストライキをうけて、一八四八年に公共労働大臣の布告が出され、「日曜、祭日には絶対に労働が行われてはならない」と定められた。日曜日や祝日を休日とするためには、やはり労働運動や労働保護立法を必要としたのである。

4　日本は農耕儀礼を「遊び日」に

日本の祭りは、もともと農耕の儀礼に由来する。村の氏神祭りは、農耕開始、田植え、収穫の時期にあわせて、二月、四月、一一月に行われた。これに、平安中期の御霊信仰に基づく夏または盛春の祝日、正月、盆の休み等が加わって休日となっていたのである。

農村では、農耕儀礼に基づく村の祝祭日のほかに、農休みを含んで、これらを「遊び日」または「休み日」と呼んでいた。明治五年に、明治新政府は太陽暦を採用するとともに、天長節等の祝祭日を定めたが、当時の民衆は国定の祝祭日には殆ど無縁であった。明治二〇年代の前半に行われた「農事調査」によれば、全国九一都市の一ヵ年休業日は、正月、盆、五節句、鎮守祭礼、農休みを含み、最大八〇日から最小一三、四日に及んでいる（古川「村の遊び日」一二頁）。

やがて祝祭日は、天皇家の祭りや国の行事を含めて、国家的に統制されていくが、ヨーロッパの祝日が、本来のホーリイデイ（聖日）からホーリディィ（休日）へと移っていったように、わが国の祝祭日も、中世から近世にかけて、「遊び日」や「休み日」としての性格をもちつつ、今日にいたっているのである。

わが国において、祝祭日が昔から比較的多いのは、一斉に休みをとるための生活の知恵であったのかもしれない。

八　週休二日制と有給休暇のはなし

1　世間並みではない週休と年休

ヨーロッパやアメリカの諸国と比べて、わが国の労働時間が長いというのも、一つには週休二日制が普及せず、また有給休暇の取得率が悪いからである。すなわち、銀行の完全週休二日制や官庁の隔週週休二日制が始まったとはいえ、完全週休二日制を採用している企業の割合は、昭和六一年度で僅かに六・一％にすぎず、また有給休暇の取得率も五〇・三％にすぎない（労働統計要覧一九八八年版）。週休二日制が普及し、有給休暇をきちんととりさえすれば、それだけで欧米先進国の水準である年間総労働時間一八〇〇時間には達するのである。しかし、週休二日制や有給休暇の完全取得は、なかなか進みそうにもない。今回は、これらに関連する問題についてみていくことにしよう。

2　半ドンの語源はオランダ語？

週休二日制は、いうまでもなく、日曜日が休みであるという週休制が延長されたものである。ヨーロッパでは、日曜日は原則として安息日とされていたから、家事、買物その他の雑用や、家族揃ってのちょっとしたリクリエイションを楽しむ時間的余裕が欲しいと思うのは自然である。週休二日制は、まず土曜日の半ドンから始まっている。例えば、一四世紀のイギリスの仕事場では、早くも、土曜日と祝祭日の前日には、正午までに仕事を終える慣行が生まれていた。これは、イングリッシュ・ウイークエンドとよばれていたが、日曜、祝祭日の労働禁止との兼合いで生じたものであったから、本来の意味での週末の休養日であったのであろう。

フランスでは、一九一七年法により、被服工場の女子労働者の土曜午後休業が定められているが、これは、パリ市の裁縫工女のストライキによるものである。その後、週四八時間労働を定める一九一九年法により、土曜の午後休業を含め、週労働時間の配分は行政規則によることとされた。さらに、労働時間の短縮が進むにつれ、殆どの事業場では、労働協約により、週休二日制が採用されるようになったのである。

わが国で半ドンという言葉が生れたのは、オランダ語のZum Dag（日曜日あるいは休日）がなまり、日曜、休日をゾンタフあるいはドンタクといっていたところから、半日休日を半ドンというようになったとされている。しかしながら、例えば、「書生さんは一六のドンタクに」というように、専らドンタクは、休日の意味に使われ、明治も比較的早くから半ドンという言葉が見られるにもかかわらず、実際には一部の官吏を除き、土曜午後休日は、第二次大戦後まで、余り普及しなかったといってよい。

一日の労働時間の途中には休憩時間を、一週の労働日の途中には週休を、そして一年の労働日の途中にはまとまった休暇をというのは、労働力を休めるための自然の要求である。今日では、主だった国々では、法律または労働協約によって、三〇日程度の有給休暇が与えられているが、有給休暇が一般化するのは、比較的最近のことである。

例えば、イギリスでは、一八三三年の工場法で、児童労働者に、一年八日の半日休を与えるべきことが定められたが、一八六七年には、全産業が土曜日は半日休むようになった。一八七一年には、これに年四回の銀行休日（バンクホーリデイ）が加わるようになったのである。銀行休日は、事実上、全産業の休業を意味した。そして、一八七五年には、銀行、保険、鉄道等の事務労働者に二週間の、上級管理職には三週間の年休が与えられるようになった。これが契機となって、一九世紀末には、全産業に一週間程度の年休が普及し、その後、日数を増加させつつ現在では、五労働週の有給休暇の制度が労働協約によってとられている。

フランスでも、有給休暇は、一九世紀末から若干の私企業や国、地方公共団体、鉄道等のホワイトカラーないし上級職員に認められていたものが、労働運動の盛上がりとともに労働者に拡大してきたものである。そして、それが一般化したのは、一九三六年の人民戦線政府ができてからである。

ちなみに、ＩＬＯでは、一九三六年に有給休暇に関する条約を採択しているが、一九七〇年に改正され、一定の場合に、三労働週の有給休暇を与えるべきことを定めている。

3　バカンスはまだまだ遠い存在

わが国では、明治六年一月七日の布告により、官吏の休み日を「六月二八日より三〇日まで」としたが、これは実施せずに取消し、八月一日、官吏に対し、八月一日より三一日までの間、奏任官以上は一五日、判任官以下は五日の休暇を各々交替でとるべきことを定めた。そして翌明治七年七月三日には、七月一一日より九月一〇日まで、諸官吏に一定の休暇を賜い、賜暇中は行先を届けて自由に旅行することを許した。学校とならんで、官吏には、明治の初めから優雅な夏休みが与えられたのである。しかしながら、民間企業にはこの風習は普及せず、また官営工場であっても、労務者には賜暇は無縁の存在であった。多くの企業では、休みといえば、年末年始、国の祝祭日、会社の創立記念日、お盆、氏神祭日等に限られ、バカンスなどは別の国の話であった。

やはり、わが国で有給休暇がまがりなりにも定着するのは、戦後、労働基準法が出来てからである。有給休暇の取得率が余りよくないのは、一つには、こういった歴史の違いに由来するものであるのかも知れない。

九　レジャーのはなし

1　レジャー社会の到来

レジャーは、「余暇」とか「ひま」と訳されているが、一般には、労働時間外の外的強制のない自由な時間を指すといってよい。わが国も、労働時間の短縮が進み、非労働時間が増大して、間違いなく近い将来には、レジャー社会に移行するであろう。しかし、労働時間短縮の経済的効果が五兆円であるとか、レジャー・ブーム、レジャー産業といった言葉を聞くと、人々が、今度は、労働ではなくて、レジャーに振りまわされ、くたくたになったり、レジャー資金を稼ぐために、ますます残業に励んだりといったことが起こらないかと気掛かりになる。レジャーとは、本来、どういうものなのかは次回に考えることにして、今回は、レジャーの歴史を簡単にふりかえってみることにしよう。

レジャー（自由時間）のことをギリシャ語ではスコレーというが、スコレーがスクール（学校）の語源となっていることからも明らかなように、本来は、学ぶことが余暇そのものであったが、それが転じて学ぶ場所をスクールというようになった。

余暇は、かつては貴族等の特権階級のみが享有していたが、その中から、学問、芸術、音楽などの花が咲き、一つの文明が生まれているのである。中世になっても、レジャーは、貴族や有産階級だけのものであり、余暇は、労働者にとっては、無縁の存在であった。

2　「動物いじめ」が中世の庶民の娯楽

中世のヨーロッパの労働者にとっては、労働と遊びは未分化の状態にあり、労働も遊びも一つの生活のリズムをなしていた。彼等は、日の出から日没まで働き、日曜、祭日以外の非労働時間はなかった。しかし、彼等は、今日の労働者と同じ密度で働いていたわけではない。当時のロンドンの労働者の間では、次のようなバラッドが歌われていた。

月曜は日曜の仲間だけれど、
　火曜がくれば仕事にかかろう。
働くからにゃ陽気にやろう、
　必要なカネを稼ぐのだから。
　　（川北編『「非労働時間」の生活史』三六頁）

週末から飲んだくれて月曜も休みという習慣は、聖月曜日と呼ばれ、当時のヨーロッパの労働者の習慣になっていた。例えば、フランスでも、史料によれば、労働者達は、仕事にはいる前に居酒屋に行き、仕事を始めてからも一回二回と繰返し、昼食時、二時、四時に同じことをやって、帰路にまた居酒屋によった。そして、労働者達は、日曜日だけではなく、月曜日も仕事をせず、仲間と痛飲した。この日を、彼らは、「仲間の日」と呼んでいたのである。労働者達が飲酒とともに展開した「娯楽」のなかみは、「残酷、野卑」なものが多かった。中・上流階級の楽しみが、狩猟、競馬、観劇、オペラ、音楽会、舞踊会、文学、科学の研究などであったのに比べ、下層社会の労働者の楽しみは、祭りの前夜の「牛苛め」、「熊苛め」、「鼠苛め」などの動物苛めや、祭日の乱痴気騒ぎ、闘鶏などのギャンブル、トランプ賭博等であった。そして、ときたま街の広場で行われる死刑囚の処刑は働くのを止めてでも駆付ける最大の見せものであった。

当時の労働者にとっては、祭りやフェア（市）を別にすれば、とくにつぶさなければならない暇があったわけではなく、飲んだくれたり、ギャンブルに走ったりしても、それは仕事を自分達の集団的で自立的なリズムに従ってやっているだけのことであった。

そして当時の支配階級は、労働者に、ひたすら娯楽を禁じ、華美や怠惰を批判するだけで、労働には休養が必要ということなどは思いもよらぬことであった。

3　上流階級を真似てレジャーの大衆化が

労働時間と非労働時間が決定的に分離するのは、産業革命以後のことである。工場制生産制度の確立とともに、規則的な労働時間制が導入され、労働者は、機械力の体系によって統轄されるようになった。職場規律は確立し、労働者はこれまでのように自由に振舞うことが許されなくなった。新しい照明器具の発明は夜間労働を可能にし、工場は二四時間休みなしに操業した。しかし、長時間労働と労働密度の強化は、逆に休養の必要性を生ぜしめた。とくに一九世紀の後半、法律によって制定された祝祭日の増加と週五日半の労働日の普及は、明確なパターンの休日を確立した。産業資本主義の進展にともなう経済的社会的変化は、レジャーを一部の特権階級のものから開放し、大衆化したのである。

生活習慣は、社会的に上位のものから下位のものへと伝わる傾向がある。誰でも自分より社会的に地位の高いものの生活ぶりを真似てみようという「気取り」（スノバリィ）があるからである。都市には、工場労働者を目当てとする劇場が建設され、集会場やイン（宿屋）もしばしば仮設の劇場として使用された。劇場は九時以降半額となり、天井桟敷は格安の料金で労働者を集めた。古典や現代風の多種多様な劇、パントマイム、オペラ、音楽は労働者のものになったのである。都市のパブや農村のインはレジャー活動の中心となり、遊戯、音楽、ボウリング、レスリング、ボクシング、競馬などが催された。

かつては上流階級に独占されていた温泉（スパー）や海水浴場などの保養地も、鉄道の発達とともに日帰りの労働者とその家族によって行楽地と化した。イギリスの貴族が息子をジェントルマンに仕立てあげるための海外旅行でさえ、交通機関の発達により、一般大衆のものとなったのである。

一〇　ゆとりある社会の創造にむけて

1　人生八〇年時代の労働時間

労働時間の短縮は、生活時間の増大と裏腹の関係にある。前にも述べたように、一日はどんなに頑張っても二四時間より長くはならないから、労働時間の短縮は、同時に生活時間の延長という意味をもつ。問題は、それだけではない。わが国では、嬉しいことに、平均寿命が年々伸び、人生八〇年代を迎えようとしている。人生五〇年といわれていた時代には、まさに「働くために生きる」時代であった。殆どの人が小学校卒業とともに働き始め、中学生は村に一人いるかいないかのインテリであった。中卒を計算に入れたとしても、圧倒的多数の人は、一五歳で労働期に入り、五〇歳で定年をむかえ、引退した後の期間は、平均的には極めて短かかった。

しかし、事態は一変した。戦後、じょじょに伸びてきた平均寿命は、女性は八〇歳をすでにこえ、男性もまもなく八〇歳になろうとしている。今では、昔と比べ、教育期間が長くなり、就業開始年齢がアップしている。定年が延び、比べものにならないくらい定年後の余暇期間も長くなっているのである。人生八〇年の生涯時間は、約七〇万時間であるが、そのうちの労働時間は、仮に働き蜂といわれる年間二一〇〇時間で計算し、しかも定年後の再就職がうまくいき、四〇年間働いたとしても、生涯では、八万四千時間にすぎない。労働時間の短縮が行われ、週休二日制や有給休暇の完全取得がすすみ、年間の総労働時間が一八〇〇時間になったとすれば、生涯労働時間は七万二千時間になる。これに対し、可処分の自由時間である余暇時間は、生涯では、二〇万から三〇万時間であるから、余暇は総労働時間の約三倍、そのうちのざっと一〇万時間が退職後に残されている計算になる。好むと好まざるとにかかわらず、余暇をいかに充実させるかが重要な課題となっているのである。

人生五〇年といわれた時代の人の一生は、労働期間が大半を占め、幼児期を別とすれば、労働の準備のための教育期間と定年後の余生が前後に置かれた単線型のものであった。よりよい就職を求めて一生懸命勉強し、よりよい生活を求めて一生懸命働くのが典型的な労働者の姿であった。

しかし、今後は、教育、労働、余暇は、人生全体の中で、生涯教育、生涯労働、生涯余暇といった視点からとらえ直さなければならない。そのためには、現在の定年制、賃金、教育制度、社会保障等の社会システムが時代にふさわしいものになっているかどうかを見直す必要があり、教育、労働、余暇は、生涯を通じて、柔軟に配分しなければならない。

2　労働時間の短縮について

労働時間の短縮にむけ、労働政策としても、まず週休二日制を普及させる方針がとられているが、完全週休二日制にはほど遠いのが実状である。労働時間の短縮を阻む要因としては、いろいろなことがいわれている。労働者側からは、残業手当がなくなっては困るという意見が出され、使用者側からは、①労働コストが高くなる、②他企業との競争に負ける、③親会社、顧客との関係で土曜日も休めないということがいわれている。また、第三次産業の比重の増加や、サービス経済の増大によって、休日や夜間に働く人々が増え、さらには、例えば、個人タクシーや個人の飲食店のように労働法規の規制を受けない自営業者が増えている。これらの人々が夜も昼も、身体の続くかぎり働くのであれば、競争関係にある中小企業では、対抗上、週休二日制などとはいっていられないであろう。

労働時間の短縮は、余暇の増大、生活設計の問題である。それは、いかに意義のある生活を送るか、ひいては、人生をいかに充実させるかというその人の人生観、価値観にかかわる問題である。人間の平均寿命が伸びたとはいえ、八〇年としても生涯時間は七〇万時間にすぎない。人生は時間である。「所得よりは時間が大切」という頭の切替えがないかぎり、年間の総労働時間は容易には減らないのではなかろうか。労働時間の短縮は、単に労働者保護のためにあるのではない。ゆとりのある教育、ゆとりのある労働、ゆとりのある余生がゆとりのある社会をつくるのである。労働時間の短縮は、いかに効率よく働き、余暇を生み出すかという問題である。各人が、そして社会全体が同時に取組んで初めて実現可能なものである。

今世紀に入り、労働者が経済的にも豊かになり、労働時間の短縮が進むにつれ、西欧諸国でもレジャーの大衆化現象がおきている。映画、旅行、スポーツ、レストラン等のサービス娯楽設備やレジャー商品が、レジャー産業やマスマーケットを成立させたのである。しかし、ヨーロッパやアメリカのかなりの人達は、今では自分のレジャーを設計し、金のかからないレジャーを楽しんでいる。

レジャー産業の興隆は、受け皿つくりという意味で悪いことではない。しかし、余暇社会の到来をあてこんでのリゾートマンション・ブームやパック旅行、遊園地での大混雑をみていると、なにごとも組織的に動く日本人の場合には、西欧人以上に、レジャーが組織化され、画一化されるのではないかということをおそれる。なぜならば、レジャーの画一化は、本来、レジャーがひき出し、伸ばすものと考えられている人間の自主性、自発性を弱めるというパラドキシカルな働きをするからである。レジャーは、単に休養の期間にとどまらず、人類の文化を創造する基礎的な条件の一つでもある。「レジャーとは、余裕のある人が使う余分の時間であるというような従来の認識は誤っている。今やレジャーは、人格の形成にとって本質的な要素であり、おそらく不可欠の要素になってきている。人間がレジャーを選ぶのではなく、レジャーが人間をつくるのである。」（ジャン・フーラスティエ）。

第九章　休暇

一　年次有給休暇の性格

全林野白石分会事件・仙台高裁昭和四一年五月一八日判決

一　事件の概要

本件は、全林野の警職法改悪反対統一行動に対する処分の撤回闘争に関連して発生したものである。昭和三三年一二月九日、当時全林野白石分会の書記長であったXは、翌一〇日、一一日に気仙沼分会で開かれた処分撤回要求をも含む団体交渉に出席するために年次有給休暇を請求した。

白石営林署は、かねて上部機関から、近く処分撤回闘争の一環として気仙沼でも拠点闘争が行なわれ、県内労働組合分会から応援に行くことが予想されるから、そのような者がある場合には阻止するように指示されていたため、「気仙沼にゆくなら駄目だ」といって、気仙沼に行ったXを欠勤扱いにし、二日分六五〇円の賃金カットをした。白石分会では、数次の団交を重ねたが解決できなかったので、昭和三五年一二月に、Xは、仙台地裁に、年休日を欠勤扱いとして賃金カットをした六五〇円を支払えという訴えを提起した。

これに対して仙台地裁は、

(1)　年次有給休暇請求権の法的性質について、「具体的な年次有給休暇日はまず労働者の請求によって定まり、これに対し使用者において相当な時間内に時季変更権を行使しない限り、労働者から請求のあった時季がそのまま年次有給休暇日となるものというべく、右時季変更権の行使と別個に使用者の承認の有無を問題にする必要はない。この意味で年次有給休暇の請求は形成的な効力をもつと解するのが相当である」と判断した。

(2)　ついで、本件有給休暇は争議行為ないし違法な団体行動に利用されたから、その請求は信義則に反し無効であるという使用者たる国の主張に対しては、Xが気仙沼におもむき、「他の常任委員らと共に団交を傍聴したことを認めることができるが、この間原告が発言その他何らかの目立った行動に出たことは」なく、したがって「原告が本件年次有給休暇を争議行為又は違法な組合活動に利用したと認むべき証拠はない」といって、事実認定の点でこれをしりぞけている。

(3)　結局、白石営林署長が休暇を認めなかった理由は「原告が気仙沼の闘争の応援に行くことを阻止することにあったことが窺われ」、本件の場合は「時季変更権を行使しうる業務の正常な運営を妨げる場合であったと断ずることはできない」としてXの請求を認めた（昭四〇年二月二三日判決）。この判決に対し、当局側ではただちに控訴した。

二　仙台高裁の判決

(1)　仙台高裁判決は、まず、年休制度の立法趣旨は「憲法第二五条の精神に従い、同法第二七条第二項を具体化するものとして、労働者が人たるに値する生活を営むことができるようにするために、その最低労働条件を定めたものであって」「労働者に賃金を得させながら、一定期間労働者を就労から開放することにより、継続的な労働力の提供から生ずる精神的肉体的消耗を回復させると共に、人たるに値する社会的文化的生活を営むための金銭的、時間的余裕を保障しようとするところにある」という。

(2)　「而して、労基法第三九条第三項の要件が充たされた場合には、法の定める労働条件の一として、使用者は一定日数の労働義務を免除し、労働者を就労から開放することを国家から一方的に義務づけられるのであり、反面、労働者はそれによって当然一定日数の労働義務を免除され、その日数の就労から開放されるという一種の種類債権を取得することになるのであるから、この権利義務発生のために更に労働義務免除という使用者の意思表示を必要とする余地はない」「そして、この種類債権は一定日数の労働日が個々に指定されることによってその目的物が特定され、その特定された日が有給休暇日となってその日の労働義務は消滅する」「有給休暇請求権と言うのはかかる趣旨で設けられた有給休暇日の指定権を意味する」。

(3)　さらに「就労から開放される有給休暇日において、労働者がこれを如何なる用途に利用するかは、一般の休日と同様に、もとより労働者の自由であると言うべく、労働者としては有給休暇の請求に際しては単に休暇となるべき日を指定しさえすればそれで十分であって、休暇利用の方法用途まで一々申出る必要はないと解せられるのであるから、このような休暇の利用目的如何によって、有給休暇の請求自体が本来認められている範囲を逸脱しているとか、逸脱していない」とか言うのは当らないとした。

国側の、本件有給休暇を請求した真の目的は違法な大衆交渉に参加し、この闘争を支援することにあったとの主張に対しては、「譬えそうだとしても、それは労基法の定める有給休暇請求権の行使とは次元を異にする休暇の使用目的という別異の事項について被控訴人がその責任で決定したまでのものというべく、有給休暇請求権の行使としてはなお依然として法によって与えられた正当な権利行使の範囲内にあると認むべきものである」と判示し、原判決を支持した。

三　解　　説

わが国においては、有給休暇が組合活動あるいは争議目的に利用されることがしばしば行なわれている。デモに参加するため、あるいは他労組の争議支援のために有給休暇が利用されることは多いし、とくに争議行為の禁止をうける官公労働者については、遵法闘争という形で争議行為に代わる手段として利用されてきた。

このように有給休暇が本来の目的以外のものに利用されるのは、有給休暇が平常時においては事実上消化されない状態にあり、多数の労働者が休暇日数を残しているという、きわめて日本的な現実を反映したものである。すなわち、元来、ぎりぎりの、人員配置計画で事業が運営されており、「他の労働者に迷惑がかかるから」というので、有給休暇をとりにくい状況にあるのが一般的である。

したがって労働者がまとめて休暇をとれば、ただちに業務が停滞する。だからこそ争議戦術として利用される余地があるのである。そしてそこには、「どうせ余す有給休暇なんだから、なんとかして利用してやれ」という気持が無意識的に入りこんでいる。したがって、たとえば安全衛生闘争が従来の違法状態を是正していこうとする機能をもつのと同様に休暇闘争も、その直接の目的がなんであれ、客観的には、従来、事実上行使できなかった有給休暇の権利を確立していこうという一面もあわせもつのである。

ところで、休暇闘争に対しては、①有給休暇請求権は「所定労働日における労働義務の免除の要求権である」（労働省編『労働基準法』上、三六九頁）から、休暇は使用者の承認を必要とする（請求権説）という見解と、②「有給休暇は、あくまでも使用者が労働者の労働力を支配するという作業体制にあることを前提とするもの」であり、「争議行為は労働者がその労働力を使用者の支配から離脱させ、作業体制を一時的にこわすことを本質とするものであるから」両者は本質的に相容れないものである、「したがって労働者は争議行為のために有給休暇を請求できない」（国鉄郡山工場賃金カット事件・仙台地裁昭三九・一二・一一判決）という見解がブレーキの役割を果たしていた。

このような障害をみごとにのりこえたのが本判決である。一審判決が、有給休暇の性格について形成権説をとりながら、休暇の利用目的については、争議行為には利用されていないとして、事実問題としてしりぞけているのに対し、高裁判決は、「休暇利用の目的如何によって有給休暇請求権行使の能否が左右さるべきものでない」という明確な見解を示した。したがって、労基法三九条三項但書にいう、事業の正常な運営を妨げる場合に該当しないかぎり、有給休暇をなんに利用しようと自由ということが、明らかにされたわけである。

二　計画年休協定の結び方

小売業のA社の社員会の方から、計画年休に関する労使協定を会社と結びたいと思っているが、どのような点が問題となるのか教えて欲しいという質問をうけた。

A社の従業員は五〇〇人で、社員会には約三〇〇人が加入している。社員会は親睦会的な色彩が強いが、春闘のときなどには、会社と賃上げについての話合いを行っている。また、別に四〇名を組織している労働組合があり、計画年休には問題が多いとして反対している。

多数派の社員会の結んだ計画年休協定が少数派の労働組合の組合員を拘束するかという問題は、次の計画年休協定の効力のところで扱うことにし、ここでは、計画年休の意義と計画年休協定の結び方についてみていくことにする。

一　年休でリフレッシュを

一日の労働時間の途中に休憩時間を、一週間の労働日の間に休日を与えなければならないのとおなじように、労働基準法では、一年間の労働日につき一定期間の年次有給休暇を与えなければならない旨を定めている。このことによって労働の後に必要な休息を与え、労働力をリフレッシュさせるとともに、労働者に人間らしい生活を保障しようとしているのである。年次有給休暇は、もともとは労働運動によって獲得されたものであり、協約上の権利として定められていたが、やがて多くの国において保護法上の権利として定められるようになった。わが国でも労働基準法三九条において、一定の年次有給休暇を与えることを使用者に義務づけている。

二　改正法のあらまし

今回の労働基準法の改正（昭和六二年法九九号、昭和六三年四月一日より施行）により、年次有給休暇の制度もいくつかの点が改められたが、改正点のあらましはつぎのとおりである。

①　一年（現行法では六ヵ月）継続勤務（八割以上出勤）後の最低付与日数が六日から一〇日に増加した。これに伴い、勤続年数が二年（現行法では一年六ヵ月）以上の労働者についても、二〇日を限度として付与日数が引き上げられた。

②　一週間の所定労働日数が通常の労働者と比べて少ない者（四日以下）、および週以外の期間によって所定労働日数が定められている労働者（パートタイム労働者）については、通常の労働者の所定労働日数と当該労働者の所定労働日数との比率に応じて一定の日数の有給休暇を付与すべきものと定められた（労基法三九条三項、施行規則二四条の三）。

ただし、週あるいは年間の所定労働日数が少なくても、一日の労働時間が長いため、一週間の所定労働時間が三五時間以上の労働者に対しては、比例付与ではなく、通常の労働者と同様の有給休暇を与えなければならない。

③　年次有給休暇のうち五日をこえる部分については、労使間の書面協定によって、有給休暇の計画的付与が可能になった（労基法三九条五項）。

④　年次有給休暇を取得した労働者に対する精皆勤手当や賞与の面での不利益取扱いが禁止された（労基法一三四条）。

これらの改正は、年次有給休暇の付与日数を増加させ、労働時間の短縮に資するとともに、従来争いのあったパートタイム労働者に対する年次有給休暇の取扱いを明確にし、かつ、わが国における年次有給休暇の取得率が低いことから、労使協定による計画的付与の制度を導入することにより、その取得率を積極的に向上させようとするものである。

三　計画的付与とは

労働省の調査（「賃金労働時間制度等総合調査」昭和六一年）によれば、年次有給休暇の一人平均付与日数は一四・九日、平均取得率は五〇・三％となっている。有給休暇の半分が未消化となっているのである。一方、ゴールデンウィークには、製造業の九七％、非製造業の八九％のものは、なんらかの形で連続休暇を採用している。そして企業によっては、未消化の年次有給休暇を長期的に保存して活用する制度や有給休暇の計画的取得制度を労使協定によって取決めるようになった。

そこで、今回の改正においても、年次有給休暇の取得率を向上させ、労働時間の短縮を推進するために、労使協定による計画的付与制度を導入したのである。

①　年次有給休暇の計画的付与を行うためには、当該事業場に、労働者の過半数で組織する労働組合がある場合にはその組合、そのような組合がない場合には労働者の過半数を代表する者と書面による協定を結ばなければならない。過半数の労働者を組織する組合がない場合には、「労働者の過半数を代表する者」が当事者となるわけであるが、その選出については、当該事業場における労働者の意思が適正に反映されるような方法によることが必要である。実務上は、労働省の通達（昭六三・一・一基発一号）中の「労使協定の締結の適正手続」の線にそって労働者代表を選出することが望ましい。

なお、年次有給休暇の計画的付与に関する労使協定は、労働基準監督署長へ届け出ることが要請されていない。質問のA社の場合には、過半数組合がないため、労働者代表を選出しなければならないが、社員会が親睦会的なものであるとしても、従業員の過半数を占めており、また賃上げの交渉を会社側と行っていることからみて、社員会の代表者を書面協定の当事者としてもさしつかえないであろう。

②　年次有給休暇の計画的付与は、(イ)事業場全体の休業による一斉付与、(ロ)班別の交替制付与、(ハ)計画表による個人別付与等の方式があるが、

(イ)　事業場全体の休業による一斉付与の場合には、具体的な年次有給休暇の付与日

(ロ)　班別の交替制付与の場合には、班別の具体的な年次有給休暇の付与日

(ハ)　年次有給休暇付与計画表による個人別付与の場合には、計画表を作成する時期、手続き等を労使協定において定めることが必要である。

なお、労働省の通達（昭六三・一・一基発一号）では、「特別の事情により年次有給休暇の付与日があらかじめ定められることが適当でない労働者については、年次有給休暇の計画的付与の労使協定を結ぶ際、計画的付与の対象から除外することも含め、十分労使関係者が考慮するよう指導すること」とされている。

③　年次有給休暇は、本来、余暇を有効にすごすため、まとまった日数を継続的にとることが望ましいわけであり、ＩＬＯ一三二号条約でも、年休の分割はできるが、分割された一部分は、少なくとも中断されない二労働週でなければならない（八条二項）と定めている。しかし、わが国では、年休をコマぎれにとることが可能であるし、病気欠勤などに振り替えているのが現実である。そのために労使協定による計画的付与の対象となるのは、年次有給休暇の日数のうち、個人的事由による取得のために留保される五日をこえる部分とされている。

なお、労働省の前記通達において、「年次有給休暇の日数が足りない、あるいはない労働者を含めて年次有給休暇を計画的に付与する場合には、付与日数を増やす等の措置が必要なものであること」とされている。

三　計画年休協定の拘束力

ある機械メーカーに勤務しているBさんから、次のような質問をうけた。

Bさんは、これまで一五年余り、有給休暇を一〇〇％消化しており、春と秋の二回、信州の別荘で家族とともに過ごすのを通例としてきた。これが「自分の労働生活をリフレッシュするうえで大きな意味をもっていた」とBさんは考えている。

ところが会社は、このたび労働組合と計画年休に関する労使協定を結び、今年から、八月に全社一斉に一〇日間の夏休みをとることにした。Bさんは上司に対して、自分は一〇月中旬に一〇日間の有給休暇をとるつもりであるので、夏休みはとらないといったところ、上司からそれはだめだといわれた。「秋の信州行きはあきらめなければならないのですか」というのである。なお、組合には従業員のほとんどが加盟しているということである。

前のA社からの質問は、計画年休協定に対して少数派の組合が反対している場合であり、ここでのBさんからの質問は、計画年休協定に個人が反対している場合であるが、結局は労使間の協定がどのような拘束力をもつかという問題であるので、ここで併せてみていくことにする。

一　自由に休めるのは五日

年次有給休暇の法的性格についてはかつて争いがあったが、最高裁の白石営林署事件判決（昭四八・三・二第二小法廷）以来、実務的には、いわゆる時季指定権説がとられている。すなわち、同判決は、年次有給休暇に関する労基法三九条一項ないし三項の規定につき、「労働者がその有する休暇日数の範囲内で、具体的な休暇の始期と終期を特定して右の時季指定をしたときは、客観的に同条三項但書所定の事由が存在し、かつ、これを理由として使用者が時季変更権の行使をしないかぎり、右の指定によって年次有給休暇が成立し、当該労働日における就労義務が消滅するものと解するのが相当である」と述べている。それゆえ、年次有給休暇の成立には「使用者の承認」は必要ではなく、「休暇をどのように利用するかは使用者の干渉を許さない労働者の自由である」と解されているのである。

このように、年次有給休暇は、労働者の意思によって自由にその時季を選択できるのであるが、今回の労基法の改正により、休暇日数のうち五日をこえる部分については、労使間の書面協定によって有給休暇を与える時季に関する定めをすることかできるようになった。すなわち、年休の計画的付与に関する協定を適法に締結しているかぎり、「有給休暇は、労働者の意思によって自由にその時季を選択することができる」という労基法三九条の原則にもかかわらず、協定の定めるところによって年休を与えることが可能とされているのである。

二　新入社員やパートは

年休の計画的付与ができるのは、すでにみてきたように、有給休暇の日数のうち、個人的事由による取得のために留保される五日をこえる部分である。したがって、かりに六日間の全社一斉の夏休みを年休の計画的付与の方式でとろうとすれば、有給休暇の日数が一一日未満の労働者をどうするかという問題が生じる。労働省の通達(昭六三・一・一基発一号)は、「年次有給休暇の日数が足りない、あるいはない労働者を含めて年次有給休暇を計画的に付与する場合には、付与日数を増やす等の措置が必要なものである」と述べているが、一方において、解釈例規(昭六三・一四基発一五〇号)は、事業場全体の休業による一斉付与の場合、年次有給休暇の権利のない者を休業させれば、その者に、休業手当を支払わなければ労基法二六条違反となるとしている。すなわち、新入社員やパートを含めて、勤続年数の短い労働者を一斉付与の方式で計画的付与の対象とするためには、法を上回る特別有給休暇をあたえるか、あるいは無権利の日数に対応する休業手当を支払わなければならないわけである。

三　労使協定の拘束力

①　すでにみてきたように、年次有給休暇の計画的付与は、わが国の年休の取得率がきわめて低い水準にとどまっていることから、「年次有給休暇の取得率を向上させ、労働時間短縮を促進するためには、職場において、労働者が

自己の業務を調整しながら、気がねなく年次有給休暇を取得できることとすることが有効である」（昭六三・一・一基発一号）として設けられたものである。

確かに、休みたくとも他の労働者や上司に対する気兼ねから休むことができなかった者の多いわが国の企業においては、いわばオープンな形で過半数組合や労働者代表と年休の計画的付与についての取決めを行うことは年休の消化促進に資するところがあるといってよいであろう。

しかし、年休を余している者にとってはこのようなメリットがあるものの、年休を一〇〇％消化している者にとっては年休の時季指定権が制約されるというデメリットがある。また、年休の未消化者であっても、病気やけが、あるいは不測の個人的事情による欠勤への振替のためにできるだけ多くの年休をとっておきたいという希望をもつ者も少なくはないであろう。こういった理由から年休の計画的付与に反対する者がでた場合、労使協定の拘束力をどのようにとらえるべきかという問題が生じるのである。

② 労基法上の協定は、労基法の原則に対する一定の例外を認めるためのものである。これらの協定がどのような法的性格を有するかは、とくに時間外労働に関する三六協定に関連して争われてきたところである。労働省の前記通達（昭六三・一・一）は、多くの学説判例の見解にしたがい、労基法上の「労使協定の効力は、その協定に定めるところによって労働させても労働基準法に違反しないという免罰効果をもつものであり、労働者の民事上の義務は、当該協定から直接生じるものではなく、労働協約、就業規則等の根拠が必要なものである」と述べている。そうだとすれば、単に年休の計画的付与に関する労使協定が存在するというだけでは、年次休暇を有効に消化しようという事業場全体の計画にすぎず、個々の労働者は必ずしもこれに拘束されるものではない。

したがって、年休の計画的付与についての根拠となるような規定が協約や就業規則に存在するときに初めて、それが労働契約の内容となることによって年次有給休暇の権利が一定の制約をうけるかということが問題になりうるのである。

労働省の解釈例規（昭六三・三・一四基発一五〇号）は、計画的付与の場合には、労働者の時季指定権および使用者の時季変更権はともに行使できないと述べているが、より正確にいえば、協約や就業規則に根拠規定があれば、労使協定の定める範囲内で、労働者は時季指定権を、使用者は時李変更権を制約されるということになるであろう。

裁判例でも、三日間の有給休暇を夏期連休にあてる協約につき、「有給休暇は労働者の意思によって自由にその時期を選択しうるのであるが、時季の制約も労働者の自由意思が十分尊重され、且つ労働者にとって積極的に利益となるような場合ならば、有給休暇の時季を制約する協定も必ずしも無効と解すべきでない」（三菱造船広島精機事件・広島地裁昭三九・四・二八判決）と判示したものがある。

この立場からすれば、A社の場合、就業規則に年休の計画的付与に関する定めをおけば、少数派の労働組合の組合員もこれと異なる協約を締結しないかぎり、就業規則の定めに拘束されるということになるし、Bさんの場合には、組合が締結する労使協定そのものが団体交渉の結果結ばれた協約とみることができるので組合員であるBさんはこれに拘束されることになる。

③　しかし、わが国の場合には、計画年休といえども、必ずしも継続した労働週の休暇が保障されているわけではなく、個人ごとにバラバラに分割された休暇が労働者の意に反して計画年休表に割り振られる可能性がないわけではない。そうだとすれば、協約や就業規則に年休の計画的付与についての定めがあれば常に労使双方を拘束するというわけではなく、それが年休の本来の趣旨に沿い、かつ労働者にとって積極的に利益になる場合にかぎって法的な効力をもつと解すべきであろう。もし、計画年休に関する協定がそのようなものでないときには、あえてこれ

に異議を述べなかった者だけがこれに拘束され、反対の者はこれには拘束されないとみてさしつかえない。このことは、法定の年休日数を上回る法定外の年休についてもあてはまることである。

第一〇章　周辺的労働者

一　臨時労働者の保護

はしがき

わが国の雇用関係は、生涯雇用・年功序列型の賃金をもって特色とし、労使関係の安定度の高さ、高度経済成長の鍵はここにあるとさえいわれてきた。すなわち、個別企業は、自己の責任と計算に基づいて新規学卒者を採用するとともに事業場内職業訓練によって労働力を陶冶し、よほどの事情の変更がないかぎり定年までの雇用を予定する。そして賃金は勤続年数に応じて急カーブを画いて上昇し、扶養家族手当や住宅手当、各種の福利厚生施設とあいまって、「丸がかえ」ないしは「生活のめんどうをみる」という意識が支配したのである。このような使用者側の配慮（恩恵）に対応して労働者は企業に対する強い帰属意識をもち、企業忠誠心が醸成されて、労使関係の安定性が保たれていた。しかし、諸外国にも著名なこのような労使関係は、確かにわが国の労使関係に特長的なものとはいいうるが、いわば企業における陽のあたる部分にほかならず、われわれは、もう一つの陽のあたらない部分が存在することを見落してはならない。下請・臨時労働者の存在がこれである。

わが国においては、経済の二重構造として知られているように、大企業は膨大な中小企業をかかえ、これを自己の系列下において支配している。下請企業はさらに孫請をかかえ、末端は零細な家内工業ないし家内労働者につながっているのである。不況のしわよせは、直ちに下請単価の削減となり、波状的にいくつかの段階の下請、再下請によって犠牲は吸収せられつつ、最終的には経済的な計算のなりたちようもない家内工業ないし家内労働の賃金ないし手間賃の切り下げとなって現われてくるのである。

日本経済の柔構造の秘密の一端はここにもみられるのであるが、多くの企業はさらに臨時労働者をかかえ、企業内における不況の安全弁として利用しようとしている。臨時労働者は、経済的には下請企業が果している景気変動に対するクッションと同じ役割を負わされているのである。臨時労働者が文字通り臨時の必要性に基づいて雇用されているのであれば、おそらくは社会問題とはなりえなかったであろう。「臨時」ということから、多くの場合、「期間の定めのある雇用契約」が締結せられ、賃金も低く、退職金等の恩恵にも浴しない。しかし、実際には、期間の定めのある雇用契約が反覆更新せられ、臨時労働者は、正規の従業員と同じ職場で同じ業務に従事しつつ、不況時には真っ先に切り捨てられているのである。そして、ほとんどの場合、いわゆる本工を中心に組織されているわが国の企業別組合は、臨時労働者の組合加入を認めず、臨時労働者の労働条件の改善には手を貸そうとしていない。このような劣悪な労働条件にも甘んじる臨時労働者が存在しうるためには、膨大な潜在的失業者ないしは産業予備軍の存在が不可欠である。そのために経済の高度成長期における雇用量の増大、労働力不足基調への転化とともにかつての成年男子労働者を中心とする臨時工は次第に姿を潜め、これに代って農村の出稼ぎ労働者が季節工ないし期間工として、家庭の主婦ないし女子労働者がパート・タイマーとして、あるいは学生がアルバイターとして臨時工の役割を引き受けるようになってきた。

ここではこれらの臨時労働者の雇用に焦点を合せ、そこにおいて提起されるいくつかの法律問題を検討することにする。

一　臨時労働者の態様と問題の所在

わが国の企業には、典型的には、新規学卒者を対象とし定年までの雇用を前提とする正規の従業員のほかに、主として中途採用者によって構成される臨時労働者が存在する。臨時労働者は、企業により、さまざまな名称で呼ばれているが、かつてのいわゆる臨時工が、現業員、現務員、常傭作業員、臨時作業員、傭員、日雇等と呼ばれていたのに対し、出稼ぎ労働者が進出するようになると、季節工、期間工の名称が現われ、さらに女子労働者に対しては、パートタイマー、アシスタント、コーポレーター、アルバイトといった名称が使われている。しかし、その呼称がなんであれ、臨時労働者は、正規の従業員に比してつぎのような共通した特色を有しているのである。(1)

①　臨時労働者は、いわゆる「ウチの従業員」とは異質のカテゴリーに属するものと考えられている。臨時労働者の「臨時」とは仕事に対応する概念ではなく、「正規の従業員」（レギュラー・スタッフ）という身分に対立する概念なのである。そのために正規の従業員と同一の仕事をしながら、これとは異なった取扱いがなされている。

②　臨時労働者の雇用関係には冷たい権利義務関係が支配し、正規の従業員に対するような恩恵や恩情主義の入りこむ余地はない。臨時労働者にかぎって必ずといってよいほど雇用期間や賃金を明示した契約書が手交されているのはこのことを示す一つの例である。

③　臨時労働者の賃金体系は、正規の従業員のそれとは全く別個のものとなっている。名目的な賃金それ自体にも明確な格差が存するが、期末手当を初めとする各種の手当や退職金は無縁のものとなっているのである。また、短期の雇用契約を締結しているということから、途中でのベースアップはなく、福利厚生施設等の恩恵にも浴する

ことはできない。

④　臨時労働者の雇用は相対的に短期のものとされ、企業の側の都合により、いつでも雇用量の調整ができると考えられている。このことを可能にする法的な手段として、多くの場合、短期の有期契約が締結され、反覆更新されて継続的に使用されながら、業務上の都合によっては期間の満了を理由とする雇止めがなされているのである。

⑤　景気変動の安全弁として臨時労働者を雇用しうるのは、いうまでもなく大企業である。それ自身が臨時工的である下請中小企業においては、大企業の臨時労働者よりさらに低い賃金が支払われている。多くの臨時労働者は、中小零細企業の労働者よりはまだましだということからあえて劣悪な労働条件にも甘んじ、企業の側では本工登用の淡い期待をもたせることにより、企業に対する忠誠心をかき立てているのである。

これらの臨時労働者の主要な法律問題の一つは、パートタイマーにみられるように、通常の正規従業員の労働時間に比し、短時間勤務の契約形式をとるために生ずる労働保護法規の適用上の争いであり、もう一つは、多くの場合、臨時労働者が短期の有期雇用契約を締結し、反覆更新するという雇用形態をとるために生ずる雇止め（更新拒絶）をめぐる争いである。

（1）　北海道立労働科学研究所『臨時工』（一九五五年）二八頁によると、臨時工の呼称は北海道だけでも一五種を数えるという。

二　労基法の適用

臨時労働者がいかなる名称をもって呼ばれようとも、そこに使用従属関係が存在する以上、労基法上の労働者であることは疑問の余地のないことがらである。しかし、臨時労働者は、先に述べたように、多くの場合、期間の定めのある雇用契約を締結するとか、労働時間が短いとかいう雇用形態をとっているために、労基法の適用についてもいくつかの問題を提起せざるをえない。

1　均等待遇の原則

まず、臨時労働者は、正規の従業員に比し、賃金その他の労働条件について著しい格差を有しているため、労基法三条の均等待遇の原則に反しないかということが問題になる。労基法三条にいう「社会的身分」が「生来の身分」を指す（昭二二・九・一三発基一七号）点については学説判例上ほぼ異論のないところである。労基法三条は、生まれながらの、本人の意思や努力ではいかんともしがたい社会的地位による労働関係における差別の撤廃を図ろうとしているものであるから、たとえば常用工（本工）と臨時工とか、職員と工員といった後発的理由による職制上の地位は社会的身分には該当しないというべきであろう。

労基法三条は刑罰規定であるため、刑事上の問題としては、このように、臨時労働者なるがゆえの労働条件についての差別的取扱いも同条には違反しないといわざるをえないが、それでは、その民事上の効力についてはどのように解すべきであろうか。この点につき、学説では、①「客観的にみて合理性のない、そして労働保護法目的に合致しないと考えられるような理由による差別待遇を内容とする契約は、労基法三条、四条の類推から民事的には効力は否定される[1]」と解するもの、②「臨時工の差別待遇は、公序良俗違反として無効と解せられるべき余地がある[2]」とするもの、③「差別的取扱いの公序良俗違反性（民法九〇条）も考えられぬこともないが、現在の経済組織と法感情とからは同じく若干の無理があろう。[3]」とするもの等の見解がみられる。

裁判例では、土曜日の就労時間が正社員については正午までであるのに対し、日雇労務者については午後三時までとする協約および就業規則の定めが社会的身分による不当な差別扱いであるとする争いにつき、本件雇用関係は「常雇の正社員とは異なる臨時の有期雇用契約によるものであり、かかる臨時労務者について正社員と異なる就労時間を定めたとしても、その差異は上記労働契約の内容自体に基くものであって前述のような臨時的雇傭関係の性質上許容されるべきものということができ、右のような定めをした前示労働協定および就業規則がただちに憲法一四条、労働基準法三条にいう社会的身分による差別的取扱いをしたものということはできず、また民法九〇条にいう公序良俗に反するものということもできない」と判示した事例がある。[4]

労基法三条ないし四条が直接に適用されない場合であっても、不合理な差別的取扱いであれば、憲法一四条および労基法三条・四条の下につくられた公序良俗に違反して許されないとされる場合がありうる。しかし、臨時労働者の労働条件には社会的にみて明白な格差が存在するとはいえ、労働時間は職種や部署によって異にしうるし、賃金も職種や技能、経験年数、勤続年数等に応じて異なった定めをなしうるものであるから、一般的な格差それ自体を取上げて、臨時労働者なるがゆえの法的にも許されない不合理な差別的取扱いとすることは困難であろう。

（1）　沼田稲次郎「就業規則と臨時工」東洋経済新報社編『臨時工をめぐる法律問題』一九三頁、同旨、峯村光郎「臨時工の法的地位」日本労働協会雑誌一九号四頁。

(2) 横井芳弘「臨時工の実態と労働法上の諸問題」別冊法律時報「今日の労働問題」(一九五七年七月)一六八頁。
(3) 宮島尚史「臨時工――その法律関係の体系的考察」季刊労働法二三号三三―四頁。
(4) 帝倉荷役事件・東京高判昭四八・一二・一三判時七三一号九五頁。

2 労働時間

(1) 臨時労働者も労基法上の労働者である以上、八時間労働制および週休制の原則が適用される。したがって、八時間をこえ、あるいは休日に労働をさせる場合には労基法三六条による所定の手続を経、かつ法定の割増賃金(労基法三七条一項)を支払う必要がある。しかし、所定労働時間が短いパートタイマーやアルバイターに対しては、その労働時間が通算して八時間以内であれば時間外労働をさせても、いわゆる法定内超勤(法内残業)として、労基法上の手続をとることを要しない。したがって、使用者の残業の要請に対し、労働者が任意に働くのであれば法律上の問題は生じないわけである。しかし、労働者がこれに応じない場合に、使用者の残業命令は法的効力を有するものであるかどうか、とくに協約や就業規則に「業務上必要とするときは時間外労働を命ずることができる」旨の残業を義務づけるような規定がある場合に、労働者はこれに拘束されるかどうかが問題になる。

八時間をこえる時間外労働に関しては、三六協定それ自体は労基法上の免罰的効果をもつにとどまり、時間外労働義務は三六協定からは出てこないというのが判例学説の通説的見解であるが、三六協定の外に協約や就業規則等に残業を義務づける規定が存在する場合には、学説判例は、個々の労働者に残業義務が発生すると解するものと、残業義務が生ずるためには、個々の労働者のその都度の同意が必要であると解するものとに分れている。(1) いわゆる法内残業については立入った論争がみられるわけではないが、右の見解のうち、前者の立場に立つ場合には、その論理的な帰結から、法内残業であっても残業義務を負うということになるであろう。八時間をこえる残業についてはその都度の労働者の同意が必要であるとする後者の立場に立つものも、法内残業については、原則的に残業義務を肯定するもの(2)と個々の労働者のその都度の同意が必要とするもの(3)とに分れる。

裁判例では、(イ)学生アルバイトの時間外労働に関する事案につき、法内残業については個別的または一般的な時間外労働契約を締結しうるが、「後者のような一般的概括的時間外労働に関する約束が存在しているに過ぎないような場合に、終業時刻真際になって業務命令で時間外労働を命令し得るとなすときは、予め予定された労働者の行動計画ないし生活設計を破壊するような不利益の受忍を労働者に強いる結果となることも考えられないでもなく労働基準法第一五条の労働条件明示の規定の趣旨とも関連して、その業務命令に絶対的な効力を認めるとすることは妥当なものであるとはいい難いから、一般的概括的時間外労働に関する約束がある場合においても、労働者は一応使用者の時間外労働の業務命令を拒否する自由を持っているといわなければならない。但し、使用者が業務上緊急の必要から時間外労働を命じた場合で、労働者に就業時間後何等の予定がなく、時間外労働をしても、自己の生活に殆んど不利益を受けるような事由がないのに、時間外労働を拒否することは、いわゆる権利の濫用として許されない場合のあることは否定できない」と判示したもの(4)、(ロ)協約によって定められた労働時間が労基法所定の基準労働時間より短い場合においても、労働者は、原則として明示もしくは黙示の同意のないかぎり右労働時間をこえて労働すべき義務を負わないとするもの(5)、(ハ)「就業規則や協約に一般的概括的な残業規定がある場合に個々の労働者の残業義務を全面的に肯定すれば事実上所定労働時間制の建前を崩し恒常的な超過労働を容認する結果となり同法一五条の労働条件明示義務違反の疑問も生じる。したがってこのような場合には労働者にも超過労働を拒否しうる場合のあることが承認されるべきである。そしていかなる場合に労働者の拒否が正当とされるかは、基本的には、超過労働を命じる使用者側の必要性と、労働者側の拒否事由の合理性との利益衡量によって判断すべきものと考える」と判示するもの、(6) ㈡法定外休日につき、協約で「業務の都合上已むを得ない場合に組合との合意あるときは休日労働を命じうる」旨定めている場合、右合意が半年間の全法定外休日に関する包括的合意にすぎないときでも休日労働義務は会社の出勤命令だけで具体的に発生すると解するもの(7)等がある。

労基法三二条所定の八時間労働制ないし同法三五条所定の週休制に違反しない限度での時間外労働については、当事者間の個別的な残業契約に委ねられているわけであるから、その都度の労働者の同意に基づき個別契約が締結される場合、ないしは協約・就業規則等において具体的に時間外労働をなすべき日時が特定され、それが個別的な契約内容となっているとみられる場合には、労働者は個別契約上の残業義務を負う。ただ、この場合でも、協約や就業規則に時間外労働の上限や手続についての定めがあれば、それによって個別契約が規制されることはいうまでもない。

問題は、協約や就業規則に「業務上必要とするときは時間外労働を命ずることがある」といった一般的概括的な規定がある場合の時間外労働についてであるが、家庭の主婦や学生を対象とするパートタイマーやアルバイトのようにとくに労働時間が所定労働時間より短いということが主要な契約の要素となっているとみられる場合には、労働者のその都度の同意なしには時間外労働を命ずることができないというべきである。しかし、その他の一般の労働者については、所定労働時間をこえる八時間までの残業は当事者の契約の自由に委せられた領域というべきであるから、前記のような一般的概括的な残業規定も、業務上の必要性に基づく残業命令に対しては原則としてこれに応ずる旨を個別契約上約したものと解することができる。その意味では、協約や就業規則の一般的概括的残業規定に基づく残業命令は、事前の包括的同意条項に基づく配転命令と同じような性質をもっているとみてよいであろう。

したがって残業拒否に対しては使用者側の業務上の必要性と当該残業命令によってうける労働者の不利益との比較衡量によって残業命令権の濫用の成否が判断されるわけである。

(2)　労基法三八条は、事業場を異にする場合においても労働時間に関する規定の適用については通算する旨を定めている。ここにいう「事業場を異にする場合」とは事業主を異にする場合も含む（昭二三・五・一四基発七六九号）と解されているから、パートタイマーが二個以上の事業場で働く場合、あるいは一般の労働者が夜間ないしは週休を利用して他の事業場でアルバイト（いわゆるムーンライティング）をやる場合には、労働時間は通算され、労働時間に関する労基法の規定が適用されるわけである。したがって、各事業場における当該労働者の労働時間を通算した結果、法定限度をこえる場合には、時間外労働の手続がとられ、割増賃金が支払われなければならない（昭二三・一〇・一四基発一一一七号）。右の時間外労働につき、事業主を異にする場合には、いずれの事業主が法定の手続をとり、割増賃金を支払わねばならないかが問題になる。

この点につき、学説では、(イ)当該労働者と時間的に後で労働契約を締結した者が時間外労働の手続をとり、割増賃金を支払わねばならないと解するもの[8]と、(ロ)その労働者を使用し、または一定の時間以上使用したために法違反の状態を生ぜしめた事業主が労基法上の義務を負担すべきであると解するもの[9]に分れる。

前記解釈例規からは、たとえば、ある労働者が甲事業主の下で四時間、乙の下で四時間勤務するような場合、甲が二時間の時間外労働をさせるときには、甲乙いずれの使用者が時間外労働の手続をとるべきかは必ずしも明らかでないが、基準局『労働基準法』新訂版上三八三頁は、右のような設例の場合、「甲事業場の使用者が、労働者がこのあと乙事業場で四時間働くことを知りながら労働時間を延長するときは、甲事業場の使用者が時間外労働の手続を要する」と解しているので、現在では、実務上は後説の立場がとられているとみてよいであろう。また、学説でも、事業主を異にする場合、後から労働契約を締結した使用者に常に時間外労働の手続をとる義務を負担させると、先の使用者が早朝時間外労働をさせたような場合に不都合が生ずるとし、現実に法違反の状態を生ぜしめた使用者に責任を負わせる方が妥当であるという、後説を支持するものが多い。

確かに、競業避止義務等の労働契約上の信義則からくる制約を除けば、労働者は就業時間外に他で働く自由を有している。しかし、労基法三八条の趣旨は、事業場（主）を異にする場合でも労働時間を通算することにより、八時間労働制や休憩・休日の原則を維持しようとするものである。八時間労働制に関していえば、労基法三八条により労働時間が通算されることは当然の前提となっているというべきであるから、使用者は、採用に際し、労働者に対して他での就労の有無、その労働時間等につき調査すべき法的義務を負い、労働者が故意に虚偽の申告をした場合を除いて、労基法上の責任を免れない。たとえばすでに他の事業主の下で四時間労働を行なっている労働者と新たに四時間労働の労働契約を締結しようとする使用者は、当初から、先の事業主が始業前ないし終業時間後に時間外労働をさせたときには、時間外労働の手続をとることなしには労働契約上の四時間労働すらさせることができないことを知っている筈である。これは、労基法五六条二項に基づき、児童を修学時間を通算して一日七時間、一週四二時間の範囲内（同法六〇条二項）で労働させる場合の使用者の地位に類似しているというべきであろう。したがって、労基法上の労働時間に関する法的規制ないし手続上の負担は、それを承知のうえであえて労働者を採用した使用者に負わせる方が使用者責任の公平な分配という見地からしても、また結果的にはムーンライティングの抑制という見地からしても妥当であるとみるべきである。

（1）　判例学説の状況については、外尾健一「時間外・休日労働と三六協定」総合労働研究所編『時間管理の法律問題』一五四―一五七頁参照。

(2) 外尾・前掲書一五八頁、山本吉人「時間短縮と法内超過労働の法理」季刊労働法八九号一二三頁以下。
(3) 青木宗也「法内超勤と残業義務」労働判例一七五号四七頁、門田信男「アルバイト学生の時間外労働拒否を理由とする解雇」季刊労働法七〇号五九頁等。
(4) 毎日新聞東京本社事件・東京地決昭四三・三・二二労民集一九巻二号四〇八頁。
(5) 函館東郵便局事件・函館地判昭四八・三・二三判時七〇三号三頁。
(6) 北九州市清掃局事件・福岡地判昭五二・一二・二労働判例二九二号四四頁。
(7) 東洋鋼板事件・広島高判昭四八・九・二五判時七二四号八六頁。
(8) 外尾健一「基準内労働・基準外労働」労働法大系(5)一二一頁、労働省労働基準局『改訂版労働基準法』(上)三六七頁。
(9) 有泉亨『労働基準法』二八三頁、恒藤武二『労働基準法』一一三頁、有泉・青木編基本法コンメンタール『労働法II』(窪田)一四七頁、花見忠「ムーンライター」『新労働基準実例百選』九八頁。

3　休　憩

使用者は、労働時間が六時間をこえる場合には少なくとも四五分、八時間をこえる場合には少なくとも一時間の休憩時間を労働時間の途中に与えなければならない(労基法三四条)。したがって、たとえば、パートタイマーを休憩なしで五時間使用する場合、あるいは昼休み三〇分を挟んで午前九時から午後三時まで使用するときには法にふれないが、九時から四時まで(実働六時間半)使用しようとするときには、右の昼休みは少なくとも四五分にしなければならないことになる。休憩の与え方については、一せい休憩の原則が適用されるから、一般従業員と異なった与え方をすることは許されない。

労働者が異なる事業場で勤務する場合には労働時間は通算されるから、それぞれの事業場では労働時間が六時間未満であって休憩の付与義務がない場合であっても、通算して労働時間が六時間をこえる場合には休憩を与えなければならない。ここでも、時間外労働と同じような問題が生ずるが、すでに述べたのと同じ理由から、当該労働者と時間的に後から労働契約を締結した使用者が休憩の付与についても責任を負うべきである。たとえば甲事業主の下で四時間働いている労働者が、乙事業主の下で新たに二時間働くことになった場合、労働者が甲に対して、自分は今後、乙で二時間働くことになったから四五分の休憩を認めてくれと請求し、これを容認しなければならないとすることは、企業運営の組織性・集団性からいってナンセンスに近いし、甲に法的責任を負わせるのは酷であるといわざるをえない。これに対し、乙は、当該労働者が甲で四時間労働をしていることを知りながらあえて雇用したのであるから、労基法所定の義務を負担するのは当然というべきであろう。ただ、甲の終業時刻と乙の始業時刻(乙での勤務が早朝である場合には、乙の終業時刻と甲の始業時刻)とが十分に時間的な隔りをもっており、一定の肉体的精神的疲労回復が期待されうると考えられるときには、就業転換の時間を休憩時間とみなし、労働時間の途中に与えなくとも労基法三四条には違反しないとしてよい。

4 休　日

使用者は、労働者に対して、毎週少なくとも一回の休日を与えなければならない(労基法三五条)。休日は、休憩と異なり、労働時間の長短にかかわりなく付与すべきことが定められているから、たとえば一日二時間労働のパートタイマーを雇用する場合でも毎週一回以上の休日を与えることを要する。休日は、使用者の指揮命令から完全に離脱している日を指し、年次有給休暇とは異なって、労働日における労働義務免除を意味するものではないから、たとえば、週二日勤務ないしは三日勤務のパートタイマーの場合には、右の勤務日以外の日を休日として扱って差し支えない。

ここでも問題になるのは、労働時間の通算である。労基法三八条は「労働時間は、事業場を異にする場合においても、労働時間に関する規定の適用については通算する」と定め、「労働日」が通算されるのかどうかは必ずしも明らかではないが、週休制や年次有給休暇制度の趣旨が単に労働者に休養の時間を与えるというだけではなく、市民としての生活を享有させようとしていることにあることを考えれば、同条にいう「労働時間に関する規定の適用」の中には、休日、年次有給休暇はもとより、女性年少者に対する労働時間の規制（労基法六章）等も含まれると解すべきである。そうだとすれば、甲事業主の下で週三日、乙で週三日勤務するパートタイマーは合計六日労働であるから、労基法三五条違反の問題は生じないが、甲事業主の下で週四日働いている労働者を乙が週三日雇用する場合には休日労働の問題が生ずることになる。この場合も、すでに述べたとおり、時間的に後から労働契約を締結した使用者に休日付与義務があると解すべきである。

5　年次有給休暇

使用者は、六ヵ月継続勤務し全労働日の八割以上出勤した労働者に対して、継続し、又は分割した一〇労働日の有給休暇を与えなければならない（労基法三九条一項）。ここでは労働時間の長短は問われないから、一日二時間のパートタイマーであっても、六ヵ月継続勤務し、全労働日の八割以上出勤した場合には、所定の有給休暇が与えられる。

労働者が、三ヵ月とか六ヵ月といった短期の雇用契約を締結しているときには、当該契約は期間の満了によって消滅するから、年次有給休暇は問題になりえないが、当該契約が反復更新されて事実上同一使用者との間で使用従属関係が六ヵ月以上継続して存在していると認められるときには、労基法三九条に基づく年休付与義務が生ずる。

労働者が週二日ないし三日程度しか勤務しているにすぎない場合になお年休を与えなければならないかどうかは、当初は立法の予想していなかった事態であり、学説では、①「労働日（一日の労働時間）、労働週（一週間内の労働時間）のいかんを問わず、法三九条の要件を満たすパートタイマーについては、勤続二年目から六労働日にはじまり、毎年一日づつ逓増する年次有給休暇を与えることを、同条は使用者に命じていると解する」(1)もの、②「わが労基法の有給休暇は年間に約三〇〇労働日の八割以上、約二五〇日出勤した者に六日の有給休暇を与えることとしているのであって、その半分である一二五日の出勤者に同じく六日の有給休暇を与えることは、労基法の予想しないところと解される……。ただ六日の有給休暇というのを、一労働週の休暇と読みかえることができるならば、すなわち一週間継続して拘束されない日が与えられると解するならば、隔日勤務の者には実質的に約一二五日の出勤に対して三日の休暇が与えられることになり、結果的には妥当である(2)」とするもの、③「年間三〇〇労働日を基準として、それより著しく労働日の少ない者について、その比率により按分比例した日数をもって、当該労働者の基礎年休日数とするような取扱いがとられている限り、労基法第三九条の趣旨から同条違反とみることはできない(3)」とするもの、④労基法三九条は八時間労働制を前提とした休息権の具体化規定であることから、労働時間のとくに短いパートタイマーに三九条の適用はないといった主張を一がいに独善的解釈論ときめつけるわけにはいかない(4)、とする見解等がみられた。しかし、この問題は比例付与を認めることにより、立法的に解決された（労基法三九条三項）。

労基法三九条一項にいう「全労働日」を通説のように当該労働者が労働契約上労働すべき日として定められている日を指すと解すれば、労働日が短い労働者であっても、法定の要件を満たすかぎり所定の年休を付与しなければならないことになる。労働日の極端に短い勤務形態は立法者の予想しなかったことであろうし、立法の不備であることは多くの論者の指摘するとおりである。しかし、労基法三九条の趣旨からすれば、休息ないし市民としての生活権の擁護という見地から保護を外しても差し支えないと考えられる程度に労働密度の薄い労働者についてまで厳格に年休制度の適用が法的に強制されていると解するのは妥当ではない。同法三九条が「事業」を一つの単位として時季変更権を使用者に認めていることとの関連から考えれば、三九条一項にいう「全労働日」とは、個々の労働契約上の労働日を指すのではなく、当該事業場において就業規則その他により一般に労働すべき日と定められる日を指すと解すべきであろう。したがって、週二日ないし三日勤務のパートタイマーについては、一般の正規従業員の労働日との対比において年休を付与すべきか否かが決まることになる。

（1）橋詰洋三「パート・アルバイターをめぐる労働法上の問題点」季刊労働法一一〇号三四頁。
（2）有泉亨『労働基準法』三五一頁。
（3）労働省労働基準局編著『解釈通覧労働基準法』二二六頁。
（4）久保敬治「常用的パートタイマーの解雇――春風堂事件」季刊労働法六八号一六二頁。

三　就業規則の適用

労基法は、常時一〇人以上の労働者を使用する使用者に対して、就業規則の作成義務を課している（労基法八九条）。臨時労働者も労基法上の労働者であるから一般の従業員と合算して一〇人以上雇用している事業場では就業規則を制定しなければならない。

この場合、労基「法第三条に抵触しない限り、労働者の事業場における地位、身分、従事する業務等に応じて、それぞれ異る労働条件を定め、……従業員にのみ適用される従業員就業規則並びに日々雇い入れられる者及び臨時に雇い入れられる者にのみ適用される特殊労働者就業規則を作成することは差支えないが、右の別個二つの就業規則を合したものが、法第八十九条に規定する就業規則となるのであって、それぞれ単独には法第八十九条の就業規則となるものではない。」（昭二四・四・四基発四一〇号）とされている。したがって、パートタイマーを対象として別個に就業規則を作成することは差し支えないが、正規の従業員を対象とする就業規則と合体したものが労基法上の就業規則として扱われるわけであるから、作成手続については、パートタイマーのみの意見聴取では足りず、パートタイマーにのみ適用されるものであっても、当該事業場における全従業員の過半数を組織する労働組合または従業員の過半数の代表者の意見をきかなければならない。

臨時労働者を対象とする特別の就業規則を別個に制定せず、当該事業場における就業規則において、賃金や退職金等の労働条件につき別個の定めをすることはもとより差し支えないが、ただ単に臨時労働者に対し適用の除外を定めているにすぎない場合には、就業規則の作成義務違反に問われることになる。このような場合には、私法上は、正規の従業員を対象として定められた就業規則が臨時労働者にも原則として準用されることになるが、当該臨時労働者の雇用形態や、地位、職種等を綜合的に勘案し、たとえば退職金等、具体的な労働条件につき格差を設けることに合理的な理由が認められる場合には、就業規則の規定がそのまま適用されないこともありうるであろう。

臨時労働者に対して別個の就業規則を制定する場合も含め、一般従業員と異なった取扱いをするときには、それが仕事の種類や勤務形態、勤続年数等の差異による合理的な格差でないかぎり、公序良俗違反で無効とされることもありうる。

四　労働協約の適用

臨時労働者も労組法上の労働者であるから、一般の従業員の組合に加入することもできるし、これとは別個に独自の組合を結成することもできる。しかし、わが国の組合は、多くの場合、正規の従業員(本工)を中心に結成せられて臨時労働者には門戸が閉されており、また、臨時労働者が独自に組合を結成する例もほとんどないといってよい。したがって、労働協約の適用に関しては、労組法一七条により、一般の従業員の組合の協約が臨時労働者にも適用されるかどうかという問題が生じるのである。

労組法一七条は、「一の工場事業場に常時使用される同種の労働者の四分の三以上の数の労働者が一の労働協約の適用を受けるに至ったときは、当該工場事業場に使用される他の同種の労働者に関しても、当該労働協約が適用される」と規定する。したがって、臨時労働者にいわゆる本工組合の協約が拡張適用されるか否かは、臨時労働者が「常時」使用される「同種」の労働者と認められるかどうかにかかわる。

学説では、作業内容の点で一般の従業員と区別のない常用的ないし本工的臨時工については「同種の労働者」として協約の拡張適用を認めようとするものが多いが、(1) 裁判例では、消極的に解した事例の方が多い。すなわち、①日本油脂王子工場事件・東京地裁昭二四・一〇・二六決定は、(2) 二ヵ月毎に契約を更新し、長期に亘って雇用されている臨時直傭員を実質的に判断して「常時使用される」「同種の労働者」であると解し協約の拡張適用を認めたが、②播磨造船所事件・広島地裁呉支部昭二四・六・一五判決は(3) 形式的に「当初日雇臨時工であったものが、その後明示若しくは黙示の意思表示によって常傭工に変ったというような事実を認め得る疎明もない」し、「会社で労務に従事したというだけでは未だ客観的に観てこれを常傭工であるとは認定しがたい」いとして否定した。また、③富士重工宇都宮製作所事件・宇都宮地裁昭四〇・四・一五判決[4]は、本工と作業内容を同一にする臨時工を労組法一七条にいう常時使用される労働者と認めながらも、「協約当事者である組合が臨時工に対しいかなる組織上の関係を設定し維持せんとしているか、或は組合の獲得した協約の適用範囲を臨時工についてまで予定しているかなどの諸事情を考慮すべきであり、もし組合が臨時工に対し組合加入資格を認めずにこれを組織範囲から排除し、更には臨時工を協約の適用対象から除外しているような場合には、その担当する作業内容の同種性・類似性にも拘わらず、臨時工は本工（組合員）と『同種の』労働者とは解しえないものといわねばならない」として、拡張適用を否定している。[5]

要は、一般的拘束力制度の趣旨をどう理解し、「常時」使用される「同種」の労働者をどうとらえるかということにかかわる問題であるが、労組法一七条の趣旨を団結権保障の一環として、四分の三以上の多数の労働者の意思が反映してつくられた協約には立法によりとくに強い効力を認め、残りの非組合員にも自動的に拡張適用されるようにしたものと解する立場に立てば、組合結成の単位となる労働者が常時使用される同種の労働者に該当するとみるべきである。したがって、わが国の典型的な企業別従業員組合であれば、雇用形態や企業内の地位のいかんを問わず、当該企業が常態として必要とする業務に従事する従業員（本工的臨時工）であれば、臨時労働者も同種の労働者と解してよい。ただ、フリーライダーを防ぐという趣旨から、組合がオープンであるにもかかわらず組合に加入しようとしない者への労組法一七条の適用の排除を協約で取り決めることは差し支えないが、組合加入の道を鎖している場合には、かかる協定は無効といわざるをえないであろう。

（1）峯村光郎『臨時工』六五頁、松岡三郎『労働法の理論と闘争』二七五頁、菊池・林『労働組合法』一八六頁、有泉亨「いわゆる臨時工と労働協約の一般的拘束力」労働問題研究四三号一一頁、浅井清信『労働法論』一五一―二頁等。
（2）労働関係民事行政裁判資料七号三二六頁。
（3）労働関係民事行政裁判資料六号一八九頁。
（4）労民集一六巻二号二五六頁。
（5）その他、裁判例には、従業員寮のまかない婦が組合を組織している工員および一般職員と同種の労働者とはいいがたいとして協約の拡張適用を否定した事例（日本鋳工事件・東京地判昭三五・八・三一労民集一一巻四号九一六頁）、嘱託の地位にある者が同種の労働者とはいえないとして否定した事例（太平製紙事件・東京地判昭三四・七・一四労民集一〇巻四号六四五頁）、電力会社の雑役的作業ないし社員の補助的作業をする常用夫が同種の労働者とはいえないとして一般的拘束力を否定した事例（関西電力事件・大阪地判昭三八・七・一九労民集一四巻四号九二三頁）等がある。

五　労働契約の終了

企業が臨時労働者を雇用する最大の目的は、景気変動の際の安全弁としてこれを利用することにあった。そのために、いったん不況ともなれば臨時労働者は真っ先に整理の対象とされているのである。その場合、多くの臨時労働者は期間の定めのある雇用契約を締結しているため、期間の満了を理由として雇止めないしは契約の更新拒絶が行なわれている。

臨時労働者の解雇をめぐる争いは、当初は労基法二〇条の解雇予告制度の適用の有無に関するものであったが、やがて使用者側でも実質上一定の期間をおいて雇止めないしは更新の拒絶を行なうようになったため、雇止めないしは更新の拒絶の適否そのものが争われるようになった。しかし、いずれにせよ、反覆更新された短期雇用契約がいかなる法的性格をもつかということが理論的な前提とならざるをえないのである。

1　反覆更新された有期契約の法的性格

臨時労働者の雇用契約について第一に問題になるのは、期間の定めのある契約が反覆更新される場合、期間の定めのないものに転化するのか、あるいは依然として期間の定めのある契約にとどまるのかという点である。

学説では、労基法二〇条の解雇予告との関連でこの問題が論ぜられ、①更新の反覆により期間の定めが意義を失い期間の定めのない契約となるという見解、(1)②労基法二一条但書は、「所定の期間をこえて雇用関係が存続しているときは、その関係は少なくとも終了については期間の定めのない契約として取扱うべしとの規範命題を内包している」(2)と解するもの、あるいは③脱法行為としてはじめから期間の定めのない契約が結ばれていると解すべきであるという見解等がみられる。(3)

裁判例は、大別すれば有期契約は何回更新しても有期契約にとどまると解するものと、反覆更新により期間の定めのない契約に転化したとみていこうとするものとに分れる。

第一の類型の代表的なものは新日本飛行機事件・横浜地裁昭二九・七・一三判決である。(4)同判決は、「引続き四回にわたって雇傭契約が更新されて来たとしても期間の定めのない契約と見ることはできないし又、期間の定めのない契約と同様に取扱わなければならぬものではない。」とし、解雇予告制度の適用を否定した。(5)もちろん、この類型に属する裁判例も、期間の定めを形式的に判断しているわけではなく、業種業態の特殊性や当事者の意思解釈から、期間の定めが意味をもつものとして扱っているのである。したがって、当然、基本的にはこの類型に属しながらも、当事者の意思解釈から、反覆更新された労働契約は期間満了前に使用者から更新拒絶の意思表示がなされないかぎり、従前と同一の労働条件、期間で更新される趣旨のものであったと解する余地が生じるのである。(6)また、多数の者が特別の事情のないかぎり相当多数回に亘り同一の契約条件・期間をもって更新され、かつ本人も数回に亘って更新されているようなときには、「同一条件を以て更に契約を更新できる旨の具体的期待権が存在するものと考えられ、右期待権は予め期間満了に先き立ち被申請人から契約の更新を拒絶する旨の意思表示がなされない限りはその後も引続き同一条件を以て継続されてゆく性質のものである」として、反覆更新されているという実態から労働者側に契約更新についての期待権の成立を認めた裁判例がある。(7)このような場合には、反覆更新されても有期契約はあくまでも有期契約であるが、労働者に契約更新についての期待権が生じていることから、期間満了による労働契約の消滅が認められるわけではなく、期間満了時に契約を終了させるには、使用者側において更新拒絶の意思表示を行なうことが必要とされるのである。(8)

第二の類型は、短期労働契約が反覆更新により、期間の定めのない契約に転化したと認めるものである。(9)期間の定めのある契約であっても、期間満了後、労働者が引続き働いているのを黙認しているような場合には、民法六二九条一項により期間満了後は期間の定めのない労働契約が締結されたと推定される。裁判例では、期間を二ヵ月として雇用され、期間満了の都度最初の契約書と同趣旨の契約書を作成してきた臨時工が、八回目の契約書の調印を拒否し、引続き従前と同様に就業し、使用者においてもその就業を拒否しなかった場合、右臨時工は、当該期間満了後においても、民法六二九条一項の規定により、前期と同様の条件で期間の定めなく雇用されたものと認められた事例がある。(10)また、臨時工として期間の定めのある労働契約を締結していても、それが試用期間の性格をもち、一定期間通常の勤務状態を継続すれば将来選考を経て本工に採用する旨の明示黙示の意思が契約全般から看取されるような場合には、右期間経過後本工たる身分を取得したと解される場合がありうるであろう。裁判例では、当事者間に成立した「雇傭に関する合意の内容は、期間を一年と限定されたいわゆる臨時工契約ではなく、初期一ケ年のみにつき被申請会社側で申請人に本工として適格性ありや否やの判定をしうる期間を置いたいわゆる試傭契約の伴った期間の定めのない継続的な雇傭契約であ」ると認めた事例がある。(11)

期間の定めのある契約を期間の定めのない契約に転化したとする場合の法律構成は困難をきわめるが、いくつかの裁判例は、真正面からこの問題にとりくんでいる。この類型に属する裁判例には、①申請人の身分は「形式的には日日雇入れられる所謂日雇臨時工であるが、実質的には更新という法技術により長期間雇傭関係の存続する所謂『常傭工』と解するのが相当で、斯る名目のみの臨時工の労働契約については、労働基準法二一条の法意からみて、期間の定めのない契約というべきである」(12)とするもの、②六ヵ月の雇用期間を一〇ないし一四回以上と更新しているという事実から、「雇傭の当初はさておき、本件解雇の直前頃にあっては、特段の反対事情がない限り、右契約書のとりかわしは単なる形式であって、右契約書中の契約期間の記載は当事者の実質的な合意の内容をなしていないとみるのが相当であ」り、したがって本件雇用関係は「期間の定めのないものというべきである」(13)とするもの、あるいは③「引続き雇傭されてきた実質（いわゆる連鎖労働契約の成立）に鑑みれば、殊に会社の設備拡張、生産力増強に伴う緊急の労働力需要に基く過剰誘引とその利用関係の維持に由来することからしても、漸次その臨時性を失い、本件各傭止めの当時にはすでに存続期間の定めのない労働契約（本工契約ではない）に転移したものと解するのが相当である」(14)とするもの等がある。(15)

すべての人を自由・平等・独立の人格者としてとらえる近代市民法の下にあっては、労働者が人身拘束ないしは強制労働におちいるのを防止するため、当事者の一方的な意思によっていつでも解約できる期間の定めのない雇用契約を締結するのを原則とし、例外的に期間の定めをする場合には長期にわたる契約を禁止するとともに、期間の途中であってもやむことをえざる事由がある場合には契約を解除できるようにしていた。比較法的にみても、期間の定めのある雇用契約は、相互に一定期間の雇用の安定が要請せられる高級技術者ないし技能者、特定の場所で一定の仕事の完成までの雇用を約する建設労働者、仕事そのものが季節的性格をもつ農業労働者・観光シーズンのホテル従業員・劇場関係労働者等に限定せられていたといってよい。

期間の定めのない雇用契約においては、当事者は、いつでも自由に相手方に告知することにより、契約を終了せしめることができた。しかし、このような法原則は、資本主義社会の進展とともに事実上使用者側にのみ有利に機能することが明らかになったのである。そして、使用者の解雇自由の原則は、その後の社会的経済的条件の変動および労働運動の進展により修正を迫られ、労働協約、労働立法、判例法等により、大幅な制約をうけるようになった。そこで使用者は、しばしば短期雇用契約を締結し、それを反覆更新することによって期間の定めのない雇用契約に課せられた解雇制限の法理の適用を免れようとしたのである。そのために、市民法上の形式にとらわれることなく、実質的に短期雇用契約者の解雇からの保護を図っていこうという動きが生れ、今日では、多くの国において、判例法により、あるいは立法によって有期雇用契約に対するなんらかの法的規制が行なわれている。(16)わが国においても、前記裁判例が、自動更新についての黙示の合意とか期待権といった法律技術を用いて更新拒絶は解雇と同視すべきであるとし、あるいは当事者の「実質的な合意の内容」から「期間の定めのないもの」とみなし、または労基法二一条の法意から期間の定めのない契約として扱おうとしているのも、期間という法形式により労働法の保護の外におかれた短期雇用契約者の不合理な不平等をなんらかの形で是正していこうとするものである。

解雇制限ないしは就業保護に関する労働保護法が雇用に典型的な期間の定めのない雇用契約を中心に形成せられてきたことを思えば、実質的にそれを潜脱することになる期間の定めのある雇用契約は、当初例外的に認められていたという本来の趣旨にもどすべきであり、期間の定めが社会的に合理性をもつとされる場合にかぎって認めるべきである。たとえば季節的な繁忙時の業務とか、病休・産休中の代替労働、特定の仕事の完成までといった本質的に臨時的短期的性格をもつ業務については期間の定めのある雇用契約を締結することに合理性がある。そのほか業務それ自体が臨時的性格をもたなくとも、本契約とは独立した試用契約を締結する場合、労働者側に他に本務を有するといった特別の事情があるためにとくに短期の契約を欲する場合、あるいは定年後の嘱託としての再雇用のように一種の定年制の延長とみられるような場合には、期間の定めは合理性をもつと解してよい。以上のような合理性を有しない有期雇用契約については、期間の定めは、労働保護法規並びにその下につくられた公序に反するものとして効力を有しないとすべきである。

（1）　加藤和夫「判例研究」ジュリスト二九六号一一頁、同旨、昭二四・九・二一基収二七五一号。
（2）　山口浩一郎「判例研究」ジュリスト三四五号一一九頁。
（3）　外尾健一「期間の定めのある契約と解雇予告制度」討論労働法三七号二五頁。
（4）　労民集五巻五号五九七頁。
（5）　この系列に属するとみられる裁判例には、たとえば、日本都市交通事件・東京地判昭三五・八・三一労民集一一巻四号八九八頁、川崎製鉄葺合工場事件・神戸地判昭三七・七・二〇労民集一三巻四号八六九頁、日本甜菜糖事件・釧路帯広支判昭三九・三・三一労民集一五巻二号二〇八頁、八欧電機事件・横浜地判昭三九・六・一三判タ一六六号一六五頁、信南交通事件・長野地飯田支判昭四一・六・四労経速五八一号一九頁等がある。
（6）　関西電力事件・大阪地判昭三八・七・一九労民集一四巻四号九二三頁。

(7) このように改めて更新拒絶の意思表示がないときは、さらに従前と同一の期間をもって同一内容の契約が更新される旨の暗黙の合意が成立していると認めた事例には、東芝柳町工場事件・横浜地決昭三八・四・二四労民集一四巻二号六三一頁、神戸製鋼所事件・神戸地判昭四一・五・二五労経速五八六号七頁、凸版印刷事件・東京地判昭四二・六・九労経速六〇五号六頁、日本スピンドル事件・神戸地尼崎支判昭四八・三・三〇労経速八一二号一四頁等がある。

(8) 愛三工業事件・名古屋地決三六・二・二二労民集一二巻一号九二頁。

(9) この立場に立つ裁判例には、東芝柳町工場事件・東京高判昭四五・九・三〇労働判例一一二号五三頁、同、最高(一小)判昭四九・七・二二労経速八五四号三頁、三菱造船事件・長崎地判昭三九・六・一二労民集一五巻三号六三八頁、サッポロビール事件・東京地判昭四四・八・一九判時五八九号八〇頁、東芝レイ・オ・バック事件・東京地判昭四九・一一・二九労働判例二一五号五一頁等がある。

(10) 東亜バルブ事件・神戸地判昭三四・七・二労民集一〇巻四号七四一頁。

(11) 光洋精工事件・徳島地判昭四五・三・三一労民集二一巻二号四五一頁。類似のものには、甲板員に対する「雇用期間三ヵ月(変更も可)」とする雇用契約が試用期間付雇用契約と解された事例(名古屋汽船事件・名古屋地判昭四七・五・三一労働判例一六二号六八頁)、契約書の文言が期間の定めのある臨時雇契約となっていても、当事者の合理的な契約意思は試用契約を締結するところにあったとして、右期間経過後本工たる地位を取得したと認めた事例(黒沢通信工業事件・東京地八王子支判昭四八・六・二七労働判例速報カード一九〇号)等がある。

(12) 日本ビクター事件・横浜地決昭四一・五・二五労経速五八〇号二三頁。

(13) 日本鋼管事件・東京地判昭四一・九・六判時四六六号五〇頁。

(14) 東芝柳町工場事件・横浜地判昭四三・八・一九労民集一九巻四号一〇三三頁。

(15) 以上のほか、期間の定めのない契約に転化したとする裁判例には、八木組事件・大阪高判昭三五・一・二七労民集一一巻一号六九頁、ラジオ中国事件・広島地判昭四二・二・二一労民集一八巻一号八八頁、東芝柳町工場事件・東京高判昭四八・九・二七労働判例一八七号一八頁、東芝小向工場事件・横浜地川崎支判昭四五・九・二二労働判例一一三号三五頁、宮崎放送事件・宮崎地判昭四五・一一・一六労働判例一一七号七七頁等がある。

(16) 外尾健一「短期雇用契約の反復と更新拒絶の法理」季刊労働法一一〇号一三頁以下参照。

2 雇止めないし更新拒絶の意思表示と合理的事由

期間の定めのある雇用契約は何回更新しても期間の定めのある契約であると解する立場からすれば、雇用契約はその都度期間の満了によって当然に終了するから、雇止めの意思表示は不要であるし、解雇予告制度の適用もないことになる。また、黙示の合意によって有期契約が更新されたと解する裁判例の中にも、「労働関係を終了させる旨の意思表示は、これを解雇の意思表示とみるべきではなく、単に従前なされてきた臨時雇用契約の更新を拒絶する旨の意思表示とみるべきであるから、これをなすにつき、一般に正当事由の存在が必要とするものとは解されない」[(1)]とし、あるいは黙示の更新後における期間満了前の人員整理としての解雇は緊急事態が生じていたとは解せられないから無効であるが、解雇したとして就労を拒否していることから、期間満了の翌日以降は従業員たる地位を失ったと判示したものがある。[(2)]

しかし、更新について黙示の合意の成立を認める裁判例の多くは、更新拒絶には拒絶の意思表示が必要であり、解雇に準ずる正当事由の存在が必要であると解し、[(3)]あるいは更新について期待権の存在を認める裁判例は、期間満了後も雇用を継続すべきものと期待することに合理性が認められる場合には、更新拒絶は解雇と同視すべきであり、解雇に関する諸法則を類推適用するのが相当であると解している。[(4)]また、実質上期間の定めのない雇用契約に転化しているとする裁判例は、当然のことながら、雇止めには解雇の法理が適用されると解するのである。判例の流れからすれば、特別の事情の認められないかぎり、反復更新された短期雇用契約の更新拒絶ないし雇止めには、解雇に準じた意思表示およびなんらかの合理的な理由が必要であるという法理が次第に定着しつつあるといってよいであろう。

臨時労働者の雇止めないしは更新拒絶の適否をめぐる争いは少なくないが、主要なものを類型化すればつぎのとおりである。

(1) 臨時労働者の有期契約の期間満了による雇止めを有効とした裁判例の中、業種業態の季節性から期間の定めに合理性を認めたものには、(イ)天竜川の舟下りに従事する観光季節労働者の雇止めを有効とした事例[5]、(ロ)観光バスガイドの臨時性を認め、学生アルバイトの更新拒絶を正当とした事例[6]、(ハ)甜菜製糖という季節産業的特質から製糖作業の終了時という不確定期限付雇用契約を有効とした事例[7]等がある。また、業務の内容に臨時性を認め、更新拒絶を有効としたものには、(ニ)日本育英会事件・東京地裁昭四九・一〇・三〇判決[8]があり、同じく(ホ)業務内容の臨時性から女子嘱託（パートタイマー）の予告解雇を有効とした三和銀行事件・東京地裁昭四七・一二・八判決[9]がある。さらに企業における地位の特殊性から期間の定めに合理性を認めたものには、(ヘ)出張医局員の更新拒絶が権利濫用に当らないとした事例[10]、(ト)定年退職後の有期契約の更新拒絶を有効とした事例[11]等がある。

(2) 臨時労働者の雇止めないし更新拒絶の事由が正当とされたものには、(イ)事故欠勤が多いことから解雇を有効とした事例[12]、(ロ)作業能率低下、通勤補助金の不正使用等を理由とする更新拒絶を有効とした判断が維持された事例[13]、(ハ)本採用試験の成績劣悪等を理由とする更新拒絶が有効とされた例[14]、(ニ)パートタイマー制度廃止に伴う本工登用試験不合格者に対する雇用契約の更新拒絶が有効とされた事例[15]等がある。

また整理解雇に関しては、(ホ)学生アルバイトの契約はその終期（卒業）が数年のうちに到来することが当初から予定されており、企業との結びつきが希薄であるとして解雇を有効とした事例[16]、(ヘ)正規従業員に対しても大量の希望退職者をつのり、さらに人員に余剰を生ずるような事情の下では、臨時従業員を解雇の対象とすることに合理性があるとして解雇を有効とした事例等[17]がある。

(3)　有期契約の更新拒絶になんらかの合理的理由が必要であるという立場に立てば、思想信条や組合活動を決定的動機とするものはそれぞれ労基法三条ないし労組法七条に違反して許されないことになる。裁判例では、民青活動を理由とする更新拒絶が無効とされた事例[18]がある。

(4)　パートタイマーであるからといっていつでも自由に解雇できると解するのは不当であり合理的な理由がなければならないというのは(イ)春風堂事件・東京地裁昭四二・一二・一九判決[19]以来の判例の基本的な立場であるといってよいが、(ロ)光文社事件・東京地裁昭四七・四・四判決[20]は、アルバイト夜学生の六ヵ月の自動更新約款付臨時雇用契約について、合理的な必要性なしに契約の更新を拒絶することは権利の濫用として許されないと判示し、(ハ)朝日放送事件・大阪地裁昭五〇・三・二七判決[21]は、二年を限度として六ヵ月毎に更新する旨の女子常勤アルバイターの雇止めには期間が満了したというだけでは足りず、就業規則所定の解約事由に該当することを要するとし、雇止めを権利の濫用で無効とした。

(5)　すでにみてきたように、本工登用試験不合格とか勤務成績不良は臨時労働者の解雇の合理的な理由になりうるものである。しかし、(イ)日本鋼管事件・東京地裁昭四一・九・六決判[22]は、本工採用試験不合格を理由とする臨時工の解雇が、本工採用基準に関する組合との合意に反するとして無効とし、(ロ)日立武蔵工場事件・東京地裁八王子支部昭五二・三・二八判決[23]も、勤務成績不良を理由とする臨時工の解雇事由の認定とそれに対する就業規則の適用を誤ったものであるとして無効としている。また(ハ)日野自動車事件・東京地裁八王子支部昭四九・一〇・二五判決[24]は、他課への応援拒否を理由とする準社員(臨時工)の契約更新拒否につき、最終的には作業応援に行き支障なく業務を遂行したこと、平常の勤務実績、勤務態度が良好であったこと等から更新拒絶の支障事由はなかったとして解雇を無効としている。

(6)　不況に伴う整理解雇に関しては、(イ)東洋精機事件・名古屋地裁昭四九・九・三〇判決(25)は、臨時という名称で第一順位にしてはならず、企業との結びつきが実質的に一般従業員より稀薄であるか否かを基準とすべきであるとし、勤務の実態が本工と同じであるパートタイマーの解雇を無効としている。また(ロ)日立メディコ事件・千葉地裁松戸支部昭五二・一・二七判決(26)は、「業務上の都合」を理由とする臨時工の整理解雇につき、業務上の都合とは「客観的合理的に判断して真に解雇を必要とする程度の業務上の必要がある場合と解すべき」であるとして、業績低下があったとは認められないこと、希望退職者もつのっていないこと等から、解雇を無効とした。

(1)　帝倉荷役事件・東京地判昭四八・三・二〇労働判例一七二号速報カード。
(2)　日本スピンドル製造事件・神戸地尼崎支判昭四八・三・三〇労経速八一二号一四頁。
(3)　神戸製鋼所事件・神戸地判昭四一・五・二五労経速五八六号七頁。
(4)　三菱造船所事件・長崎地判昭三九・六・一二労民集一五巻三号六三八頁、川崎製鉄葺合工場事件・大阪高判昭三八・一〇・二三判時三五九号五六頁。
(5)　信南交通事件・長野地飯田支判昭四一・六・四労経速五八一号一九頁。
(6)　国際自動車事件・東京地判昭四九・一二・二三判時七七一号八四頁。
(7)　日本甜菜糖事件・釧路地帯広支判昭三九・三・三一労民集一五巻二号二〇八頁。
(8)　労働判例二一四号五三頁。
(9)　労働判例一六七号四四頁。
(10)　済生会石川総合病院事件・金沢地判昭四九・三・一五判時七三五号一〇二頁。
(11)　鉄道整備事件・東京地決昭五二・一二・二一労経速九七三号一〇頁。
(12)　富士通信機事件・横浜地判昭三七・七・三一労経速四九二号四頁。

(13)　東芝柳町工場事件・最高（一小）判昭四九・七・二二判時七五二号二七頁。

(14)　富士重工宇都宮製作所事件・宇都宮地判昭四〇・四・一五労民集一六巻二号二五六頁、サッポロビール事件・東京地判昭四四・八・一九判時五八九号八〇頁。

(15)　ソニー品川工場事件・東京高判昭五三・一二・二五労働判例三一一号一七頁。北日本製紙事件・札幌地判四四・四・一判時五六五号八〇頁も、新規採用の正規従業員への置き換えの必要上なされた臨時従業員の一部の者に対する解雇を有効としている。

(16)　フジカラーサービス事件・東京地八王子支判昭五二・一一・二八労働判例二八九号五七頁。

(17)　信越日通工事件・長野地決昭五〇・三・一八労経速八九八号一三頁。

(18)　凸版印刷事件・東京地判昭四二・六・九労経速六〇五号六頁。なお日本郵便逓送事件・神戸地判昭四七・二・一五労経速七七三号八頁は、学生運動歴の秘匿を理由とする解雇につき、秘匿ないし虚偽の申告をしたとは認められないとし解雇権の濫用として無効と判示している。

(19)　本件の場合、経営上の必要がないと認められ、無効とした。労民集一八巻六号一二五一頁。

(20)　労働判例一五一号三八頁。

(21)　労経速八七九号三頁。

(22)　判時四六六号五〇頁。

(23)　労法旬九二八・九号一一六頁。本判決は、臨時工を本工として職場復帰させるよう命じた点に特色がある。

(24)　労働判例二九〇号五一頁。ただし、控訴審の東京高判昭五二・一一・二二労働判例二九〇号四八頁は、更新拒絶についてては一審判断を維持したが、その後の業務外の身体障害により就業にたえなくなったことを理由とする解雇は有効とした。

(25)　労経速八六一号七頁。

(26)　労法旬九二五号五五頁。

二　臨時工・社外工

「女子パート募集、アルバイトも可」――これは最近よく見かける新聞の求人広告欄の文句の一つである。この場合のパートとは、労働時間が他の労働者と比較して短いパート・タイマーを指すことはいうまでもないが、アルバイトとは学生でもよいという趣旨ではなく、労働時間が通常の労働者と同じ短期雇用契約者を指すようである。そして、多くの場合、臨時に人手を要する仕事ができたから短期間だけ勤めてくれる人を探すというのではなく、形の上では一ヵ月とか三ヵ月といった期間の定めのある雇用契約を締結し、会社が必要とするかぎり契約を更新するが、不要になったら期間の満了を理由にやめてもらうということが当然の前提となっているという意味でのアルバイトなのである。

このような臨時労働者の雇用は、我が国においては古くから広く行われており、臨時工として大きな社会問題になってきたものである。どこの企業でも急に仕事が増えて忙しくなったり、雑役や補助的な仕事に臨時に人を頼みたいという場合が出てくることは避けられない。臨時労働者が文字通りそのような場合の臨時のものであるならば、おそらくは社会問題や法律問題にはならなかったであろう。しかし、我が国においては臨時労働者の「臨時」という意味が「生涯雇用に非ざるもの」として位置づけられている。つまり、臨時労働者が仕事に対応するものとしてではなく、正規の従業員（本工）という身分に対立するものとして扱われているところに社会問題と化す要因が存在するのである。

このような臨時労働者は、おおむね正規の従業員に比し、つぎのような特色を有している。

(1)　我が国の雇用関係は、生涯雇用・年功序列型の賃金として知られ、労使関係の安定度の高さ、高度経済成長の鍵はここにあるとさえいわれている。しかし、諸外国にも著名なこのような労使関係の特色は、いわば陽の当たる部分にのみ見られるものであり、これを支えているもう一つの部分が存在することを見落としてはならない。企業により、臨時職員、非常勤職員、準社員、日雇、パート、アルバイト、嘱託等々さまざまな名称で呼ばれている臨時の労働者がそうである。臨時労働者は、いわゆる「ウチの従業員」と異質のカテゴリーに属するものと考えられ、労働契約の成立から内容、終了にいたるまで異なった取扱いがなされている。

(2)　正規の従業員は、典型的には新規学卒者が採用の対象とされ、よほどの事情の変化がないかぎり定年までの雇用が前提とされている。これに対し、臨時の労働者は中途採用が一般的であり、女子労働者、出稼ぎ者、学生、中高年者等がその供給源となっているのである。

(3)　臨時労働者と正規の従業員とでは、名目的な賃金のみでも明確な格差が存在するが、そのほか臨時労働者には、期末手当を初めとする各種の手当や退職金が支給されず、また臨時労働者は福利厚生施設の恩恵に浴することもできない。

(4)　臨時労働者の雇用関係には冷たい権利義務関係が支配し、正規の従業員に対するような恩恵や恩情主義の入りこむ余地はない。臨時労働者にかぎって、必ずといってよいほど雇用期間等を明示した契約書が手交されているのはこのことを示すものである。

(5)　臨時労働者の雇用は、相対的に短期のものとされ、業務上の都合により、いつでも雇止めができると考えられている。臨時労働者は、正規の従業員と同一の業務に従事しながら、景気変動の際の雇用量調節の安全弁としての役割を果たすものとされているのである。そして、このことを容易ならしめる法的な手段として、多くの場合、期間の定めのある雇用契約が締結され、企業の側が必要とするかぎりでは反覆更新されるが、不況の際には期間の満了を理由に雇止めないしは契約の更新拒絶がなされているのである。

(6)　景気変動の安全弁として臨時労働者を雇用しうるのは、いうまでもなく大企業である。不況の際の安全弁という意味では、それ自身が臨時工的である下請中小企業においては、大企業の臨時労働者より低い賃金が支払われる場合が少なくはない。多くの臨時労働者は、中小企業の労働者よりはまだましだということからあえて劣悪な労働条件にも甘んじ、企業の側では本工登用の淡い期待をもたせることにより、企業に対する忠誠心をかき立てているのである。

このように身分的にも労働条件の上でも著しい格差のみられる臨時工制度が成り立つためには、豊富な産業予備軍ないしは潜在的失業者の存在が不可欠である。だからこそ、かつての成年男子労働者を中心とした臨時工は、高度経済成長期の雇用量の増大とともに本工化し、現在では、女子労働者や農村労働者、学生労働者、中高年労働者がその役割を果たすようになっているのである。

我が国の労使関係における陰の部分として、臨時工制度と並んで見忘れてはならないものに事業場内下請労働者、いわゆる社外工の問題が存在する。

臨時労働者は劣悪な労働条件で景気変動の安全弁として利用されているとはいえ、企業に直接雇用されている以上、企業にとってはそれなりに労務管理の負担を免れることはできない。労働条件が劣悪であればあるほど欠勤や退職が多いであろうし、勤労意欲にも欠ける者が少なくはないであろう。日常の労務管理に加え、臨時労働者とはいえ労基法上の労働者である以上、業務上の傷病にかかれば労災補償の責任は免れないし、不況の際の雇止めにしても、昔のようにスムーズには運ばなくなったのである。

そのために企業の側では、特定の業務を外注化し、下請企業の労働者を事業場内で使用する例が増大してきている。下請労働者は、親会社の事業場において、直接、親会社の指示に基づきつつ親会社の従業員とともに働いているが、あくまでも身分は下請企業の従業員であるということから、賃金は下請企業のベースにより、下請企業によって支払われるのである。すなわち、企業の側では、下請労働者を臨時労働者並みの低賃金で、直接、指揮監督しつつ使用しうるという利点をもつと同時に、あくまでも他企業の労働者であるということから、労務管理の手間を省き、不況の際の解雇のわずらわしさを発注の削減という形で下請企業に委ねてしまうというメリットをも併有しうるのである。これに類した制度は、組夫、貸工、社外工として、我が国においては古くから伝統的に存在している。もちろん、職業安定法の制定により中間搾取の弊害を生んだ労働者供給事業が原則的に禁止されたため、請負の形態をとっているが、その本質は今日においても変わりはないといってよいであろう。ただ、かつての社外工は、雑役的、補助的な肉体労働に限定せられていたのに対し、今日では、それが技能的、知的労働にまで広がりをみせ、ひたすら合理化の一環として採用されている点が特徴的である。

例えば専属のタイピストを雇用するよりはタイプの仕事そのものを外部に請負で出した方が安上がりであろう。この場合には、会社は、仕事を急がせたために下請の女子労働者が労基法に違反して徹夜で仕事をしたかどうかは全く関知しないし、職業病の心配をしてやる必要もないのである。この場合の一切の使用者としての責任は、下請業者が負う。しかし、問題は「会社の秘密が外部にもれるのを防ぐ」という理由で下請のタイピストを毎日出社させ、仕事上の指図や監督を行いつつ社員と同じように働かせる場合である。最近では、電話一本でタイピストであれ、電話交換手であれ、キーパンチャーであれ、運転手であれ、専属の者を派遣する便利な下請業者もあるようである。親会社では自己の社員と同じように働かせながら、請負料金（労働時間プラス管理費）を下請の会社に支払い、労働者は下請の会社から、下請会社の賃金ベースによる賃金の支払を受けるのである。

もっと極端な場合には、従来の社員を独立させ、機械をリースして仕事を請け負わせる形態をとることもある。このような場合には、一人一人の労働者が独立の自営業者であり、請負契約者であるから、いかなる意味においても厄介な労働法上の問題は生じないと考えられているのであろう。

臨時労働者は、多くの場合、一ヵ月とか三ヵ月といった短期の雇用契約を締結し、それを反覆更新している。しかし、タテマエないし使用者側の言い分によれば、全く別個の新しい契約が期間満了の都度締結されるのであるとされている。このことを明確にするために、新しい契約書が作成されたり、期間満了後、わざわざ二、三日間をあけてみたりすることが行われている。短期間の契約であるということから、必然的にベースアップや期末手当の支給には無縁となるわけである。それだけではなく、年次有給休暇も、年間を通じ全労働日の八割以上継続して勤務した者という要件をみたすわけではないから付与する義務はないことになる。また、期間の定めのある雇用契約は、何回更新しようとあくまでも期間の定めのある雇用契約であるから、更新しないかぎり期間の満了によって契約は自動的に消滅する。つまり、雇止めないし更新の拒絶は解雇ではないから、解雇予告などの手続は不要であるし、雇止めの理由などは問題にする余地もないというのである。

民法上の契約理論を全く形式的に適用すれば、論理的には使用者の右の言い分どおりになるのかも知れない。しかし、もしもこのような主張が法の世界においてもそのまま妥当するのであれば日雇労働者は毎日別個の新しい契約に基づいて働くわけであるから週休制は適用されないし、期間をもっと短くして一時間毎の短期契約にすれば、反覆更新されていても休憩時間制は適用されないことになる。このような理論が不合理であることは改めて述べるまでもないであろう。

今日では、使用従属関係の存在をメルクマールとして労働保護法規の適用がなされ、市民法上は請負・委任の契約形式をとっていても、使用従属関係が存在するかぎり労基法が適用されている。そうだとすれば、期間の定めの有無にかかわらず、使用従属関係が存在するかぎりでは原則的に労働保護法規の適用を肯定すべきである。従って、同一の使用者の下で期間の定めのある雇用契約を更新している場合には、期間の定めを考慮することなく、継続的な使用従属関係が存在するものとして労基法の適用を認めてよい。それゆえ、例えば日雇労働者であっても、契約が日々更新されて現実に一週間以上使用されているときには週休制の適用はあるし、一ヵ月の契約であっても、それが更新されて一年以上にわたるときには年次有給休暇制度の適用がある。

しかし、臨時労働者の問題における最大の難点は、雇止めに関するものである。臨時労働者の雇止めをめぐる争いも、当初は解雇予告制度の適用をめぐるものであった。朝鮮事変が一段落し、臨時工の解雇問題が社会問題になりつつあった頃、「期間の定めのある契約であっても、反覆更新して雇用している以上、解雇予告をするくらいの親切心があってもよいのではないか」という質問を使用者側の人に個人的にしてみたことがある。その時の返事は「解雇予告をすれば動揺して明日から仕事にならない」ということであった。解雇予告期間がつぎの就職先を探すのに必要な期間とされている趣旨は完全に没却されているのである。しかし、解雇予告に関するかぎりでは労働省の解釈例規などもあり、「明日から来なくてもよろしい」といった式の切捨てはなくなったようである。そこで争いは、雇止めが合理的な理由に基づくものであるかどうかという点に移って行った。しかし、争点がなんであれ、臨時労働者の雇止めについては、反覆更新された期間の定めのある雇用契約の法的性質をどうとらえるかということがまず明らかにされなければならないのである。

この点に関し、裁判例は、大別すれば、期間の定めのある雇用契約は何回更新されてもあくまでも期間の定めのある契約であると解するものと、なんらかの法的操作を用いて期間の定めのない雇用契約に転化したと解するものとに分かれる。

第一の立場に立つ裁判例の代表的なものは新日本飛行機事件（横浜地裁昭二九・七・一三判決）である。同判決は、「引続き四回にわたって雇傭契約が更新されて来たとしても期間の定めのない契約と見ることはできないし又、期間の定めのない契約と同様に取扱わなければならぬものではない。」として労基法所定の解雇予告制度の適用を否定した。しかし、基本的には、これと同じ立場に立ちながらも、当事者の意思解釈から、改めて更新拒絶の意思表示がないときは、さらに従前と同一の期間をもって同一の内容の契約が更新される旨の暗黙の合意が成立していたと認めた裁判例（東芝柳町工場事件・横浜地裁昭三八・四・二四決定等）や反覆更新されているという実態から労働者側に契約更新についての期待権が生じていると認めた事例（東芝柳町工場事件・最高裁一小昭四九・七・二二判決等）等がある。自動更新についての黙示の合意の成立や期待権を認める立場からすれば、期間満了による雇用契約の消滅が認められるわけではなく、期間満了時に契約を終了させるには、使用者側において更新拒絶の意思表示を行うことが必要とされるのである。

第二の類型は、短期雇用契約が反覆更新されている場合には期間の定めのない雇用契約に転化したとして扱っていこうとするものである。

期間の定めのある雇用契約であっても、期間満了後、労働者が引き続き働いているのを黙認しているような場合には、民法第六二九条第一項により期間満了後は期間の定めのない雇用契約が締結されたと推定されることになっているから問題はない。この種の裁判例には、東亜バルブ事件（神戸地裁昭三四・七・二判決）がある。

また、臨時工として期間の定めのある契約を締結していても、それが試用期間の性格をもち、一定期間通常の勤務状態を継続すれば将来詮考を経て本工に登用する旨の明示黙示の意思が契約全般から看取されるような場合には、右期間経過後本工たる身分を取得したと解される場合がありうるであろう。裁判例としては、例えば、光洋精工事件（徳島地裁昭四五・三・三一判決）等がある。

しかし、第二の類型に属する裁判例の多くは、端的に、実質上期間の定めのない契約に転化したと認めていこうとしている。この種の裁判例には、申請人の身分は「形式的には日日雇入れられる所謂日雇臨時工であるが、実質的には更新という法技術により長期間雇傭関係の存続する所謂『常備工』と解するのが相当で、欺る名目のみの臨時工の労働契約については、労働基準法二一条の法意からみて、期間の定めのない契約というべきである」（日本ビクター事件・横浜地裁昭四一・五・二五決定）とするものや、六ヵ月の雇用期間を一〇ないし一四回以上更新しているという事実から、「雇傭の当初はさておき、本件解雇の直前頃にあっては、特段の反対事情がない限り、右契約書のとりかわしは単なる形式であって、右契約書中の契約期間の記載は当事者の実質的な合意の内容をなしていないとみるのが相当であ」り、従って本件雇用関係は「期間の定めのないものというべきである」（日本鋼管事件・東京地裁昭四一・九・六判決）とするもの、あるいは「引続き雇傭されてきた実質（いわゆる連鎖労働契約の成立）に鑑みれば、殊に会社の設備拡張、生産力増強に伴う緊急の労働力需要に基く過剰誘引とその利用関係の維持に由来することからしても、漸次その臨時性を失い、本件各傭止の当時にはすでに存続期間の定めのない労働契約（本工契約ではない）に転移したものと解するのが相当である」（東芝柳町工場事件・横浜地裁昭四三・八・一九判決）とするもの等がある。

期間の定めのある雇用契約は何回更新しても期間の定めのある契約であると解する立場からすれば、雇用契約はその都度期間の満了によって当然に終了するから、雇止めの意思表示は不要であるし、解雇予告制度の適用もないということになる。しかし、更新について黙示の合意の成立を認める裁判例の多くは、更新拒絶には拒絶の意思表示が必要であり、解雇に準ずる正当事由の存在が必要であると解し、あるいは更新についての期待権の存在を認める裁判例は、期間満了後も雇用を継続すべきものと期待することに合理性が認められる場合には、更新拒絶は解雇と同視すべきものであり、解雇に関する法理を類推適用するのが相当であると解している。また、実質上期間の定めのない雇用契約に転化しているとする裁判例は、当然のことながら、雇止めには解雇の法理が適用されると解するのである。

判例の流れからすれば、特別の事情の認められないかぎり、反覆更新された短期雇用契約の更新拒絶ないし雇止めには、解雇に準じた意思表示及びなんらかの合理的な理由が必要であるという法理が次第に定着しつつあるといってよいであろう。

臨時労働者の雇用が使用者の思ったようにはうまみがないということになれば、社外工の利用に傾くのは、自然の勢いである。仕事の成果だけの利用を目的とする純然たる請負であるならば、結果的に過酷な労働条件を下請労働者に負わせるものであっても、それは下請会社の労働関係の問題であるといわねばならない。しかし、社外工の場合には、親会社との間においても、労働者としての人的要素が重視され、親会社の指揮命令関係の中にくみこまれている。単なる仕事上の指示ではなく、業務の遂行についての指揮監督が逐一なされている。始業時間、休憩時間、退社時間は当然親会社の従業員と同じであり、残業命令も親会社から直接出されている。このような場合には直接親会社との間に使用従属関係の成立を認めて、雇用契約上の使用者としての責任を親会社に負わせるのが社会的にみても妥当であるというべきであろう。このように解した場合、下請労働者は、子会社である下請会社と親会社と二重に労働契約を締結していることになるが、出向労働者に準じて考えていけば少しも不都合は生じない。その際の使用者責任の分配の問題はケース・バイ・ケースで実態に則して考えていけばよい。ただ、出向の場合と異なり、社外工の場合には、親会社と子会社との請負契約に基づいての親会社派遣だから、請負契約の態様によっては、職安法第四四条の労働者供給事業に該当し、当該請負契約それ自体が無効とされる場合がありうるであろう。

三　短期雇用契約の反復と更新拒絶の法理

一　近代社会における雇用の原則

一　すべての人を生れながらにして自由・平等・独立の人格者としてとらえる近代市民法の下にあっては、雇用は、期間の定めのない契約によるのが原則であった。すなわち、そこにおいては、労働者が人身拘束ないしは強制労働におちいるのを防止するため、当事者がいつでも一方的な意思によって解約できる期間の定めのない雇用契約を締結するのを原則とし、例外的に期間の定めをする場合には、その最長期を画するとともに、期間の途中であってもやむことをえざる事由がある場合には、契約を解除できるようにしていたのである。

たとえば、フランス革命時の共和一一年芽月二二日法一五条は「労働者ノ契約ハ、労働者ガ、或ハ職工長、又ハ他ノ職工ノ指揮者ニ非ラザル限リ、或ハ特定ノ文書ヲ以テ締結セラレタル賃金及ビ条件ヲ有セザル限リ、一ケ年ヲ超ユルコトヲ得ズ」と定め、一般の労働者が一年以上の有期契約を締結する場合には、契約書を作成する義務を負わせ、これによって「労働者をしてその締結せんとする契約の重要性を知らしめんと欲したのである」。(1) 労働者が文書による契約書を作成せずに一年以上の期間の定めのある契約を締結したときには、右の規定は労働者の利益のために設けられたものであるから、労働者は当該契約の期間に拘束されることなく契約を解除しうるが、使用者は有効に契約上の義務を負い、期限到来前に契約を解除しえないと解されている。この規定はその後、労働法典一編二二条に編入せられ、今日にいたっている。また、フランス民法一七八〇条一項は、「何人ト雖モ一定期間又ハ一定企業(entreprise)ノタメノ外ソノ役務ヲ約スルコトヲ得ズ」と規定して終身の契約を禁止しているのである。さらにドイツ民法六二四条は、雇用の期間が五年を超過したとき、または雇用がある人の終身間継続すべき場合に五年を経過したときには、労働者は期間内告知の権利を有する旨を定めている。しかし、長期雇用の約束は、使用者に対しては無制限に拘束力をもち、使用者はその期間内は普通告知(ordentliche Kündigung)の権利を有せず、重大な事由(wichtiger Grund)があるときにだけ特別告知(ausserordentliche Kündigung)の権利を有するにすぎない。わが国の民法六二六条は、雇用の期間が五年以上に定められているときであっても、普通の雇用契約では五年、商工業見習者の雇用契約の場合には一〇年経てば、いつでも解除できると定め、期間内告知の権利を労使双方に認めているが、理念としては労働者が人身拘束に陥入る弊害を除去しようとしている点で、これらの大陸法と共通の性格を有している。

ただ、「労働契約に於て予め期間を定めて締結することは稀である」(2)といわれているように、比較法的にみても、期間の定めのある雇用契約は、相互に一定期間の雇用の安定が要請せられる高級技術者ないし技能者、特定の場所で一定の仕事の完成まで雇用される建設労働者、仕事そのものが季節的性格をもつ農業労働者・観光シーズンのホテル従業員・劇場関係労働者等に限定せられていたといってよい(3)。

二　雇用契約は、したがって、多くの場合、期間を定めずに締結されている。かかる契約は、当事者の意思のままに存続するのである。そして「期限ヲ定メズシテ締結セラレタル雇用契約ハ、契約当事者一方ノ意思ニヨリ何時ニテモ解除スルコトヲ得」(フランス民法一七八〇条二項、労働法典一編二三条)と定められていた。この解除の態様は、期間の定めのない雇用契約の性質それ自体からくるものである。なぜならば、各当事者がこのような形での解除権を有しないとするならば、契約は永遠に存続し、終身雇用（奴隷的拘束）の禁止の原則に反するからである。しかし、期間の定めのない雇用契約につき各当事者に一方的解除権が認められているとしても、その権利の行使の態様いかんによっては、相手方に不測の損害を蒙らせることがありうる。そのために一定の告知期間を設ける慣習が生じ、多くの国では、これを法定している。わが国の民法六二七条一項が「当事者カ雇傭ノ期間ヲ定メサリシトキハ各当事者ハ何時ニテモ解約ノ申入ヲ為スコトヲ得此場合ニ於テハ雇傭ハ解約申入ノ後二週間ヲ経過シタルニ因リテ終了ス」と定めているのは、これらの立法の系譜につらなるものである。

三　期間の定めのない雇用契約においては、当事者は、いつでも自由に相手方に告知することにより、契約を終了せしめることができた。しかし、このような法原則は、資本主義社会の進展とともに、事実上、使用者側にのみ有利に機能することが明らかになった。すなわち、使用者側における解雇の自由は、不適格者ないしは気にいらない労働者を排除しうる自由、景気変動による雇用量調整の自由として機能したのに対し、市民法上これと対比せしめられる労働者側の退職の自由は、実は、自己とその家族の生存の道を断たれる「飢えの自由」としての意味しかもたなかったのである。

（1）　Capitant et Cuche, Précis de législation industrielle, 1930.（カピタン・キューシュ『労働法提要』星野・石崎訳七七一頁。

（2）　同右、七六九頁。

（3）　G.H. Camerlynck, Contrat de travail, 1968, p. 444.

二　解雇自由の原則とその制限

期間の定めのない契約における使用者側の解雇自由の原則は、その後の社会的経済的条件の変動および労働運動の進展により修正を迫られ、労働協約の締結、労働立法の制定、判例法の形成等により、大幅な制約をうけるようになった。

一　まず、使用者側からする解雇予告期間が労働者側に有利に延長され、一定の法的な規制をうけるようになった。

元来、期間の定めのない雇用契約の解除についての告知期間の制度は、各国において古くから主として慣習法を中心に発達してきたものである（1）。それは、労働者にとってはつぎの仕事を探すための期間として、また使用者にとっては新しい労働者を採用するための期間としての意味をもつものであった。しかし、その後の資本主義経済の発展に伴い、労使の勢力関係が一変すると、使用者は経済的な優位性を背景に明示ないし黙示の合意という形で解雇予告期間を短縮し、あるいはこれを廃止する傾向を示し始める。このような解雇予告期間の切下げに対しては、労働協約が防波堤の役割を演じたことはいうまでもないが、他方、ドイツやフランスなどの大陸法系の国々においては、保護法的な観点から、立法によってこれを規制しようとする動きが現われた。たとえばフランスにおいては、一九二八年七月一九日法（労働法典一巻二三条）において「予告期間の有無およびその期間は、当該地方および職業における慣習に、慣習の存在しない場合は労働協約にしたがって決定される」、「慣習または労働協約を下回る予告期間を定める個別契約または就業規則のすべての条項は当然に無効となる」と規定し、従来の慣習による予告期間が、両当事者の個別的な合意ないしはそれを擬制する就業規則によって破られ、事実上骨抜きになる危険性をはらんでいたのを是正し、職業別、地域別に行なわれている解雇予告期間制度に規範的な効力を付与したのである。(2)

わが国では、民法六二七条において期間の定めのない雇用契約に一四日の告知期間を定めているが、この規定は、強行法規ではなく、当事者間の特約によって告知義務を排除または縮小することができると解されていたため、労働者保護については、必ずしも十分なものとはいえなかった。そこで工場法施行令二七条ノ二は、「工業主職工ニ対シ雇傭契約ヲ解除セムトスルトキハ少クトモ十四日前ニ其ノ予告ヲ為スカ又ハ賃金十四日分以上ノ手当ヲ支給スルコトヲ要ス」と規定して解雇予告を強行法規として義務づけるとともに解雇予告の金銭換価を認めた。労基法二〇条は、この規定を引き継ぎ、一四日の告知期間を労働者保護の視点から、さらに三〇日に延長したのである。

二　市民法上の雇用の原則からすれば、期間の定めない雇用契約にあっては、使用者は、一定の告知期間を遵守するかぎり、いつでも自由に労働者を解雇することができた。

たしかに資本主義社会を前提とするかぎり、企業の運営は、使用者の責任と計算において行なわれているわけであるから、服務規律、職場秩序を紊すとか、能率が悪いといった労働者を排除したり、景気変動に応じて事業の規模を縮小したり拡張したりする自由が認められていなければならない。解雇自由の原則は、かかる資本制経済の基本的な要請にそうものである。しかし、一方において、個別企業による自由かつ恣意的な解雇を認めると労働者は深刻な生活上の危機に直面し、やがては家族もろともボーダーライン層に転落し、結局は、健全な労働力が磨滅してしまうという事態が生じてくるのである。また、生きていくための要求に根ざす解雇反対の争議は、資本と労働の組織化が進むにつれて激化し、経済的社会的にはかり知れない損失を生ぜしめる。そのために雇用の安定は、国の経済政策、雇用政策の中でも重要な比重を占めるようになり、法的にも解雇の自由を抑制する原理が働くようになる。

解雇自由の原則に対する制約は、まず協約に現われる。協約による解雇の制限には、いくつかの形態がみられるが、その一つは解雇事由を制約することであり、ついで解雇の手続を規制することである。たとえば、アメリカにおいては、ほとんどの協約が[3]、解雇は「正当な事由」(just cause) ないし「合理的な事由」(reasonable cause) に基づくべきことを規定し、「公正かつ正当な理由」(fair and legitimate reason) がなければ解雇は許されないという判例法が形成されるにいたっている。わが国においても、解雇の事由を具体的に列挙している協約は数多くみられるし、人員整理に際して整理基準を特別に定めるのも解雇に対する一種の防波堤とみることができるであろう。また、解雇、とくに懲戒解雇の手続を協約上定め、解雇権の行使を慎重ならしめようとしているのも各国の協約に少からずみうけられるところである。

一方、国家自体も、保護法的な見地から業務上の傷病によって療養のために休業中の労働者の解雇を禁止し、あるいは団結権の擁護のために組合活動を理由とする解雇を禁止し、法の下における平等の原則を実現するために性別、信条、人種等を理由とする解雇を禁止する立法を制定するようになった。そして、さらに雇用の安定を図るために整理解雇の行政機関への届出、大量解雇の法的規制等を行なうようになったのである[4]。また、判例法においても、国により法的構成に若干の差があるとはいえ、次第に合理的な理由のない解雇は許されないという法理が定着し、解雇は今日ではもはや自由にはなしえないようになっている。

期間の定めのない雇用契約についての使用者側からする一方的解約の自由は、以上のように労働者の保護のために大幅に修正せられ、そこには労働法の領域に属する解雇の法理が形成せられるにいたったのである。

(1)　後藤清『解雇・退職の法律学的研究』、秋田成就「イギリスにおける雇用契約法の法理と解雇の運用」季利労働法一八号、横井芳弘「西独の解雇制限に関する法制」季刊労働法一八号、外尾健一「フランスにおける解雇の法理」季刊労働法一八号参照。

(2)　フランスでは、協約に解雇予告期間についての定めがなければ慣習によるわけであるが、そのために解雇予告期間を職業別、地域別に分類した数百ページの書物が出版されている。たとえばPréau, Les délais de préavis, 1951参照。ただし、例外的に身体障害をうけた戦争年金者（一九二四年四月二六日法）、ジャーナリスト（一九三五年三月二九日法）、商事代理人（一九三七年七月一八日法）、門番（一九三九年一月一三日法）については、法律により予告期間の最低限が定められている。

(3)　Bureau of National Affairsの一九六〇年の調査によれば、解雇になんらかの事由を要求している協約は八二%を占め、「正当の事由」を要求しているものは七一%に達するという。BNA, Labor Relations Reporter, LRX p. 155.

(4)　この間の事情については、「諸外国における解雇の法制と運営」（季刊労働法一八号所収）、前出論文参照。最近のものとしてはInternational Bar Association, International Handbook on Contracts of Employment, 1976. 参照。

三　期間の定めのある雇用契約の利用

期間の定めのない雇用契約における解雇の自由が失なわれていくにつれて、使用者が関心をもつようになったのは、期間の定めのある雇用契約の利用である。もともと有期の雇用契約は、一部の高級職員ないし技術者、あるいは季節的臨時的労働者を除いては、いずれの国においても稀にしかその例をみないものであった。しかし、たとえばドイツで連鎖契約（Kettenvertrag）、フランスやベルギーで継続的有期契約（Contrat à durée déterminée successifs)、イギリスで一連の有期契約 (a series of fixed term contracts) という言葉が存在することからも窺われるように、使用者は、短期雇用契約を反覆更新することにより、期間の定めのない雇用契約に課せられた解雇制限の法理の適用を免れようとしたのである。

期間の定めのある雇用契約は、本来、期間の満了ないしは約定期限の到来によって当然に終了するものであるから、告知とか、雇止めについての意思表示といった観念は入れる余地がない。したがって市民法の原則をそのまま適用すれば、期間の定めのある雇用契約を更新しても、当該契約は期間の満了によって終了し、別個の新しい有期契約が締結されることになる。短期雇用契約を反覆更新していけば、使用者は、あたかも期間の定めのない雇用契約を締結したのと同じように労働者を継続的に使用しながら、解雇についての保護法規の適用を免れうるという利点をもつことになるのである。このような事態に直面すれば、市民法上の形式にとらわれることなく、実質的に労働者の解雇からの保護を図っていこうとする動きが生まれてくるのは自然のなりゆきというべきであろう。判例法により、あるいは立法によって、多くの国では有期雇用契約に対するなんらかの法的規制が行なわれるようになった。

一　このような法的規制には種々の態様がみられるが、まず、原則的に期間の定めのある雇用契約を締結することは当事者間の自由としながら、それが反覆更新せられているときには、期間の定めのない雇用契約に課せられる労働保護法規の潜脱の意図の存在を認めて、当初から当該契約を期間の定めのないものとみなすという法理が各国において形成せられてきた。

たとえば、フランスでは、有期契約は、黙示の更新により期間の定めのない労働契約になるとされ (Cass. civ., 15 oct. 1941, D.C. 42. j. 149)、契約の期間を一年とし、三ヵ月前の予告なきかぎり自動的に更新するという定めをした場合、つぎの更新の期間が契約上約されていても期間の定めのない労働契約であると判断され（Cass. civ., 17 mars 1947, D. 47. J. 295）、また黙示の更新を伴う日雇の契約は、更新の数が限定されていないかぎり期間の定めのない契約として扱われる（Cass. civ., 16 juin 1937, S. 37. 1. 310; Cass. 9 avr. 1930, Gaz. Pal., 30. 2. 505）。そして、現実に労働者が同一の使用者の下で期間の定めのある契約を数回更新しているときには、全体として期間の定めのない契約とみなされ、法によって定められた解雇予告期間を遵守しなければならないとされている（Cass. civ. 23 oct. 1963, Bull. civ., IV. 588）[1]。

ベルギーにおいても、有期雇用契約それ自体は法律の規定を免れる目的を有しないかぎり締結が禁じられているわけではない（C. Prud. mons, 20 jan. 1962, Rev. dr. soc., 1962, p. 281）が、判例はとくに短期の継続的有期契約には厳しく、なんらかの事由によってそれが正当化されるのでなければ、一般的に期間の定めのない雇用契約につき定められた強行法規の適用を免れる目的を有していたと認定している。したがって、継続的有期契約も、同一の使用者の下で、同一の労務を同一の条件で提供するものであるかぎり、解雇予告について定める雇用契約法一二条の公序に反し、労働者は、期間の定めなく雇用されたとみなされる（App. Prud. Gand, ch. empl., 15 dec. 1952, Rev. dr. soc., 1953, p. 90）[2]。

ドイツにおいても、連鎖契約（Kettenvertrag）の締結それ自体は自由である。しかし、「被用者から一般に認められている解雇保護を奪うためにのみ用いられた場合、または事態を公平に見た場合、合理的な理由のない場合は期間の定めは法律上の効力を認められない。この場合労働関係は期間の定めのないものとみなされる。現在の通説では、期間の定めのある労働関係が一回だけ結ばれた場合でもこの原則が適用される[3]。」とされている。

継続的有期雇用契約を期間の定めのない契約として扱っていこうとする判例法がみられる国には、以上のほか、オーストリア、ルクセンブルグ、オランダ、ノルウェー、スペイン等がある。[4] 以上の国々における判例の流れを通して留意すべきだと思われるのは、数回（二回以上）の反覆更新という事実から解雇保護法規の潜脱（脱法の意図）を認定し、有期契約を期間の定めのない契約とみなしていこうという当初の態度から、一回の更新でも期間の定めのない契約として扱っていこうとする動き（オランダ）や、そもそも期間を定めることについて合理的な理由が示されなければ期間の定めのない契約とみなそうとする動き（オーストリア）が出てきていることである。そして継続的有期契約をめぐる争いは、当初は解雇予告制度の適用についての争いであったが、やがては雇止めの適否をめぐる争いとなり、有期契約の更新拒絶にも正当な事由（just cause）ないし正当な動機（motif justifie）が要求されるようになってきたことは注目に価する。

二　また、いくつかの国においては、立法によって期間の定めのある雇用契約に一定の法的規制を行なおうとしている。

まず、イギリスでは一九六三年雇用契約法[5]により、ベルギーでは一九六二年雇用契約法[6]により、イタリアでは一九六二年法[7]により、期間の定めのある雇用契約を締結する場合には、期間満了期日を明示した文書を作成しなければならないことが義務づけられている。イギリスでは書面の交付は期間の定めについての証拠にすぎないとされているが、ベルギー法やイタリア法では有期雇用契約の有効要件とされ、文書化されない場合には期間の定めのない契約として扱われることになっている。

そして、イギリスでは同法により、四週間以内の期間の定めのある雇用契約が更新されて一三週以上継続雇用されている場合には、期間の定めのない契約とみなされて雇止めには所定のノーティスが必要とされることが定められ、また一九六五年の雇用調整手当法（Redundancy Payments Act）は、期間の定めのある雇用契約でも、二年以上継続雇用されている場合には、同法の適用がある旨を定めている。また、デンマークでは、一九六四年四月二九日法により、期間の定めのある雇用契約でも三ヵ月をこえて継続しているときには、同法所定のノーティスが雇止めには必要とされている。(8)

さらに、メキシコやイタリアでは、特定の業種業態にかぎって有期雇用契約を認めていこうとしている。すなわち、メキシコ連邦労働法三七条では、提供さるべき仕事の性質上必要とされるとき、およびその目的が臨時的に他の労働者の代替労働にあるとき等にかぎって期間の定めのある雇用契約の締結を認めており、イタリアの一九六二年四月一八日法では、(イ)季節的労働、(ロ)欠勤中の労働者の代替、(ハ)臨時的一時的性格をもつ特定の業務、(ニ)多種類の労働者を必要とする段階的作業で、その企業では雇用が継続しない仕上げ的補完的作業、(ホ)映画・演劇の出演契約にかぎって期間の定めをなすことができ、以上に明示された例外を除けば、労働契約は期間の定めがないものとみなされる。

イタリア法では、かかる業種業態に例外的に認められた有期雇用契約に対しても、つぎのような規制が行なわれている。①更新は労働者の同意をえて、一回限り行なうことができるが、偶然かつ予期しえない必要がある場合にかぎられる。②期間満了後の雇用は、当初から期間の定めのないものとみなす。③六ヵ月以下の有期契約満了後、一五日以内に再雇用されたとき、六ヵ月以上の有期契約満了後三〇日以内に再雇用されたとき、その他期間の定めが同法の潜脱を目的とするとみなされたときは、期間の定めのない契約とみなす。④期間の定め、および一時延長を正当づける要件の立証責任は使用者が負う。⑤有期契約であっても、休暇・クリスマスボーナス等期間の定めのない契約によって規律される労働者に与えられる待遇は失なわれない。⑥上級職員、農業労働者は同法の適用を除外される。

（1）　フランスにおける判例法の発展についてはCamerlynck, De l'assimilation à un licenciement du non-renouvellement d'un contrat de travail à durée déterminée, J.C.P., 1961. I. 1665.参照。
（2）　A. Colens, Le contrat d'emploi, 1967. p. 147 et suiv.
（3）　西独労働社会省編「西ドイツの労働政策」（ドイツ社会政策研究会訳）。なお、本多淳亮「臨時工の解雇について」法学雑誌四巻三・四号三〇一頁以下参照。
（4）　International Bar Association, International Handbook on Contracts of Employment. 1975.
（5）　D.W. Crump, Dix on contracts of employment, 1972, p. 54, Hepple and O'Higgins, Encyclopedia of Labour Relations Law, 1.
（6）　注（4）に同じ。
（7）　山口浩一郎「期間の定めのある労働契約の法的規制――イタリアの新立法」日本労働協会雑誌六〇号七一頁以下。
（8）　(a)試用期間中の者は一四日、(b)雇用期間が六ヵ月以内の者は一ヵ月、(c)六ヵ月以上の者は二ヵ月、(d)以後、各三年毎に一月を加算する（最高六ヵ月）。

四　反覆更新された短期労働契約の更新拒絶をめぐる判例の概観

一　わが国における臨時工の解雇をめぐる争いは、当初は解雇予告制度の適用の有無に関するものであったが、やがては使用者側でも実質上一定の期間をおいて雇止めないしは更新の拒絶を行なうようになったため、雇止めないしは更新の拒絶の適否そのものが争われるようになった。しかし、いずれにせよ、反覆更新された短期雇用契約がいかなる法的性格をもつかということの解明にせまられるのである。この点については、判例の見解はつぎのように分類される。

① 期間の定めのある契約は反覆更新されても期間の定めのない契約とみることはできず、同じように扱わねばならないいわれもないとするもの。(1)

② 更新拒絶の意思表示がないときは、さらに従前と同一の期間をもって同一内容の契約が更新される旨の暗黙の合意が成立していたと認めたもの。(2)

③ 同一条件をもって契約を更新できる旨の具体的期待権が存在すると認めたもの。(3)

④ 採用の際、臨時工であること、期間の定めのあること等に言及せず、勝手に更新の書類を作成していた等の事実から、「期間の約定が認められ」ず、期間の定めのない契約と認定したもの。(4)

⑤ 民法六二九条一項により、期間満了後は期間の定めのない契約になったと認定したもの。(5)

⑥ 当初の期間の定めを試用期間と認定し、試用期間を伴った期間の定めのない雇用契約と認めたもの。(6)

⑦ 実質上期間の定めのない契約に転化したと認めたもの。ここに属する裁判例には、申請人の身分は「形式的には日日雇入れられる所謂日雇臨時工であるが、実質的には更新という法技術により長期間雇傭関係の存続する所謂『常傭工』と解するのが相当で、斯る名目のみの臨時工の労働契約については、労働基準法二一条の法意からみて、期間の定めのない契約というべきである」(7)とするものや、六ヵ月の雇用期間を一〇ないし一四回以上更新しているという事実から、「雇傭の当初はさておき、本件解雇の直前頃にあっては、特段の反対事情がない限り、右契約書のとりかわしは単なる形式であって、右契約書中の契約期間の記載は当事者の実質的な合意の内容をなしていないとみるのが相当であ」り、したがって本件雇用関係は「期間の定めのないものというべきである」(8)とするもの、

あるいは「引続き雇傭されてきた実質（いわゆる連鎖労働契約の成立）に鑑みれば、殊に会社の設備拡張、生産力増強に伴う緊急の労働力需要に基く過剰誘引とその利用関係の維持に由来することからしても、漸次その臨時性を失い、本件各傭止めの当時にはすでに存続期間の定めのない労働契約（本工契約ではない）に転移したものと解するのが相当である」とするもの等がある。(9)(10)

二　期間の定めのある雇用契約は何回更新しても期間の定めのある契約であると解する立場からすれば、雇用契約はその都度期間の満了によって当然に終了するから、雇止めの意思表示は不要であるし、解雇予告制度の適用もないということになる。

また、黙示の合意によって有期契約が更新されたと解する裁判例の中にも、「労働関係を終了させる旨の意思表示は、これを解雇の意思表示とみるべきではなく、単に従前なされてきた臨時雇用契約の更新を拒絶する旨の意思表示とみるべきであるから、これをなすにつき、一般に正当事由の存在が必要とするものとは解されない(11)」とし、あるいは黙示の更新後における期間満了前の人員整理としての解雇は緊急事態が生じていたとは解せられないから無効であるが、解雇したとして就労を拒否していることから、期間満了の翌日以降は従業員たる地位を失ったと判示したもの(12)がある。

しかし、更新について黙示の合意の成立を認める裁判例の多くは、更新拒絶には拒絶の意思表示が必要であり、解雇に準ずる正当事由の存在が必要であると解し、あるいは更新について期待権の存在を認める裁判例は、期間満了後も雇用を継続すべきものと期待することに合理性が認められる場合には、更新拒絶は解雇と同視すべきであり、解雇に関する諸法則を類推適用するのが相当であると解している。また、実質上期間の定めのない雇用契約に転化しているとする裁判例は、当然のことながら、雇止めには解雇の法理が適用されると解するのである。

判例の流れからすれば、特別の事情の認められないかぎり、反覆更新された短期雇用契約の更新拒絶ないし雇止めには、解雇に準じた意思表示およびなんらかの合理的な理由が必要であるという法理が次第に定着しつつあるといってよいであろう。

（1）新日本飛行機事件・横浜地判昭二九・七・一三労民集五巻五号五九七頁、日本都市交通事件・東京地判昭三五・八・三一労民集一一巻四号八九八頁、川崎製鉄茸合工場事件・神戸地判昭三七・七・二〇労民集一三巻四号八六九頁、三菱電機事件・神戸地判昭三九・一・二九労民集一五巻一号二六頁、三菱造船事件・長崎地判昭三九・六・一二労民集一五巻三号六三八頁、ソニー事件・東京地判昭四七・九・二九労働判例一六〇号追録等。

（2）東芝柳町工場事件・横浜地決昭三八・四・二四労民集一四巻二号六三一頁、同・東京高判昭四五・九・三〇労働判例一一号五三頁、同・最高（一小）判昭四九・七・二二労経速八五四号三頁、関西電力事件。大阪地判昭三八・七・一九労民集一四巻四号九二三頁、神戸製鋼所事件・神戸地判昭四一・五・二五労経速五八六号七頁、凸版印刷事件・東京地判昭四二・六・九労経速六〇五号六頁、昭和第一学園事件・東京地八王子支判昭四七・一二・二労働判例一六七号速報カード、日本スピンドル事件・神戸地尼崎支判昭四八・三・三〇労経速八一二号一四頁、帝倉荷役事件・東京地判昭四八・三・二〇労働判例一七二号速報カード等。

（3）愛三工業事件・名古屋地決昭三六・二・二二労民集一二巻一号九二頁、東芝レイ・オ・バック事件・東京地判昭四九・一一・二九労働判例二一五号五一頁等。

（4）日立メディコ事件・千葉地松戸支判昭五二・一・二七労法旬九二五号五五頁。

（5）東亜バルブ事件・神戸地判昭三四・七・二労民集一〇巻四号七四一頁、富士通信機事件・横浜地判昭三七・七・三一労経速四九二号四頁等。

（6）名古屋汽船事件・名古屋地判昭四七・五・三一労働判例一六二号六八頁、黒沢通信工業事件、東京地八王子支判昭四八・六・二七労働判例一九〇号速報カード、大阪石油運送事件・大阪地決昭五一・九・三〇労働判例二六三号四三頁、札幌育成園事件・札幌地決昭五二・六・一〇労働判例二八六号速報カード、光洋精工事件・徳島地判昭四五・三・

三一労民集二一巻二号四五一頁等。
(7) 日本ビクター事件・横浜地決昭四一・五・二五労経速五八〇号二三頁。
(8) 日本鋼管事件・東京地判四一・九・六判時四六六号五〇頁。
(9) 東芝柳町工場事件・横浜地判昭四三・八・一九労民集一九巻四号一〇三三頁。
(10) 以上のほか、期間の定めのない契約に転化したとする裁判例には、八木組事件・大阪高判昭三五・一・二七労民集一一巻一号六九頁、ラジオ中国事件・広島地判昭四二・二・二一労民集一八巻一号八八頁、東芝柳町工場事件・東京高判昭四八・九・二七労働判例一八七号一八頁、東芝小向工場事件・横浜地川崎支判昭四五・九・二二労働判例一一三号三五頁、宮崎放送事件・宮崎地判昭四五・一一・一六労働判例一一七号七七頁等がある。
(11) 帝倉荷役事件・東京地判昭四八・三・二〇。
(12) 日本スピンドル製造事件・神戸地尼崎支判昭四八・三・三〇。

五　むすび――私　見

「臨時工の存在は企業の必要悪である。」とは、私自身がこれまでに何人かの使用者から直接聞いた言葉である。しかし、経済的な必要性は、法の次元における不合理な差別を正当化するものではない。とくに不況期に入った今日では、臨時労働者は真先きに企業から切り離されている。確かに期間の定めは、当事者にその期間中の雇用の安定を保障するものである。しかし、現実には、短期であることから期間の保護の意味は労働者側にはなく、不安定な地位におくことによる利益のみが使用者側に帰属している。労働者を害する意図がなくとも、客観的に使用者がえようとする利益とそれによって労働者に与える不利益とが著しくバランスを失している場合には、不平等はなんらかの法的操作によって是正されてしかるべきものであろう。

一　今日では、使用従属関係をメルクマールとして労働保護法規の適用がなされ、市民法上は請負、委任の契約形式をとっていても、使用従属関係が存在するかぎりでは労基法上の労働者であるとして同法の適用がなされている。そうだとすれば、期間の定めの有無にかかわらず、使用従属関係が存在するかぎりでは、原則的に労働保護法規の適用を肯定すべきである。

労基法は、使用者に対して片面的に公法上の義務を課すものである。その成立の原因が何であれ、現実に使用従属関係が存在するかぎり労基法は適用される。したがって、同一の使用者の下で有期の労働契約を反覆更新している場合には、期間の定めを考慮することなく労基法の適用を肯定してよい。それゆえ、たとえば、日雇労働者であっても、契約が日日更新されて現実に一週間以上使用されているときには週休制の適用はあるし、一ヵ月の契約であってもそれが更新されて一年以上使用されているときには年次有給休暇制度の適用はある。

二　期間の定めのある雇用契約は本来の趣旨にもどすべきであり、期間の定めが社会的に合理性をもつとされる場合にかぎって、期間満了ないしは期限の到来による当該契約の消滅を認めるべきである。

たとえば季節的な繁忙時の業務とか、病休・産休中の代替労働、特定の仕事の完成までといった本質的に臨時的短期的性格をもつ業務については期間の定めのある雇用契約を締結することに合理性がある。このほか業務それ自体が臨時的性格をもたなくとも、本契約とは独立した試用契約を締結する場合、定年後の嘱託としての再雇用の場合、労働者が他に本務を有するために短期の契約を欲する場合等は期間の定めは社会的に合理性をもつと解せられる。

以上のような合理性を有しない有期雇用契約については、期間の定めは、労働保護法規並びにその下につくられた公序に反するものとして効力を有しないとすべきである。

そして、期間の定めのある雇用契約が、雇用の形態としては例外的なものであり、一般に労働保護法規、とくに解雇制限の法理の適用を免れるために利用されていることは社会的に顕著な事実であるから、期間の定めに合理性があるか否かの立証責任は使用者に負わせるのが公平の観念に合致するものといってよいであろう。

四　パートタイム労働者保護法制の整備

はしがき

パートタイマーの立法問題が、最近、急速に脚光を浴びている。労働省は、今年（昭五八）の六月にパートタイマープロジェクトチームによる「パートタイム労働対策について」を発表し、パートタイム労働者の実態と問題点を明らかにするとともに、「各方面の意見をよく聞いて十分時間をかけて検討し、関係労使等のコンセンサスを得た上で実施することが望ましい」としながらも、初めて一定の具体的な「パートタイム労働対策の方向」を提案した。また、行政管理庁は、昨年（昭五七）五月に「パートタイマーの現状と問題点」を公表し、具体的なパートタイム労働者対策の改善を提言したのに続き、同年（昭五七）一〇月には、「社会保険の適用および事務手続に関する地方監察結果報告書」において、短時間就労者（パートタイマー）に対する社会保険の適用漏れを解消すべき旨の所見を発表している。

さらに本年（昭五八）六月には、各政党がパート労働者保護立法の制定に向けて動き出した。すなわち、公明党は六月九日に「安定したパート労働者の生活を確保するための提言」とともに「パート労働法」（仮称）に関する政策要綱を、社会党は六月一一日に「パート等保護法」案要綱を、民社党は六月一七日に「パート等勤労婦人の雇用保障対策の提唱」を公表している。そして、九月二二日の日本経済新聞によれば、「社会、公明、民社の野党三党はそれぞれ『パートを正社員並みかそれに準じたものにする』との考えを骨格としたパート法案を用意、総選挙対策を念頭に置いて臨時国会での成立を目指し攻勢をかけることにしている」と報ぜられるまでにいたったのである。

一方、国連の婦人差別撤廃条約（一九七九年）や、ＩＬＯの一九八一年「男女労働者とくに家庭的責任を有する労働者の機会均等および均等待遇」に関する条約（一五六号）の批准に向けて、国内法の整備が日程に上っているが、パートタイマーは圧倒的に女子労働者が多いことから、そこで問題とされている労基法の改正や男女雇用平等法の制定論議はパート労働者の保護と無縁なものではありえない。社会党・共産党・民社党・公明党・日本弁護士連合会は、昭和五四年から五五年にかけてあいついで雇用平等法案を発表し、使用者側もまた、たとえば東京商工会議所や関西経営者協会が労基法の改正意見を発表して、労使間で攻防戦が展開されてきた。

本稿は、パートタイマーをめぐって展開されてきたこれらの論議や立法化の提言を整理し、その論点を明らかにすることを主たる目的とし、あわせて若干の私なりの提言を付記することにする。(1)

一　パートタイム労働者の実態と性格

1　パートタイマーの定義

パートタイマーという用語は、さまざまに用いられ、必ずしも統一されていない。言葉の本来的な意味からすれば、パートタイマーとは、「一日の労働時間がその事業所の一般労働者より短いもの、及び一日の所定労働時間が同じであっても、一週の所定労働日数が一般労働者より少いもの」というべきであろう。労働省「雇用動向調査」はパートタイマーをこのように定義づけている。この調査によれば、パートタイマーは、昭和五〇年には全国で七〇万人であったものが、昭和五五年には一四六万人となり、二・一倍増加したことが分る。しかし、総理府統計局が昭和五六年三月に実施した「労働力調査特別調査」によると、企業内でパートタイマーまたはパートタイマー類似の名称で呼ばれている者の数は二五五万人、そのうち、女子は二四一万人（九四・五％）におよんでいる。また、アルバイトまたはアルバイト類似の名称で呼ばれている者は一三八万人（内、女子七一万人、男子六七万人）おり、これをパートタイマーと合算すれば、三九三万人、全雇用者の約一割を占めることが分かる。

さらに、アメリカやEC諸国の多くが採用している「週間就業時間が三五時間未満のもの」という定義に従って短時間就業者の数をみると、総理府「労働力調査」では、就業時間が三五時間未満の非農林業雇用者は、昭和五七年には四一六万人となっている。

このように定義の仕方によってパートタイマーの数はかなり大幅に増減するが、労働省の雇用動向調査は、主に、常用労働者の移動を把握するための統計であるから、いわゆる常用的パートはかなり把握できることになる。しかし、就業時間が正規の労働者と同一であるいわゆるフルパートあるいはオールパートは、この統計から漏れるし、またきわめて短期間の日雇や臨時的パートタイマーも同様に網にはかからない。

その意味では、総理府統計局の労働力調査のように、企業自身がパートタイマーとして扱っているものをそのものとしてとらえる場合には、パートタイマーの実態が正確にとらえられる。しかし企業がアルバイトとして扱っているものの中に、かなりの数の世間一般で考えられているパートタイマーが混入する可能性はあるし、就業時間ないし日数での限定をつけていないから、国際的な比較は不可能である。

週三五時間未満という絶対的な就業時間の基準でパートタイマーを定義づける場合には、国際的な比較という点では一定の意味をもつが、通常、わが国ではパートタイマーとは考えられない日雇や臨時が入ってくる反面、肝心の就業時間の比較的長いパートタイマーは、ここから漏れてしまうことになる。

パートタイマーに関するいくつかの統計は、それぞれの統計調査上の目的に応じてパートタイマーの定義を定めているから、その定義が区々に分れることはやむをえない。しかし、パートタイマーについての必要な施策を講ずるためには、その対象であるパートタイマーの概念を明確にしておく必要がある。そのためには広く一般にパート、アルバイト、臨時ないしはこれと類似の名称で呼ばれている人達の雇用関係の実態を的確に把握し、法的保護の必要性および法制上の問題点が明らかにされていなければならない。

2　パートタイマーの実態

パートタイマーの実態は、これまでに行われてきた各種の調査や統計によっても、ある程度把握することができる。

(1)　労働省の「雇用管理調査」（昭五四）は、当該企業においてパートタイマー、パートまたはアルバイトと呼ばれている労働者をパートタイム労働者等と名づけ、さらに雇用契約期間の定めのないものを常用パートタイム労働者等、日々あるいは一年以下の雇用契約期間を定めて雇用されるものを臨時・日雇パートタイム労働者等と分けて約七〇〇〇企業の実態調査を行っているが、この調査結果から、つぎのようなことが分る。

①　パート労働者等を採用している企業は五八・三％であるが、規模別にみると、五〇〇〇人以上の企業では七四・二一％、一〇〇〇～四九九九人の企業七五・三％、三〇〇～九九九人の企業七三・〇％、一〇〇～二九九人の

企業六六・八％、三〇〜九九人の企業五三・七％となっており、大企業ほどパートタイム労働者等を数多く採用している。

産業別では、サービス業七九・三％、製造業六四・三％、卸・小売業六二・四％、不動産業五三・七％、金融・保険業五二・五％、電気・ガス・水道・熱供給業五三・一％、運輸・通信業四三・一％、建設業二九・九％、鉱業二八・九％となっており、第三次産業、とくにサービス業、卸・小売業の比率が高いのが注目せられる。

② パート労働者等の企業全体の労働者数に占める割合は、五％未満の企業が四五・四％、五〜一〇％が一九六％、一〇〜二〇％が一五・〇％となっており、企業の三分の二は一〇％未満である。

産業別にみれば、たとえば製造業では五％未満が四四・三％、五〜一〇％が二〇・三％、一〇〜二〇％が一二・一％という分布であるのに対し、サービス業では五％未満が二九・六％、五〜一〇％が二二・四％、一〇〜二〇％が二三・四％、二〇〜三〇％が一一・八％、三〇〜四〇％が三・四％、四〇〜五〇％が五・八％、五〇％以上二二・二％という分布になっており、サービス業等の第三次産業では、パート労働者等が重要な戦力になっていることを示している。

③ パート労働者を採用している企業のうち、常用パートを採用している企業は七六・九％におよぶが、その比率はおおむね、大企業ほど低く（五〇〇〇人以上四五・三％）中小規模になるほど高い（三〇〜九九人七八・二％）。一方、パート労働者中、常用パートの占める比率をみると、三〇％未満の企業が三九・三％となっているが、規模別では、大企業ほど多く、中小企業になるにしたがって少なくなっている。すなわち、大企業ではそもそも常用パートを採用する例が少なく、かりに採用したとしてもパートの中では少数を占めるにすぎないが、企業規模が小さくなるにしたがって、常用パートを採用する例が増えており、同一企業内のパート労働者の中で占める比率が高くなっ

ているのである。このことは、大企業では、パート労働者は依然として臨時的縁辺労働力であるのに対し、中小企業では、パート労働者が常用化の傾向を示し、先にみてきたように、流通、サービス業等の第三次産業においては、むしろ中核的な存在となっていることが窺える。

④　常用パートの採用理由は、「人件費が割安である」（三三・三％）、「生産（販売）量の増減に応じて雇用量調整が容易である」（二九・四％）、「一般労働者の採用困難のため」（二七・一％）、「一日の忙しい時間帯に対処するため」（一八％）等となっており、規模別でみても、「人件費が割安となるため」という企業が四〇～五〇％で最も多い。「一般労働者の採用困難のため」をあげる企業は、規模が小さくなるにしたがって多くなっているが、逆に、「一日の忙しい時間帯に対処するため」というのは、企業の規模が大きくなるにしたがって多くなっている。

パート労働者を採用している企業のうち、臨時・日雇パートを採用している企業は四七・六％であるが、その採用理由は、「季節的繁忙のため」（四三・五％）、「生産（販売）量の増減に応じて雇用量調整が容易であるため」（三三・四％）、「人件費が割安となるため」（二〇・五％）等となっている。

臨時・日雇パートの場合には、「季節的繁忙のため」という理由をあげる企業が相対的には多くなっているが、常用、臨時・日雇パートを通じ、共通していえることは、企業の側の最大の理由は、圧倒的に人件費が割安で雇用量の調整が容易であるということにある。

⑤　すべてのパート労働者について雇用契約の期間の取扱いが一律である企業は六六・八％あるが、そのうち、「雇用契約に期間の定めがある」企業は三七・六％、「雇用契約に期間の定めがない」企業は六四、〇％となっている。規模別では、五〇〇〇人以上の企業で八〇％、三〇～九九人規模で三二％と、大企業ほど期間の定めのある契約を締結している。

雇用契約の期間は、「六ヵ月を超え一年以下」が三七・五％と最も多く、ついで「一ヵ月を超え二ヵ月以下」二四・二％、「二ヵ月を超え四ヵ月以下」一七・一％の順になっている。しかし、雇用契約の期間が「一ヵ月を超え二ヵ月以下」、「二ヵ月を超え四ヵ月以下」、「四ヵ月を超え六ヵ月以下」でありながら一年以上在職しているパート労働者のいる企業は、それぞれ四〇％台となっており、雇用契約の期間が「六ヵ月を超え一年以下」である者が三年以上在職している企業は四五・八％にもおよんでいる。このことは、約半数の企業において、期間の定めがありながらそれが反復更新され、臨時・日雇パートも実質上は常用パート化していることを示すものである。

⑥　所定労働時間の取扱いがすべてのパート労働者について一律である企業のうち、所定労働時間が「一般労働者と同じ」企業は一六・五％、「一般労働者と異なる」企業は六四・九％である。「一般労働者と異なる」場合のパート労働者の所定労働時間は、「六時間以上七時間未満」とする企業が三一・八％と最も多く、ついで「七時間以上八時間未満」二七・六％、「五時間以上六時間未満」二三％となっている。相対的に、一般労働者と異なった扱いがなされているとはいえ、所定労働時間は絶対的には長く、わが国のパートタイマーは、言葉の本来的な意味でのパートタイムの労働者ではなくなっていることが窺われる。

⑦　勤務日の取扱いがすべてのパート労働者について一律である企業のうち、勤務日が「一般労働者と同じ」とする企業は八七・一％、「一般労働者と異なる」とする企業は一三％になっている。「一般労働者と異なる」企業の勤務日は、「週の特定日」四八・九％、「月の特定日」二一・五％、「年のうち特定月」一五・八％となっているが、「週の特定日」については、「五日」とする企業が六三・三％で最も多く、ついで「四日」一九・七％、「三日以内」一七％となっている。このことから、ほとんどのパート労働者の勤務日は一般労働者と変らないが、異なる扱いをうけている場合でも週五日勤務とするものが圧倒的に多いことがわかる。

⑧　賃金は「時間給」とするものが七三・二％で最も多く、ついで「日給」三一・五％、「月給」六・七％となっている（重複回答）。パート労働者の大多数は、時間給ないし日給で働いているのである。

⑨　その他の主な労働条件を常用パートについてみれば、「就業規則は一般労働者と分けて定めている」三六・四％、「賃金（基本給）は他の一般労働者と区別している」六三・九％、「諸手当は他の一般労働者と区別している」四六・八％というように、パート労働者は、常用であっても、異質のものとして別個に扱われ、退職金はわずかに七・九％の企業が支給を定めているにすぎない。そして、雇用保険（三八％）、厚生年金保険（三六％）健康保険（三八％）の適用からも外されている者が多いのである。臨時・日雇パートはこれらの数字がさらに悪化する。雇用保険（一九・九％）、厚生年金保険（一六・五％）、健康保険（一八％）と社会保険から一層遠のき、退職金は三・一％の企業が支給を定めているにすぎない。その額はともかく、常用パートでは五八・四％の企業が、「賞与がある」と答えているが、これが、臨時・日雇パートでは二一・八％に下落している。

(2)　以上の調査結果だけでも、パート労働者の実情はかなり正確に浮彫りにすることができるが、なお、他の調査資料によって若干の補足を行うことにする。

①　労働省の「賃金構造基本統計調査」（昭五六）によると、女子パートタイム労働者の時間当り所定内給与額は、昭和五六年六月現在五二四円で、地域別最低賃金額（昭五六、全国加重平均額三七四円）の一・四倍となっている。産業別では、サービス業六〇四円、卸・小売業五二三円、製造業四九五円であるが、一般女子労働者と比較すれば、いずれも約四分の三程度にしかならない。一般女子労働者の賃金自体が男女同一労働同一賃金の原則に照らして問題とされているが、パート労働者の賃金は、それよりもさらに六割ないし七割劣るのである。

労働省の「第三次産業雇用実態調査」（昭五四年）によれば、企業がパート労働者の賃金を決める際に考慮する基準としては、「地域のパートタイマー、アルバイトの同種の職種の賃金相場が七五・二％と最も多く、「一般社員・正社員の同種の職種」一二・三％、「最低賃金」三・五％、「一般社員・正社員の高卒初任給」二・八％となっている。パート労働者の賃金は、企業の規模の大小にかかわらず、職種別の賃金としてのみ存在し、地域ごとの市場原理によって決定されていることが窺われる。

②　パート労働者の就業理由を総理府「労働力調査特別調査」（昭五六）によってみると、女子の場合、「生活費を得る」五九・八％、「自分または子供の学資を得る」一二・四％、「土地・住宅ローンの返済」五・八％、「レジャー費やこづかいを得る」五・四％、「老後・病気にそなえて」四・一％、「余暇をいかす」八・三％、「知識や技能をいかす」二・一％、「その他」一・七％となっている。また、労働省「第三次産業雇用実態調査」（昭五四）では、同じく女子の場合、「生活費をえる」二四％、「生活費のたしにする」四三・八％、「住宅ローンの返済」八・七％、「旅行等レジャー」一〇・五％、「こづかいをえる」二二・二％、「買いたいものがある」一三・一％、「子供の学資」一八・七％、「老後のための貯金」一一・七％、「内職より収入がよい」一五・七％、「家にこもっていたくない」三八・五％、「能力や技術を生かしたい」六・八％等となっている。この調査は多重回答であるため、百分比を総理府調査と単純に比較することはできないが、第三次産業のパートにおいても、生活費をうるため、ないしは家計補助のためというのが就業理由としては圧倒的に多いといってよいであろう。他方、「家にこもっていたくない」と答えたものが三八・五％にも達し、「能力や技術を生かしたい」というのも六・八％いることが注目せられる。

③　パート労働者が現在の勤務先を選んだ理由を「第三次産業雇用実態調査」によってみると、女子では、「通勤に便利だから」四一・五％、「勤務時間帯・勤務日数が生活の都合とあっているから」三七・七％、「勤務日数・勤務時間が短いから」一七・九％となっており、女子の一般社員における割合を著しく上廻っている。これに対し、

「仕事に興味があったから」(一六・九%)、「勤務先の成長性・安定性」(九・六%)、「資格・技能を生かせるから」(四・三%)を理由とする者の割合は一般女子社員の半分程度にすぎない。少なくとも第三次産業の女子パート労働者は、一般的に仕事の内容よりは通勤時間、勤務時間、生活の都合等を重視し、家庭生活と両立させることを望んでいるとみることができる。

④　パート労働者の転職・転業希望については、「労働力調査特別調査」では、「転職・転業希望なし」が女子で六八・六%、男子で六四・三%と高く、「第三次産業雇用実態調査」でも、「一般社員・正社員に変りたくない」とする者が、女子で七八・一%、男子で六一・九%となっている。一般社員・正社員に変りたくないとする理由は、女子では「勤務時間の都合が悪くなるから」(六四・四%)というのが圧倒的に多く、ついで、「短期の勤務だから」(八・五%)、「税や社会保険等で被扶養者としての適用がなくなるから」(六・七%)、「仕事に責任が出てくるから」(五・六%)、「残業したくないから」(三・九%)等の順になっている。典型的にはパート労働者が家庭生活との両立を考え、家計補助的なものに甘んじていることがここにも示されている。

しかし、一方において、女子だけにかぎってみても、「労働力調査特別調査」では、三一%の者が「収入が少ない」、「一時的についた仕事」等の理由で転職・転業を希望し、「第三次産業雇用実態調査」では、一七・四%の者が、「身分が安定しているから」、「給与が高いから」等の理由で一般社員、正社員に変りたいとしているのは注目に価する。

3　パートタイム労働者の性格

これまでにみてきたところから、典型的なパート労働者の平均像としては、①圧倒的に女子労働者が多く、しかも家庭の主婦が多いこと、②勤務時間が比較的長く、勤務時間、勤務日は一般正社員とほとんど変らないこと、③しかし、賃金はきわめて安く、賞与や退職金等の恩恵に浴さないものが多いこと、④多くの場合、短期の雇用契約を反復更新しており、身分はきわめて不安定であることといった点を挙げることができる。しかし、仔細に観察すれば、パートタイム労働者は、つぎの三つのタイプに分けてとらえるのが適切であるように思われる。

(1)　第一は、在来型ないしは臨時工的パートとでも称しうべきものである。これは、基本的には景気調整の安全弁として、または、日本的生涯雇用を維持するための条件として位置づけられている臨時工（臨時労働者）の亜種であり、縁辺労働力としての性格をもつものである。その点では、この種のパートタイマー問題は、古くて、しかしいまだ解決されていないという意味で常に新しい問題でもあるのである。伝統的な臨時工問題がパートタイマー問題に変形したのは、わが国の高度成長期の人手不足から、一般成年男子労働者の臨時工が姿を潜め、農村の出稼ぎ労働者、学生アルバイトとともに、主として家庭の主婦が労働市場に組み入れられて行ったからにほかならない。これらの労働者は、家計補助的であるということから、低賃金の対象とされてきたが、とくに家庭の主婦が中心を占めるパート労働者の場合には、労働移動が不可能であり、就労も通勤圏内に限定されるため、労働市場は限定され、地域によっては法定最低賃金すら下廻る賃金しか支払われないという驚くべき現象がみられるのである。意識の変化から、「家庭にこもっていたくない」という女性が増加すればするほど、さらにはいわゆるＭＥ革命の進行によって若年女子労働者の門戸が狭くなるにつれ、放置すれば女子労働者自身の競争によって、自らの賃金を切り下げていくであろう。圧倒的に多いこの種のパート労働者は、製造業等に多いということができる。

(2)　パート労働者の第二のタイプは、新しくスーパー、外食産業等のサービス業を中心にのびてきた新型パートないしは主戦力的パートである。サービスそのものが商品となるこれらの業界においては、サービス提供の時間の長さや繁閑は、交替制によるパートタイマーに大幅に依存せざるをえない。たとえば日本経済新聞社調べ（昭五六、「生産性労働時報」五七・七）によれば、パートタイマー比率は、スーパーでは四割から五割、外食産業では七割から八割となっており、パートタイマーはもはや単なる補助労働力ではなく、基幹労働力ないしは主戦力となっていることが窺われる。

そして、たとえば大手スーパーの西友では、八時間換算で八〇〇〇人（総数一万三〇〇〇人）のパートを採用（パート比率五一・三％）しているが、同社が五七年に実施した「パート社員意識調査」で、パートの五九％が「専門知識や高度な技術を生かす専門職になりたい」と答え、八〇％が「賃金と連動した能力給制度の導入を希望している」と答え、パートを本人の意思により、長期間・長時間勤務を前提とする「フレンド社員」と、短期・短時間勤務を前提とする「メイト社員」に分け、フレンド社員には賃金と連動した専門職制度を導入、とくに能力が優れている者は主任などの役職に起用することを決めている（日経流通新聞五八・一〇・一三）。

また外食産業でもパート比率は年々高まってきているが、たとえばサンドイッチのグルメでは、パートの能力を積極的に活用し、パートの志気を高め、優秀なパートを採用するため、パートに「アシスタント」という職務をつくって職務手当を支給するほか、パートでも店長になれるという新しい人事政策を導入、日本フードサービスではパートにも経営内容を公開、今夏にはパート一五〇人を香港に招待し研修会を開くなど従業員と一体化した経営を行って効果を上げているという（日経流通新聞五八・一〇・一七）。

他の大手スーパーでも、パートに社員並みの人事制度を適用する「準社員制度」等の導入が目立っているが、パート労働力がむしろ主役となっているスーパーや外食産業においては、パート労働者が能力、意欲、学歴等の点で一般女子労働者に優るとも劣らない点から考えて、将来は、パートが身分的な地位ではなく、単に労働時間が短いだけで、他は正社員と異ならないというシステムが、今後のパート施策のいかんによってはでき上るかも知れない。

(3)　第三は技能型パートともいうべきものである。マイクロエレクトロニクスのソフトを中心に、システム・デザイナー、システム・エンジニア、プログラマー等の新しい技術者が不足し、かけ持ちのパートタイマーが生まれた。しかし、その後は多くのソフト会社が生まれ、若い技術者はここにくみ込まれて、要員派遣の形をとり、新しい問題を生んでいる。ＭＥ化は流動的であるため、予測は困難であるが、近い将来には、プログラミングやコーディングを中心とした仕事をするため、パートタイマーがコンピューターを設置した団地の一角に通うかも知れないし、さらには在宅勤務という形で家事の合間にコンピューターの端末に向う新しい形の家内労働者が生まれるかも知れない。また、現実には最近急増した労働者派遣会社に、登録制で、「技能を生かして働く」パートタイマーもこのカテゴリーに入れてよいであろう。

二　パートタイム労働者保護法制をめぐる論点

1　パートタイマーと労働者保護法

労働省は、「パートタイマーは労働時間以外の点においては、フルタイムの労働者と何ら異なるものではないことをひろく周知徹底するものとする」という指導方針を定めている（昭四五・一・一二婦発五）。したがって、少なくとも「雇用の形態が、常用、臨時、日雇の如何にかかわらず、一日、一週又は一ヵ月の労働時間が当該事業所の一般従業員の所定労働時間より短い」パートタイマーに対しては、就労時間が短いという特性に属するものを除いて労基法、最低賃金法、安全衛生法等の労働関係法令は当然に適用になるのである。

しかし、行政管理庁行政監察局が昭和五七年に行った調査（一六都道府県六八〇事業場の抽出）によれば、五七〇事業場（八三・八％）においてつぎのような問題がみられたと報告されている。

①　二九事業場（四・三％）では、最低賃金法による最低賃金すら支払われていない。

②　休憩時間を法定どおり与えていない事業場は二六（三・八％）、有給休暇を与えていない事業場は三八三（五六・三％）におよんでいる。

③　労災保険にまったく加入していないかパートタイム労働者分を算入していない例が一〇〇事業場（一四・七％）においてみられた。

④　要件に該当するにもかかわらず雇用保険に加入していない事業場は二九二（四二・九％）、健康保険および厚生年金保険に加入していない事業場は二四三（三五・七％）に達する。

⑤　安全衛生規則に反し、定期健康診断を実施していない例は一四四事業場（二一・二％）におよぶ。

⑥　労基法一五条に反し、賃金を書面交付の方法で明示しない事業場が三八〇（五五・九％）もある。

⑦　パートタイム労働者に適用される就業規則を作成していない例は四一四（六〇・九％）ある。

⑧　労働者名簿を備え付けていない事業場は一三〇（一九・一％）、賃金台帳すら作成していない事業場も三二（四・七％）におよんでいる。

このようにパートタイマーが事実上無権利の状態に放置されている場合、なによりもまずその解消に努めるのがパートタイム労働者保護の第一歩であることはいうまでもない。総評や同盟は、十数年来、パートタイマー対策に関する具体的な要望ないし提言を行ってきているが、たとえば、労働条件の明示は文書で行わせるべきである（昭四七・一総評）という要望は、その後、雇入通知書の作成という形での行政指導で生かされてきたし、パートタイマー、アルバイト、見習、臨時工、季節労働者、外務員等労働態様のいかんにかかわらず労基法の適用があることを施行規則に明示せよ（昭四七・八同盟）、アルバイト、パートタイマー等の就労者に対しては、雇用関係の明確化および就業条件改善の強力な行政指導を行うとともに、労基法、最賃法などを含む雇用関係諸法、社会保険諸法の適用を義務づけること（昭五五・七、五六・一〇政策推進労組会議）といった要望は、そのままではないにしても少なくとも労働監督行政の方針の中にはとり入れられて行ったといってよいであろう。

また、総評、同盟を初め、電機労連、ゼンセン同盟、商業労連等各種の労働組合が組織化の中で展開したパート相談や、各地の労政事務所が行ったパート労働相談、弁護士（総評弁護団、大阪民法協等）によるパート一一〇番活動は、パートだから労基法など保護法の適用は何もないということで企業が雇入れ、労働者もそれを知らないという無権利状態にある多くのパート労働者に対し、少なくとも労基法や最賃法等の適用はあることを知らしめた功績は大きいであろう。

2　各種の提案および法案要綱

ここではパート労働者保護上いかなる点が特に問題とされているかを明らかにするために、労働省「パートタイム労働対策について」、公明党「パート労働法に関する政策要綱」、民社党「パート等勤労婦人の雇用保障対策の提唱」、社会党「パートタイマー等の不安定雇用労働者の保護に関する法律案要綱」の骨子を整理して紹介することにする。

①　雇入れ通知書　　労基法一五条の労働条件の明示義務の徹底をはかるため、パートタイマーに対しては通達（昭五七・一二・一七基発七九〇）において雇入通知書のモデルが作成され、行政指導によってその普及が進められているが、「民社」は、これを法的に義務づけるべきであるとし、「公明」は同様のパート労働手帳の交付を、「社会」は労働条件を記載した文書を本人に交付するほか、その写しを職安所長に送付すべきこととしている。

②　就業規則　　「民社」がパート就業規則の作成を義務づけ、「社会」が短期・短時間労働者に関する就業規則の作成・変更については、これらの者の過半数の代表者の意見をきき、または同意をえなければならないとしているほか、「労働省」もパート就業規則の作成変更については、パート労働者の過半数組合または過半数の代表者の意見をきくことが望ましいとしている。

③　平等取扱　　「公明」はパートの賃金体系および決定方法を同一労働同一賃金の原則に基づくものとして見直しをはかり、賞与・退職金等の導入を提唱している。「社会」は、同一労働同一賃金の原則、格付け等同一の原則、休暇等同一の原則をうたい、一般労働者との差別的取扱いの禁止をさらに徹底させている。

④　時間外労働　　超過勤務については、「労働省」が、パート労働者がフルタイム労働者の正規の労働時間数をこえて労働時間を延長し、または休日に労働させないように努めるものとするとしているのが注目せられる。

⑤　年次有給休暇　　「社会」は、短時間労働者に対しても、労基法で定める労働日の有給休暇を与えなければならないとしているが、「労働省」は、法的整備をはかる場合には、パート労働者の所定労働日数（または一定期間の所定労働時間数）に対応して付与する方式が合理的であるとしている。

⑥　解雇予告　　「民社」は、雇用契約期間の満了による退職であっても、三〇日前に予告しなければならないとし、「公明」は、企業の都合により契約内容に反して解雇する場合には、三〇日前に予告すべきものとしている。

⑦　一般労働者への優先雇用　「公明」は、フルタイマーの欠員が生じた場合には、現存パートタイマーに優先権が与えられることを提唱し、「社会」は、使用者が短時間労働者または一般労働者を雇う際には、すでに雇入れているか、または雇入れようとする短期・短時間労働者に、募集の旨を知らせ、同種の職種の短期または短時間労働者が応募したときには締約強制を認める。また「労働省」は、パートからフルタイムへの優先雇用のみならず、フルタイムからパートへの優先雇用も認め、相互の転換の促進を図ることが望ましいとする。

⑧　短期労働者の雇入れの制限　「社会」は、季節的業務その他やむをえない特別の事情がある場合を除き、短期労働者の雇入れを禁止、季節的業務等の場合でも更新を認めない。

⑨　職業紹介　「社会」は職業安定所の紹介による雇入れの努力義務をうたい、「公明」、「民社」はパートバンクの業務の拡大を提唱する。

⑩　組合加入　三党とも組合加入権、組合への参加、労使交渉への参加等団結権の保障がパート労働者にあることを明記している。

⑪　その他　各党とも社会保険の全面適用、適用の拡大を主張するほか、課税最低限の引上げを提唱している。

三　若干の提言

1　視　角

(1)　パートタイマーの概念が必ずしも一様でないため、パート労働者の保護立法については、まず、その定義規定ないしは適用範囲が問題になるが、概念論議よりはパート労働者がもっているいくつかの特性を的確にとらえることにより、なにをどのように保護ないし規制していくべきかを明らかにすることが必要であろう。

パート労働者の特性の第一には、やはり一日の所定労働時間、一週の所定労働日が短いという点をあげなければならない。「労働時間が短いから」、「週三日しか働かないから」という理由によって保護法令の適用があいまいにされ、パート労働者は事実上無権利の状態におかれてきたのである。法的にも労働時間が短いということから、育児時間や年休の与え方等について解釈上争いのある点は少なくない。また労働時間が短く、賃金が安いということから、パート労働者が兼職する例は少なくないが、労基法が予測していなかった事例だけに立法によって明らかにしていくことが必要な分野であろう。

パート労働者の特性の第二は、身分ないし地位が不安定であるということである。多くの場合、企業の側では、短期の労働契約を反復更新し、継続雇用というメリットを追求しながら、同時に期間満了を理由とする雇止めというメリットもえようとしている。この問題は判例法の発展によってかなりの程度解決されてはいるが、比較法的な視野に立った法の整備が必要な分野であろう。

第三の特性は賃金が安いということである。パートの賃金は、大企業ですら、地域のパートの相場に引きずられている。しかもパート労働者のほとんどが女性であることから一般男子労働者との格差は二重、三重に開くのである。差しあたりは最賃のみなおしや税金控除のいわゆる「七九万円のわく」の改善から始め、抜本的には男女雇用平等法とのかねあいで同一労働同一賃金の原則をパート労働者にも立法化していくべきものであろう。

さらにパート労働者が労働者派遣会社等によって供給されている場合には、また別個の新たな問題を提起する。職安法と関連させて早急に見なおすべき問題である。

パート労働者は、その特性として以上のようないくつかの側面をもっている。労働時間が短いということからくる事実上の無権利状態、臨時労働者としての不安定さ、女子労働者としての賃金の低さは、いわば三重苦となっておおいかぶさっており、これに派遣事業がからんでくれば四重苦ともなりかねないのである。パート労働者の問題は、このように複雑に入りくんでいるから、それぞれの側面にそくしてときほぐしていくことが必要であろう。その意味では、パート労働者の統一的な特別法を早急に作るよりは、――もちろん、できるならばそれにこしたことはなく、反対するものではないが、――具体的な弊害を個別的な法改正によって是正していく方がベターであるように思われる。

(2)　パート労働者のおかれている現状からすれば、パート労働者は収入よりも「余暇を有効に過したい」とか「自分の経験を生かしたい」という意欲の方が大勢を占め、「パート労働者は、生き生き働く明るい存在ですらある」（高梨編『パートタイマーの活用と管理』）とまでは思わないが、流通・サービス業等を中心に、パート労働者の能力を積極的に活用しようという受入れ態勢が整備され、これに応えて企業の主戦力となっていく新しいタイプのパート労働者が出現しつつあることは事実である。

また、日経連は、パートタイマー問題の検討の方向は「雇用機会の増大、新しい型の労働力の有効活用に向けられるべきである」（一九八三年一月労働問題研究委員会報告）と述べているが、この点についても基本的には賛成である。女性は家庭に帰れというのではなく、時間的な制約のある家庭の主婦にも雇用機会を増大させ、新しい型の労働力として活用していくという発想は、ある意味ではワーク・シェアリングの考え方にもつながるものであり、使用者側の受入れ態勢としてぜひ展開してほしいものである。働ける時間だけ能力に応じて働くことは人間の本性でもあり、自然の要求でもある。

しかし、この場合には、委節的繁忙時の臨時労働を除き、パート労働者にも「時間が短いだけの正社員」としての扱いをすることが必要である。すなわち労働時間が短いということからくる労働条件の差以外の差別的扱いは一切排除することを要する。そして、短時間労働という要因からくる労働条件の格差も、質的なものではなく、正規の労働者との均衡を考慮した比例的・量的なものでなければならないのである。

2　提　言

パート労働者の保護のためには、基本的なところをおさえておくことが必要である。

(1)　第一は賃金の格差の是正である。すでに述べたように、パート労働者の賃金の改善のためには、最賃の引上げや、低賃金を生む要因の一つとなっている税金の「七九万円のわく」の引上げも、比較的手早くとりくみ易いという点では有効な方策であろう。しかし、抜本的な改善のためには、賃金における平等取扱の原則を立法化することが望ましい。同一企業内において同一価値の労働を提供するかぎり、同一の賃金を受領することは、法の下における平等の原則や社会正義からしても当然のことである。雇用期間の定めの有無、労働時間の長短、時間給か日給、月給かという賃金形態の差によって同一価値の労働に対して差別的な賃金を支払うことは合理性を欠くものであり、少なくとも職務、能率、技能等が等しい同一価値の労働に対しては、雇用上の地位のいかんにかかわらず一般労働者の賃金を下廻らない額の支払を義務づけることを要する。労働省職安局長通達（昭五六・九・二四職発四九一号）は、パートタイマーの「時間当りの賃金は、当該事業所に勤務する同職種、同作業、同経験で、かつ勤務時間帯が同じである一般従業員の時間当り賃金と比べて低い額でないこと」を職安が求人の受理に際し助言・指導するよう述べているが、この趣旨の行政指導を立法化によってすっきりさせる方がよい。

パート労働者の賃金が上れば、所得税や住民税を支払うことになるし、主婦の場合には配偶者控除や扶養家族手当の利益を失うことになりかねない。しかし、税金を支払うのは、国民として当然のことであり、これらの不利益を上廻る賃上げを獲得する方が本筋であろう。なお社会保険は本人のためにも加入した方が得策である。

(2)　第二は、短期雇用契約の反復更新からくる弊害を是正することである。パート労働者の多くは同時に臨時労働者としての性格をになわされているため、パート労働者保護のためにはここを押えておく必要がある。すなわち、期間の定めのある雇用契約は、期間の定めが社会的に合理性をもつ場合、たとえば、季節的な繁忙時の業務とか、病休・産休中の代替労働、特定の仕事の完成までといった本質的に臨時的短期的な性格をもつ業務にかぎって認めるべきである。合理性のない有期契約の締結や更新の場合には、当初から期間の定めのない雇用契約が締結されたものとして扱い、雇止めには、一般の解雇制限の法理が適用されることを明らかにすべきであろう。

(3)　以上の二点を立法化することができれば、企業の側にとってのパート利用のウマミは大幅に減少するから、下請・外注化、あるいは派遣労働者の利用が一層進むことが予測される。この点については、一部は営利職業紹介の許可業種の拡大という形で処理し、他方、技能労働者自身の結成した業種別ないし職能別の労働組合による労働者供給事業を地域ごとに開始することが、労働者の組織化という点からも望ましいと考える。

(4)　その他労基法の適用に関しては、たとえば一日四時間未満のパートに対する育児時間や、週二日、ないし三日勤務者に対する年休の処置、とくに兼職者に対する休憩時間、休日、時間外労働、年休の処置、使用者の責任等困難な問題が提起されるが、さしあたっては法の解釈による論争を通して一定のルール作りを行い、ある程度、共通の理解がえられるようになったところで立法化の作業を行う方がよいと思う。

(1)　社会党は、八月二七日に確定的な「パートタイマー等の不安定雇用労働者の保護に関する法律案要綱」を発表している。宮島「パート労働法の立法化の必要と構想について」(月刊社会党一九八三年一〇月号)。

五　家内労働法とは何か

一　はしがき

「一つ十銭、二十銭といっても、いまの時代にピンと来ないかたもあるでしょう。これは内職の賃金なのです。一日中ムダなく働いて三十円とることがやっとの仕事、私はある小さい工場の内職をしている主婦ですが、内職がいかに辛く労働の烈しいものかということは、内職をやっていられるかたでないとお分りにならないでしょう。……手に豆を出し、その豆も直らぬうち、また豆が出る。そして朝から夜おそくまで働いて、多くて三十円の収入。子どもの世話、炊事、せんたく、掃除、買物、その他多くの雑用の間をくぐるようにしての内職、考えるとバカらしくなってきます。しかしそのバカらしいことも、わずかな収入であっても家計の中に入れられ、それがいつの間にかあてにされているのです。新聞を読むひまも、本を読む時間も惜しく、幼い子の遊び相手にもなってやれないのです。

近ごろ農村の主婦の問題がしばしば取りあげられ、その主婦の労働の過重は深く考えさせられますが、しかし都会の中にもそれとほとんど変らぬ多くの主婦たちがいるのです。しかも、これらの人たちは職場に立つ人と異なり、その存在も薄く、いつか忘れられているのです。……安い賃金、雇主からは追われ通し、仕事がおくれれば次の仕事をまわしてもらえず、そのためつい無理をつづけ、病に倒れてしまう人も少なくないのです。……」

せつせつと訴える一主婦の声はまだまだ続く、そして「高高とかかげられた婦人週間のかげに忘れられた内職を持つ主婦の苦しさを、私は声を大にして叫びたい」と結ぶ。もちろん、これは満足な労働保護法一つなかった頃や、国民のすべてが困窮のどん底につきおとされてあがいていた終戦直後の混乱期の話ではなく、最近の新聞記事(昭和三一・四・二三朝日「ひととき」欄)から引用したものである。華やかな一部の好景気をよそに「収入を補うための内職は、いろいろの家庭の主婦に驚くほどひろがった」といわれ、「内職者の数は労働省の推定によると東京だけで十万、全国で百万」(昭和三一・一二・一五朝日)に達するという。

家庭での内職をも含めて家内労働に従事する者の賃金がいかに低く、その労働条件がいかに惨めなものであるかは改めて述べるまでもないであろう(1)。

(1)　低賃金の有様をてっとり早く紹介するものとして新聞の切抜きをもう少し紹介しておこう。昭和三一・一二・一五朝日「東京都内の内職地帯の母親」の記事によれば、たとえばこけし人形を入れる小さな箱はりの内職は、フタとミを仕上げて一つで三十銭の工賃、一日やって三百個できればよい方、せいぜい一日に七、八十円、一ヵ月の収入は、千七、八百円から多くて二千円であるという。またある児童雑誌の付録づくりの内職は、一つが十二銭、朝から夜までぶっ通しにやっても一日五十円から七十円にしかならない。かの製本街における折本内職も同じようなものである。一日七、八時間やりつづけても百円以下の収入にしかならない。一月のうち働ける日は二十二、三日がせいぜいだから月収は二千円をちょっと出る程度にすぎないという。本稿では紙数の関係上その内容を紹介することができないが、家内労働に関する最近の調査として、労働省婦人少年局「家内労働の実情」(一九五一年四月刊)、同「家庭内職実態調査報告」(一九五四年三月刊)があることを記しておく。

勤労者の生活が苦しくなればなるほど内職希望家庭が増え、失業者が増えれば増えるほどこれに拍車がかけられる。その上内職ブローカーの暗躍によって内職もとかくアブレ勝ち（昭和三〇・一〇・二〇毎日）であるとすれば、「バカらしいほどに安い内職」でさえも奪い合い、争い合うために、低賃金と長時間労働がますます激化する。

内職労働者の惨めさは単に低賃金と長時間労働につきるものではない。それが主として主婦の手により個々の家庭において営まれる結果、[1] 家事の合間に内職が行われるのではなく、内職の合間に家事が行われるという事態が出現し、家庭生活は完全に犠牲に供される。しかも低賃金をカバーするために、内職は多くの場合、家族労働によって行われ「十歳に満たない子供も、八十をこえる老人も、一家をあげて仕事に従い、その労働時間は朝おきてから夜寝るまで続く[2]」ことも珍らしくはないという。異常な低賃金、過度労働および不衛生な作業環境をもつ点で家内労働は今日の労働問題の最も暗い面を代表し、家庭生活の破壊や母子の福祉につながる点で大きな社会問題となっているということができるであろう。

（1）　内職者の八割五分までが家庭の主婦であるといわれている（昭和三一・一二・一五朝日）。
（2）　労働省婦人少年局「家内労働の実情」。

家内労働者のこのような状態は、これまでにもたびたび指摘せられていたにもかかわらず、法的には今日まで野放しの状態で放置されてきた。ところが遅まきながらも社会党が最低賃金法と関連して家内労働法案を今年の二月二十五日、第二六国会に提出したことから、家内労働は、ようやく世人の注目をひきはじめた。しかし最低賃金法案の前途が多難であるのと同じように家内労働法制定の道も必ずしも平坦ではなさそうである。

本稿は、これらの諸点をも含めて、家内労働がなぜに社会問題となり、それに対する法的規制が必要とされるのか、各国の家内労働法はどのような点を問題としているか、その中にあって社会党の家内労働法案はいかなる意義と内容をもつものであるかを、紹介することを目的とする。そしてこのことにより社会のかげに見忘られてきた家内労働者の保護に対する世論の喚起にいくらかでも参加することができれば幸いと考えるのである。

二　家内労働とは何か

われわれはこれまで、主として内職従事者の悲惨な状態について眺めてきた。それは家内労働において内職の占める比重が圧倒的に多いからである。しかし家内労働は、いわゆる家庭の主婦の内職だけにかぎられるものではなく、例えば、京都の西陣や奈良・愛知の鼻緒、岐阜・島根の和傘、大分の竹ビーズ編物等若干の手工的熟練を要する手工業労働も家内労働の範疇に入れられている。そこでわれわれはまず家内労働の概念を明らかにすることから始めなければならない。

労働省の前記「家内労働の実情」は家内労働者を「製造業者または仲介人より、所要機械、器具、原料、材料等の全部もしくは一部または資金の提供をうけ、自己の家庭または自己の選択する作業場において、単独にもしくは家族とともにまたは近隣者の助けを借りて加工または製造し、その製造業者または仲介人に納入するものをいう」と定義づけている。(1)

(1)　なお参考までにつぎを掲げておく。岩波小辞典「労働運動」(大河内一男編)は「家内労働とは、製造業者・問屋などの業者から、仲介業者の手を経て、材料・資金などの支給をうけ、加工賃を得るために行われる労働」といい、山中篤太郎氏は「中小企業と労働問題」（二一四頁）の中で「典型としての家内労働は、商業資本――百貨店、問屋、またはその下請仲買人――の支配の下に自己の仕事場で自家労働――家族労働を含む――を中心にかつしばしば少数の雇用手助労働を併用しつつ、概むね商業資本の供給する原料および道具乃至機械によって手工的生産を営む散居的賃労働である」といっている。

家内労働（industrial home work, Heimarbeit, travail à domicile）は、もちろん、それを問題としてとり上げる態度如何によっていろいろと定義づけることができるが、[1]右にあげた労働省の定義は、ほぼ各国の家内労働法のとっている立場に等しいので、ここでは一応これに従っておく。この定義からわれわれは家内労働の特長としてつぎの点を指摘することができる。

① 家内労働は雇主（商業資本家ないし産業資本家）または仲介人より、機械器具、原料、材料または資金の全部もしくは一部の提供をうけて、雇主のために労働するものであること。従って家内労働は原料、材料等をみずから購入し、これを加工ないし製造して直接、市場に販売する独立生産形態をとらない点で手工業と異る。

② 家内労働は、労働者がみずから選択する場所（通常は自己の家庭）において、単独もしくは一、二の手助労働を用いて労働するものであること。従って分散的であり、かつその労働方式に対する監督が存在しない点で工場労働と区別される。それゆえに、いかに零細なものであっても、工場内における雇用労働は家内労働に含まれないし、また通常の労働関係にあるものが、その労働の一部を自己の家庭において行う場合もこれを家内労働と呼ぶことはできないのである。

③ 賃金が通常出来高給によって支給されていること。家内労働者の賃金は、その労働方式に対する雇主の監督

が存在しないことと相まって、通常出来高給によって支払われている。従って実質的には雇主と使用従属の関係にありながら、法的に請負の形態をとり、労働立法の適用を極めて困難にしている。

（1）　わが国においても、行政解釈は「家庭における賃加工については、一般的には注文者と加工者との間にはいわゆる家内労働としての関係が存在するが、労働基準法の適用はない」（昭二三・七・五基収二二〇四号）としている……。フランスにおいても特別法ができるまでは家内労働の契約には従属関係が存在しないからこれを労働契約とみることができず、従って社会立法の適用をうけることができないとされていた（V. Guilbert et Isambert-Jamati, Travail féminin et travail à domicile, p. 32, note 1）。

家内労働の定義は以上のとおりであるが、さらに労働省の分析[(1)]によれば、それは形態的に専業的家内工業、副業的家内工業、内職的家内工業の三つに分類されている。

すなわち、

①　専業的家内工業とは、世帯主自身が家内工業の労働者となり、主たる生業として家内工業に従事する形態である。典型的には、京都の西陣・友禅、石川・福井の絹・人絹織物、鹿児島の大島紬、愛知・岐阜等の瀬戸焼物、佐賀の伊万里焼等々の、工場生産に適せず、手工的生産方法をとるものがこれに含まれるが、一方、未亡人、失業者等の従事する家内工業も専業的に家内労働を行っているという点で専業的家内工業の分類に入れられている。

②　副業的家内工業は、一定の本業を有しながら、家計の補助的収入をうるために本業に関連して行われるもので世帯主がこれに従事する。典型的なものは農家の副業であり、この型に属する業種としては、京都・滋賀・香川・千葉の団扇、徳島・鹿児島の和傘、佐賀・高知の和紙等々があげられている。

③　内職的家内工業は、原則として世帯主以外の家族が、家計の補助的収入をうるために家事の片手間に行うものであり、織物、被服縫製、メリヤス、靴下、手袋、造花、玩具、マッチ、紙袋、鼻緒、製本等極めて広汎な業種に亘っている。

（1）　労働省労働基準監督局給与課「給与課月報」五九号、家内工業における三つの型。

右の分類は、家内労働の担当者が世帯主であるか世帯主以外の家族のものであるか、それが専業として営まれているか副業として営まれているかという点をメルクマールとする家内工業の分類であるが、家内労働がどのような形態と業種において行われているかを推測せしめる点で若干の参考とすることができるであろう。しかしながら家内労働の比重は、元来、工場生産に適さない手工的熟練を有する工芸品等のいわゆる専業的家内工業にあるのではなく(もちろんこれとても、前近代的な労働関係、零細性、問屋資本への従属等で問題がないわけではない)、勤労階級の家族のもの（大部分は主婦）が、乏しい家計を僅かでも補うために、そして失業者・未亡人・病弱者・老廃者等がその生計を辛うじて支えるために求める内職や、農家の副業におかれている。換言すれば、労働市場の底辺ないし周辺に低迷する産業予備軍的労働力や農家の余剰労働力が、内職ないし副業の形で資本に利用されているところに家内労働の本質があり、それが労働問題・社会問題を形成するゆえんとなっているといってもよいのである。

三　家内労働法はなぜ生れたか

いうまでもなく家内工業は、農村の家内仕事や手工業等の小生産の段階から、機械制大工業の時期に移る過渡期に発生した歴史的な生産形態であった。ほとんどの場合、同時に買占商人でもあった手工制工場の企業主は、直接、あるいは仲介人を通じて材料をほうぼうの村に分散して住んでいる手工業者や農民のもとに配って歩き、下ごしらえの作業を行わしめ、これを自己の作業場に持ち帰って組立や最終的な仕上げを行っていたのである。かかる工場制手工業は、手工的技術を生産の基礎としているがゆえに、当然、機械制大工業の出現によって次第に克服せられ、これに代替せらるべきものと考えられていた。事実、産業革命の進展につれて工場制が確立するとともに、手工的親方労働や家内労働は、漸次淘汰されていったのである。

しかしながら家内工業は、例えばカール・ビュッヒャー等のドイツ歴史学派が考えたように、資本の運動法則の展開によって完全に、工場制機械工業に代替せられ、消滅してしまうものではなかった。家内工業は産業革命を経由した後においても、かなりの領域に亘って残存し、ときには、企業経営による生産と競争して新たに発生する場合すらみられたのである。すなわち産業革命後の各国の資本主義の発達は、工場制の展開と確立にもかかわらず、依然として手工業や家内工業の形態が残存し、逆に独占資本みずからが景気変動の安全弁として利用するために、これらを自己に従属せしめ、その周辺に再編成していることを示したのである。(1)(2)

(1)　例えばベルギーでは、一八四六年には二〇万人の家内労働者がいたが、一九〇九年には一三万二千人、一九三六年には一一万八六〇〇人(労働者総数八二万五千人)であり、とくに織維産業や刃物産業等伝統的に家内労働が用いられているところでは減少率は少いといわれている。またドイツでは一八九五年には四六万八五〇人の家内労働者がいたが、一九〇七年には四〇万五三〇〇人にしか減少していない。その他各国の家内労働者数のおおまかな推移についてはGuilbert et Isambert-Jamati, op. cit., pp. 19-24参照。

（2）「現在欧州で家内労働の範囲として現実に考えられているものは、一部には手工的熱練が必要とされるものもあるが、概しては簡単な労働が多く、靴、刃物、時計等に男子労働がかなり見られるに対して概ねは婦人労働であり、その産業種類は、被服、編物、刺繍、レース（とくに仏白）、造花、繊維紡績（白仏伊英等）、靴、リボン類、手袋、安物玉細工、刃物、時計（とくにスイス）、釣針（とくにノルウェー）等十数種である」といわれている。山中篤太郎「中小工業と労働問題」二一四―二一五頁。

かくのごとく広汎に残存するにいたった前資本制的小生産組織は、つぎに述べるような苦汗労働――Sweating labour――を伴うことによって一九世紀後半にいたりようやく大きな社会的反響を呼び起すようになってきた。

その社会的条件の劣悪さを示す第一は、いうまでもなく家内労働者の異常な低賃金であり、不規則で過長な労働時間であった。家内労働は多くの場合、婦人および年少労働者の手によって家計補助的に行われ、これが低賃金を生む要因の一つともなっていたのであるが、労働者は悪循環のごとく労働時間の延長によって収入の乏しさを補充しようとし、さらにみずからを長時間労働へと追い込んでいったのである。

第二に家内労働は、特殊な搾取形態に結びついている点でますます低賃金に拍車をかけた。家内労働を用いた前記の業種においては、問屋或いは製造業者は家内労働者と直接の雇用関係をもたないほうが遙かに有利であるとして、好んで仲介人ないし下請人を利用した。かくて仲介人が労働力の調達と仕事の結果についての責任を引受けたのであるが、ときには仲介人自身がさらに下請を使い、中間の搾取が二重、三重に亘ることも珍らしくはなかった。

また家内労働の搾取形態は、単に下請人の介在のみにとどまるものではなかった。欧米においては右のごとき下請人（英米ではこれをスウィーターSweaterと呼んでいる。これがSweating-systemに由来することは説明するまでもあるまい）は、往々にして家内労働者を一戸の棟割長屋作業場（tenement shop）に収容し、昼夜を分かたぬ激しい労働を強制した。苦汗作業場の非衛生的な状態や過度の雑踏が、家内労働者の健康や道徳に大きな脅威を与えたことはいうまでもないが、それにもまして不規則で無制眼の長時間労働が労働者の肉体を蝕んだのである。作業は朝四時ないし五時から夜の一〇時ないし一一時におよび、ときには翌日の来明までも続いた。一八九一年ニューヨークの工場監督官の報告によれば、日に一六ないし一九時間、一週七日間休みなく働き続ける男女の労働者をみることも珍らしくなかったという。(1)

（1）　I. L. O., Industrial Home Works in the U. S. International Labour Review, Jan. 1941, pp. 9-10.

しかもかかる棟割長屋作業がかのトラック・システム（現物給与）と密接に結びついていることをわれわれは指摘しておかなければならない。家内労働者はそこにおいて苦汗労働に服せしめられるとともに高い家賃を労賃から天引きせられ、かつ労働用具や生活必需品を雇主が設けた店舗で市価以上に買うことを強制され、かかる形で二重の搾取をうけたのである。トラック・システムは単に苦汗作業場に支配的であったばかりでなく、一般の家内労働においてもしばしば見うけることができた。例えば仲介人が酒場や日用品店を一方において経営しており、労働者は職を手に入れるために、或いは現在の仕事を奪われないために、是非ともこの市価より法外に高い店を利用しなければならなかった。そして多くの場合、購入した額よりも、これを相殺すべき労賃のほうが遙かに少く、労働者はつねに借金に縛られ、労賃の如何を問わず、つぎつぎと仕事を引受けなければならないようなしくみがとられていたのである。

以上のごとき搾取形態に対しては、豊富で安価な婦人年少者の労働力[1]が対応していた。婦人年少労働の酷使から生ずるかずかずの弊害については改めて述べるまでもあるまい。婦人年少労働については各国とも比較的早くから労働保護立法が制定せられ、労働時間その他についての法的規制が行われていたのであるが、かかる工場立法の存在にもかかわらず、それらは家内労働においては完全に無視され、家内労働の分散性と監督の困難さから野放しの状態に放置されていた。

（1）　児童労働だけについてみても、例えばドイツでは一九〇三年に工業に雇用されている年少者の八三％が家内労働に使用されているものであったし、フランスでは三歳の児童までがボタンくるみの内職に従事していたと報告されている。Guilbert es Isambert-Jamati, op. cit., p.26. イギリスの家内工業における児童労働の酷使はマルクスの資本論の叙述にしばしばみられるところである。

一九世紀末から二〇世紀初頭にかけて、各国においては家内労働に関する実態調査が相ついで行われ[1]、そのいずれもが家内労働が驚くべき低劣な条件の中にあることを明らかにした。これらの報告書によって家内労働への世人の注目はますます高まっていったのであるが、報告書は、同時に家内労働に対してはつぎのような理由から特別法の制定が必要であることを明示ないし黙示的に示したのである。

①　家内労働は主として婦人年少者の手により、家計補助的に営まれている。このことから異常な低賃金と長時間労働が生れているが、これに加えて前述のごとき家内労働に特有の各種の搾取形態が労働条件を一層悪化せしめ

ている。かかる劣悪な労賃、不規則で過長な労働時間、婦人年少労働の酷使、問屋や仲介人の搾取、無拘束な請負給・現物給与等の苦汗労働はそれ自体としても保護法の制定を促すのに十分であるが、業種の如何によっては、このままに放置すれば生産者のみならず需要者の衛生にとっても有害な影響を及ぼす場合がある。

②　右のごとき家内労働者の劣悪な労働条件は、結局一般の工場労働者の労働条件をも切り下げる働きを営む。

③　家内労働は労働者を孤立分散せしめる。そのために集団的に自己の利益を擁護するための労働組合の結成が困難である。家内労働者の大部分が婦人年少者であることは、組合の結成を一層困難ならしめている。従って自主的な組合運動に労働条件の向上を期すことはまず不可能といわなければならない。

④　また家内労働は通常、請負ないし製品の売買の形態をとっているため、一般の工場労働者を規律する労働保護法をそのまま適用することができない。しかも家内労働の分散性と潜在性から特別法により特別の監督手続をとるのでなければ法の実効を期すことは困難である。

以上のごとき立法化の必要性に対応して一九〇九年英国賃金委員会法を初めとし、一九一一年ドイツ家内労働法、一九一五年フランス家内労働法等々の家内労働を特殊対象とする特別法が各国においてつぎつぎと制定されていった。

（1）　イギリスにおいては一八八九年以降上院の委員会の調査報告が数回に亘ってなされているし、ドイツでは、一八九六年と一九〇六年に、オーストリーでは一九〇〇〜一九〇一年、イタリヤでは一九〇四年および一九〇六年、ノルウェーおよびオランダでは一九〇六年および一九一一年、フランスでは一九〇五年〜八年にいずれも政府の家内労働に関する調査が行われている。

四　各国の家内労働法

今日ではイギリス、アメリカ、フランス、西ドイツ、オランダ、スイス、ベルギー、インド、ビルマ、ボリビヤ、コロンビヤ、ガテマラ、パナマ、オーストリー等の諸国が家内労働を対象とする立法を有しているが(1)、もちろんそれぞれの立法は独自の沿革内容をもち、家内労働に対する法的規制の方法を異にする。それゆえに家内労働法の問題点を明らかにするためには、各国（少くとも主要各国）別に家内労働法の発展過程とその効果について言及することが必要である。しかし限られた紙数では到底そのおのおのについて分説する余裕を有しない。従ってここでは単に主要各国の現行法を中心とし、その内容と規制の方法を簡単に概観するだけにとどめる。

（1）　このように多数の国が家内労働法を有しているばかりでなく、ＩＬＯは、一九二八年の第一一回総会において、早くも団体協約その他の方法によって賃金を規制するための制度が存せず、かつ賃金が例外的に低い職業またはその一部（なかんずく商工業における家内労働）で働く労働者のために「最低賃金決定制度の創設に関する条約」および「最低賃金制度の実施に関する勧告」を採択していることを附記しておく。

家内労働法は、その対象となるべき家内労働の態様のいかんにより、立法の動機を異にするが、初期の頃は、例えばアメリカの州法にみられるように、家内労働者の保護を直接的目的とするというよりはむしろ公衆衛生にとって有害であるからという消費者保護を目的とし(1)、或いは移民労働者が家内労働の主流をなし、一般工場労働者の労働条件を切り下げるからというので、工場労働条件の擁護を直接の目的として制定されていた。

(1) アメリカの家内労働法は、苦汗作業場におけるタバコの製造を衛生的取締の見地から禁止した一八八四年のニューヨーク州法を以て嚆矢とする。同法は翌年違憲の判決をうけたが、一八九二年には家内労働を許可制にする立法を制定している。このニューヨーク州法を先頭に一八九九年までの間には約一二の州が衛生的見地からする家内労働の法的取締にのり出している。その後ニューヨーク州法は一九一三年の改正によって、食料品、人形、人形服、幼児子供服の苦汗長屋作業場における製造を禁止し、かつ法律による認可規定をあらゆる他の商品に拡張し、家内労働に原料を供給している製造業者は州労働委員会の許可をうくべきことを要求している。同法は一九一五年に合憲の判決をうけ、この時以後各州はそれぞれ家内労働法を制定しはじめた。なお、ちなみにその後のアメリカ家内労働法の発展を附記すれば、ニューディール以後家内労働法の主眼は、衛生的取締の立場から家内労働者擁護へと移行し、一九三五年には州際間の共同対策と取締基準の画一化を目的として、各州の家内労働法の制定ないし改正の準拠となるべき統一的な模範家内労働法案が連邦および各州の労働関係官よりなる委員会によって作成されている。同法案の骨子はつぎのとおりである。①家内労働を食品、オモチャ、人形、タバコ等の産業において禁止する。さらに調査の結果、賃金および雇用条件が家内労働者の健康と厚生に有害であるか、または工場労働者の賃金ないし労働条件を侵害することが明らかとなった場合には、当該家内労働を禁止する権能を州労働委員会に与える。②屋内労働を利用せんとする雇主は許可証を、労働者は証明書を州の労働部から受けること。③雇主、下請人は家内労働者の住所、氏名、仕事の量、賃金を明示する記録を備えること。この模範法案はその後各州の家内労働法の中にとり入れられ今日にいたっている。Frieda S. Millar, Industrial Home Work in the United States (International Labour Review, Jan. 1941); Dale Yoder, Manpower Economics and Labor Problems, 1950, pp. 339-340.

しかしやがて家内労働が婦人年少者によって占められるようになり、放置することのできない労働問題ないし社会問題として登場するようになるにつれ、家内労働法も従来の消費者保護の立場から家内労働者そのものの保護へと重点を移行しはじめた。

家内労働者の保護の第一は、いうまでもなく例外的に劣悪な低賃金に対する法的規制である。各国の家内労働法はまず最低賃金を法定し、これに関連せしめて労働時間に対する制限を設け、特別の監督方法をこうじたのである。各国の家内労働法は、さらにかかる労働条件に対する法的規制にとどまらず、次第にその内容を豊かなものとし、例えば有給休暇制、解雇予告制、安全衛生施設、社会保険等々の諸規定を盛るにいたっている。

以上のごとき家内労働法の発展過程を前提としつつ、賃金、労働時間、監督方法、その他についてもう少し立入ってその内容を紹介することにする。

(1)　最低賃金の決定

家内労働法の骨子が最低賃金制度にあることはいうまでもないであろう。

沿革的にいえば、フランス、ドイツ、オーストリー、ノルウェー等のヨーロッパ諸国の最低賃金法は、直接、家内労働者の保護を目的として生れたものであり、換言すれば初期の最低賃金法は、家内労働者に対してしか適用せられなかった。

これに反し、アメリカでは職業や産業のいかんを問わず、広く婦人年少者に対する最低賃金制度を設け、その中で家内労働の問題を処理するという立場をとり、一方イギリスやオーストラリヤでは搾取産業における極度の低賃金を是正することから出発し、帰人年少者であるか家内労働者であるかを問わなかった。

このように各国の立法は、出発点における差違を有するが、これらの諸立法がいずれも実質的には家内労働者に対する最低賃金法として機能したことはいうまでもないであろう(1)。

(1) フランスではとくに苦汗労働の著しかった衣服、帽子、靴下、下着、刺繍、羽毛細工、造花等の被服産業に属すべき仕事を家庭においてなす女子労働者に対する最低賃金制度が一九一五年法によって初めて設けられたが、一九二二年法によって適用範囲がズボン吊、靴下止、ネクタイ、レース等の被服産業に附属する仕事を家庭において行う女子労働者にも拡大せられ、さらに一九二六年命令によって手袋、皮製品、籠製品、封筒、包装品等の仕事に従事する家内女子労働者にも適用せられることになった。その後一九二八年法は一九一五年法の適用範囲を上述の業種における女子労働者のみならず男子労働者にも拡張した。同法は一九三五年命令により絹およびレイヨン織物業にも適用せられることになり、さらに一九四一年八月一日法および一九四三年六月二八日法によって修正をうけ、家内労働者一般に適用せられる統一的な最低賃金制度として現行労働法典第一巻第三三条以下（家内労働者の賃金）の規定をなしている。

アメリカでは一九一八年および一九三三年にそれぞれ、カリフォルニヤ州、ウィスコンシン州が最低賃金法を家内労働者にも適用したのを初めとして、今日では多くの州が同様の措置をとっている。また州際取引産業における家内労働に対しては、一九三八年の公正労働基準法により、同法所定の最低賃金が適用せられている。

イギリス最初の最低賃金法たる一九〇九年の賃金委員会法（Trade Boards Act）は、賃金が不当に低い（unduly law）産業部門に対して適用せられるように定められていた。従って帰人年少者であるか、家内労働者であるかを問わず、当該産業の全労働者に対して適用せられたのである。しかし一九一八年の第二次賃金委員会法は、ホイットレー委員会の勧告の影響をうけて、最低賃金を適用すべき産業の選択基準を「不当に低い賃金」から「賃金を有効的に規制するための組織を欠く」産業と改め、結果的には最低賃金制度の適用領域を拡げた。さらに一九四五年には賃金審議会法（Wages Couils Act）が制定され、従来の賃金委員会法の拡大整備が行われ、今日にいたっている。

Paul Durand, Traité de droit du travail, t. II. pp. 824-829. Valentine Paulin, Home Work in France (International Labour Review, Feb. 1938.), H. Richardson, An introduction to the study of industrial Relations, 1954. pp. 336-337.

最低賃金の決定機関は各国により必ずしも同一ではないが、イギリスの賃金協議会のごとく、労使および公益ないし政府代表の三者構成の審議会方式が普通である。イギリスでは指定産業部門別に作られた賃金審議会が調査を行った上で賃金規制案を労働大臣に提案し、労働大臣が賃金規制命令を発するようになっている。これに対し西ドイツでは行政官庁の任命する委員長および労使各三名の委員よりなる家内労働委員会（職業部門別に設けられる）が賃金の決定を行い、フランスでは原則として県知事が労使の混合委員会の諮問を経た後に賃金率を決定するように定められている。アメリカでは公正労働基準法ないし州の最低賃金法の規定により、これらの法律の定める最低賃金が家内労働者に対しても当然に適用せられる。

最低賃金の決定基準は、アメリカでは労働者の健康、能率および一般的福祉に必要な最低生活基準となっているが、フランスでは、当該地方において家内労働者と同種の職業を営む工場労働者に対し通常支払われる賃金率を基準とし、かつ関係職業について当該地方に家内労働しか存在しない場合には、類似の労働を遂行する工場労働者の賃金、もしくは類似の地方において家内労働と同種の労働を遂行する工場労働者の賃金を基準として家内労働者の最低賃金を決定するようになっている。この際当該地方の工場労働者に労働協約が存する場合には協約の賃金率を参考にし、協約が存しない場合には、前記混合委員会の意見を徴すべきことが定められている。(1)

(1)　具体的には、工場労働者の賃金が通常時間当りで支払われているのに対し、家内労働者の賃金が出来高給で支払われているため、さらに家内労働者の労働時間を確定しなければ、その工賃がきめられないわけである。そこでフランスでは県知事は、前記の基準に従って時間当りの賃金を決定し、さらに中等度の熟練を有する各種の家内労働者が商品目録毎に継続作業をなすのに必要な労働時間数を決定し、両者によって家内労働者に支払わるべき最低賃金が決定されている。

西ドイツでは最低賃金決定に関する基準は存在しないが、家内労働者の組合と委託業者またはその団体の締結した協定に労働協約としての効力をもたせ、また労働組合が存在しないか或いは少数の家内労働者しか組織していない場合には、家内労働委員会が関係者の意見をきいて関係者全員に対して拘束力をもつ報酬その他の労働条件に関する決定を行うように定められている。イギリスにおいても同様に最低賃金の決定基準は規定されていないが、他の同種の労働の賃金を基準とするといわれている。

(2) 労働時間の制限

家内労働の大部分のものが出来高給をとっていることと、家内労働が分散して行われるため労働時間を家内労働に対して制限することが監督の手続上極めて困難であることから各国の家内労働法は、大てい直接労働時間についてはふれていない。しかし大部分の国は仕事の量その他の記録の作成を業者に命ずることによって間接的に労働時間の制限を図っているし、とくにスイス家内労働法では日曜日、公休日の仕事の発注・受注を禁じ、かつその他の日についても、午前六時以前または午後八時以後の発注・受注を禁じ、さらにまた労働者が日曜日および他の曜日の午後十時から午前六時までの間に労働が強制されないように引き渡しの時間制限をなすべきことを雇主に命じ、労働時間の制限を行っている。

(3) 登録・記録の義務

家内労働法実施上の最大の難点が、問屋、仲介人、家内労働者がそれぞれ分散、錯綜していて、監督が極めて困難な点にあることはこれまでに繰返して述べてきたところである。そこで家内労働に対する法的規制の実効性を確保するために、各国の家内労働法は、大部分のものが登録および記録の保持を関係当事者に命じ、これを通じて監督の目的を達成しようとしている。

すなわちイギリスでは雇主に、使用する労働者の住所、氏名、就業の場所等を記載する記録の備えつけを命じ、かつ右の写しを地方監督官庁に提出すべきことを義務づけている。

アメリカでは通常、雇主は免許を労働者は家内労働者証を管轄官庁(例えばカリフォルニヤ州法では産業福祉局Division of Industrisl Welfare) から受けなければ、それぞれ家内労働を営むことができないように定められている。そして同じく雇主は労働者の氏名、作業所、仕事の種類、工賃その他を記録した台帳を、労働者は賃金手帳を所持すべきことが要求せられている。また玉細工、手袋、編物、婦人装身具、ボタンバックル、ハンカチ、刺繡の七業種の家内労働は原則として禁止せられ、工場労働不適格者(工場労働が不能な者および幼児の世話等のために家庭を片時も離れることのできないもの) に限り例外的に認められている。

フランスでは、家内労働を実施せしめようとする者は、労働監督官にその旨を届け出て、労働者の氏名、年齢、住所を記載した職務名簿を備えつけ、かつ仕事の委託並びに製品の受領に際しては、仕事の種類、分量、提供並びに受領年月日、工賃、労働者に負担させる品の性質および価格等々を記載した帳簿を備えつけるべきことが命ぜられている。また労働者には右の帳簿と同一の記載をした手帳が手交されることになっており、さらに雇主に対しては、労働者に適用せらるべき賃金を集合場所 (locaux d'attente)、または原料を引渡し製品を受取る場所に掲示すべき義務が課せられている。

ドイツも家内労働の届出主義を採用し、労働者名簿の作成、家内労働者への報酬証明書の交付等を命じている。家内労働者は右の報酬証明書を監督官庁に提出するように義務づけられている。

(4)　安全衛生の監督

家内労働における安全衛生条件の監督が極めて困難であることは容易に推察せられるが、イギリスでは家内労働が労働者の健康に有害もしくは危険であると認められる場所において行われているときには、行政当局は雇主（問屋または仲介人）に理由を付した通告書を送付し、一四日以内に右のものがこれに従わないときには処罰しうべきことが定められている。

またフランスでは労働者に工場安全衛生規則の遵守義務を課しており、これに適合しない条件の下で就業しているときには、労働監督官は、右の労働者の労務の停止を仕事の供給者（雇主）に対して請求できるようになっている。

(5)　そ　の　他

以上の外、フランスでは家内労働を常時行う労働者には有給休暇、解雇予告、労働証明、家族手当等の諸規定が適用せられるし、西ドイツでも一年以上専属的に家内労働に従事したものには解雇予告制度が設けられ、イギリスでは家内労働者も国民健康保険の適用をうける。

五　社会党の家内労働法案

社会党は今年の二月二六日、第二六国会に家内労働法案を提出した。家内労働者の悲惨な状態や法的規制の必要性は、これまでにもしばしば識者の問で問題とせられてきたが、具体的に法案作成の段階にまで問題が発展したのは最近のことであり、従って家内労働法案が国会に提出せられたのも今回が初めてである。

立案者によれば、立法化の直接的な動機として、つぎの点があげられている。(1)

① 社会党は前国会で最低賃金法案を提案（三一・四・一三）しているが、最低賃金法案は労働基準法第二八条に準拠するものである。従って最低賃金法は、家内労働者のごとき労働基準法の適用外の労働者に対しては適用されない。その結果、最低賃金法が発効した場合に、賃金負担を忌避する弱小企業が家内労働をますます利用し、或いは雇用労働者を家内労働者に分解させることが考えられる（例えばミシン工場を解体し、労働者にミシンを一台ずつ貸与し、家庭で労働させれば、労基法、最低賃金法の適用をのがれ、賃金の支払負担をさけることができる）。このような事態が起ることは、労働基準法がさらに大きな穴をあけることになり、骨抜きにされることになる。この「穴をうめるものとして」或いは「最低賃金法の底にフタをしたという形で」家内労働法案が問題になったのである。

② 現在では、大企業の側からも中小企業の側からも労働基準法改正の要求が起っているが、このような改正の動きの中には多分に危険な要素がはらまれている。こういう際に家内労働者を労働基準法に包含させるための改正を問題とすれば、折角の労働基準法も崩壊する危険性がある。従って労働基準法を改正するよりも、別個の家内労働法を作り、家内労働者の労働条件を一般労働者並に引き上げる点に目標をおくべきである。

（1）　伊藤好道編「家内労働法と最低賃金法」（珊瑚書房）、「家内労働法及び中小企業組織法について」（労働法律旬報二六四号）、「家内労働法の問題点」（社会通信二一四号、二一五号）、「家内労働法案」（社会通信二三六号）参照。

以上に明らかなごとく社会党の家内労働法案は、単独に家内労働者の保護そのものを直接的な目的として生れてきたというよりは、家内労働者にも最低賃金の保障をしなければ最低賃金法の実効をあげえないという見地から問題とされ、いわば最低賃金法の補完立法として生れてきたということができる。従って同法案の内容もあらゆる就業条件の規制を含む統一的なものではなく、最低報酬額の規制を中心にして、これに関連する最小限度の就業条件が規定されているにとどまる。その骨子を簡単に紹介すればつぎのとおりである。

① この法律は、家内労働者の最低労働報酬額その他の労働条件の基準に関して必要な事項を規定し、家内労働者の生活の安定と経済秩序の確立に資することが目的とされている。

② まず仕事を家内労働者に出そうとする者は、あらかじめ都道府県労働基準局長に対し、委託に出そうとする物品の最低報酬額を定めてもらうよう申請しなければならない。

③ 労働基準局長は、右の申請があった場合には、地方家内労働審議会の議を経て速かに申請された物品の最低労働報酬額を決定しなければならない。

④ 最低労働報酬額は、最低賃金法案第三条第一項の規定する時間当りの最低賃金額に、当該物品の一定単位の製造または加工に要する標準所要時間を乗じた額によって決定される。標準所要時間は、満一八歳以上の労働者であって、当該物品と同一または類似の物品等の製造に従事した期間が比較的短い者が、当該物品または類似の物品等の一定単位の製造等に要する平均時間を基準として定められる。

⑤ 一度最低労働報酬額が決まれば、同一物品についてのその後の委託には申請を要せず、委託者は前に決められた最低報酬額を支払えばよい。

⑥ 委託者は、家内労働者に物品の製造または加工を委託した場合には、家内労働者の給付、最低労働報酬額その他の事項について記載した書面を二通作成し、そのうち一通を三年間保存し、他の一通を家内労働者に交付しな

ければならない。

⑦　最低労働報酬額その他の家内労働者の労働条件に関する事項を審議するために中央家内労働審議会および地方家内労働審議会が設置される。家内労働審議会は、それぞれ同数の家内労働者代表、委託者代表、公益代表の委員からなる。

⑧　家内労働法の実効を確保するために、労働基準局、地方労働局、都道府県労働基準局および労働基準監督署に家内労働監督官が置かれる。

六　むすび

われわれはこれまでの叙述において、諸外国ではすでに一世紀前ないし半世紀前に問題とされていた家内労働法が、わが国においてはようやく今日、現実の問題として登場してきたことをみてきた。しかも諸外国では多くの場合、家内労働者の異常に低い賃金を是正するためにまず家内労働者の最低賃金法が生れ、これが一般の労働者にも漸次拡大されていったのに対し、わが国においては一般工場労働者の最低賃金法案が先にできて、その実効性を確保するために、これを補完するものとして家内労働法案が生れてきているという、いわば逆立ちをした恰好をとっていることも知ったのである。しかし出発点はどうあろうとも、ともかく社会党の法案提出によって家内労働法制定への第一歩がふみ出されたことをわれわれは素直に喜びたい。

しかしながら前にも一言したように、家内労働法成立への道は決して平坦ではなさそうである。それは家内労働がわが国においてはとくに国の経済機構ないし社会機構に密接につながっているからである。すなわちわが国の産業構造においては、歴史の発展段階の中で取残された経営形態としての手工業、家内工業、問屋制工場工業等の中小企業、弱小企業がいまなお広汎に残存し、独占資本の景気変動の安全弁としての役割を果している。換言すれば独占資本は下請としての中小企業を温存し、利用することによって資本の安全と発展を図り、さらに中小企業は、その下層に横たわる家内労働を積極的に利用することによって低廉な生産費をまかなっている。従って家内労働法の制定が単に家内労働者の保護の問題にとどまらず、生産費を高めるものとして資本の反撥をうける。すなわち家内労働に対する法的規制が、そのまま上下の系列につらなる経済機構に対する法的規制を意味するものとしてはね返ってくるのである。

さらにわが国における家内労働の難点として、それが本質的に一般労働者の低賃金や潜在失業につらなっている点を指摘しておかなければならない。われわれは、先に家内労働が、若干の工芸品のごとき伝習的な技術ないし手工的熟練を要するものを除いては、大半のものが家庭の、主婦、失業者、未亡人等によって行われ、或いは農家の副業として営まれていることを示したが、このことは家内労働が過剰労働力によって営まれ、潜在的失業の現象形態として現われていることを意味するものである。これを別の角度から表現するならば、家内労働は本質的にわが国の低賃金構造の上になり立っているということができる。すなわちわが国においては世帯主の賃金だけに家族が依存できず、家族ぐるみの労働によって辛うじて一家の生計が支えられているという関係にある。そこには職を求める家族員の潜在的な労働力が都市や農村を問わず厖大な形で存在し、中小企業や家内労働の労働力の恰好の給源を形成している。従って家内労働者に対する法的規制を行うことは、同時にわが国の低賃金構造や雇用問題にメスを入れることになる。家内労働法の審議が容易にはかどらず、その前途が必ずしも楽観を許さないのは、わが国の家内労働が、このように深い根をもっているからであるとみるべきであろう。

　このことはまた、単に家内労働法だけを制定すればすべてが解決するという問題ではなく、一般的な窮乏化、慢性失業と関連する経済政策、雇用政策或いは社会政策等と家内労働法が密接なつながりを有することを意味する。従って少くとも基本的な態度としては、一般労働者の生活条件を向上せしめ、或いは社会保障を充実する等の措置を講じつつ、これとの総合的な関連において家内労働法が問題とせられるのでなければならないであろう。

　しかしそれだからといって雇用の安定が行われ、勤労者の生活条件が向上し、社会保障が充実せられるまで家内労働法の制定が遷延されてよいということにはならない。現在のごとく野放しの状態で家内労働が放置されるかぎり、わが国の機構的な低賃金はいつまでも克服せられないであろう。現在の段階においては、家内労働の非合理かつ無秩序な状態をまず規制するだけでも家内労働法制定の意義は十分に認められる。僅かな収入を求めて日夜身心をすり減らす主婦や未亡人、或いはこれを手伝う児童の将来の健康を考えるだけで家内労働がもはや一刻も放置することのできない問題であることが分かるであろう。ましてそこに仲介人の二重、三重の搾取が存在する場合には、かかる前近代的な関係の是正からも家内労働法が要請されていることを知るのである。われわれは家内労働法の制定が以上のごとき意義を有するものとして、家内労働法案の今後の行方を見守りたい。

六　最低賃金・家内労働法案をめぐって

昭和四二年五月一五日、中央最低賃金審議会は、「現段階における最低賃金制の取り扱いについて検討した結果、(1)現行最賃制の中心である業者間協定を向う二年間で全廃し、審議会方式に切替える、(2)将来の最賃制のあり方については、この間引き続き検討し、できるかぎりすみやかに結論を出す」という公益委員案を総評側委員欠席のまま了承し、早川労相に答申した。労働省ではこの答申に基づき最低賃金法の一部を改正する法律案を閣議決定のうえ、五月二七日、衆院に提出した。一方、全国全産業一律最低賃金制を主張する総評は、「答申は絶対に容認できない」として、五月三一日にはストライキを含む統一行動を組むとともに、国会審議の過程で社会党を通じて反対闘争を強化することを決定、社会党もまた、五月二〇日には、政府案に対抗して最低賃金法案並びに家内労働法案を衆院に提出し、ここに再び最低賃金法の問題が大きくクローズアップされるようになった。

最低賃金法は、昭和三四年に制定されて以来、八年を経過したが、四一年一二月末現在で、一二、四一三件、適用労働者数は五、三〇二、二〇一人におよんでいる。そのうち業者間協定方式によるものは、一二、〇八三件、その地域的拡張方式によるもの三一六件、協約の地域的拡張方式によるもの六件、審議会方式によるもの八件という数字が示すように、最低賃金の決定は、そのほとんどが業者間協定方式に基づいている（第一表）。しかし、「業者間協定では、最低賃金制の施行の対象がなかなか広がらない」、最賃制を「拡大する必要があるのだけれども、なかなか拡大できないというところにきている」（「最低賃金制度の改正」有沢発言、ジュリスト三七五号）といわれている。

第１表　産業別最低賃金決定状況（昭和41年12月31日現在）

産業	件数				適用使用者数	適用労働者数
	9条	10条	11条	16条		
	件	件	件	件	人	人
計	2,083	316	6	8	382,357	5,302,201
製造業	1,460	207	6	4	175,470	3,853,904
食料品製造業	315	49	—	—	23,918	382,413
繊維工業	216	26	4	—	39,329	720,780
衣服その他の繊維製品製造業	89	12	—	—	12,013	217,365
木材・木製品製造業	112	16	—	—	23,934	307,244
家具・装備品製造業	74	12	—	1	9,792	90,455
パルプ・紙・紙加工品	39	6	—	—	3,252	57,745
出版・印刷・同関連産業	64	31	—	—	13,912	247,697
化学工業	10	1	1	—	497	91,630
石油製品・石炭製品製造業	1	—	—	—	39	512
ゴム製品製造業	3	—	—	—	88	10,172
皮革・同製品製造業	6	1	—	—	854	14,019
窯業・土石製品製造業	90	12	1	—	7,898	165,097
金属・機械等製造業	373	34	—	3	35,270	1,457,774
その他の製造業	56	7	—	—	3,842	57,101
各種製造業	12	—	—	—	832	33,900
漁業・水産養殖業	13	2	—	—	2,798	24,396
鉱業	37	3	—	2	2,346	141,634
建設業	71	14	—	—	16,319	135,428
卸売小売業	177	4	—	—	39,226	296,222
運輸通信業	17	2	—	—	3,128	88,689
サービス業	243	84	—	2	138,604	623,344
前記の業種に分類できない大企業の下請	48	—	—	—	1,457	75,609
その他	17	—	—	—	3,009	62,975

（資料出所）昭和42年版『労働白書』。

第２表　最低賃金（法第９条）の金額階級および決定時期別件数

（昭和39.12.31現在）

決定時期／金額階級	計	35年	36				37				38				39					
		1〜12月	1〜3	4〜6	7〜9	10〜12	1〜3	4〜6	7〜9	10〜12	1〜3	4〜6	7〜9	10〜12	1〜3	4〜6	7〜9	10	11	12
計	1,679	4	1	3	3	11	25	39	72	88	110	113	202	188	282	173	186	38	45	96
円 200〜209	2	1	—	1	—	—	—	—	—	—	—	—	—	—	—	—	—	—	—	—
210〜219	2	—	—	1	1	—	—	—	—	—	—	—	—	—	—	—	—	—	—	—
220〜229	2	—	—	—	—	—	1	—	—	1	—	—	—	—	—	—	—	—	—	—
230〜239	15	—	—	1	1	4	3	2	2	—	2	—	—	—	—	—	—	—	—	—
240〜249	6	1	1	—	—	—	2	2	—	—	—	—	—	—	—	—	—	—	—	—
250〜259	32	2	—	—	—	1	2	6	11	—	9	1	—	—	—	—	—	—	—	—
260〜269	22	—	—	—	—	2	—	6	4	4	3	8	—	—	—	—	—	—	—	—
270〜279	40	—	—	—	—	3	—	3	12	11	1	5	4	—	1	—	—	—	—	—
280〜289	56	—	—	—	1	—	4	3	6	10	10	10	9	1	2	—	—	—	—	—
290〜299	8	—	—	—	—	—	—	1	1	—	2	1	1	1	1	—	—	—	—	—
300〜309	323	—	—	—	—	1	8	11	15	29	27	37	59	47	44	31	11	1	1	1
310〜319	58	—	—	—	—	—	1	—	5	1	8	4	7	13	11	7	1	—	—	—
320〜329	185	—	—	—	—	—	3	5	8	14	15	10	38	17	38	15	18	1	2	1
330〜339	124	—	—	—	—	—	—	—	1	2	4	12	23	25	22	13	10	4	2	6
340〜349	56	—	—	—	—	—	1	—	1	2	4	6	8	6	7	7	7	4	—	3
350〜349	223	—	—	—	—	—	—	—	6	9	7	7	16	24	57	31	44	5	7	10
360〜369	101	—	—	—	—	—	—	—	—	2	6	7	9	15	17	16	13	3	6	7
370〜379	35	—	—	—	—	—	—	—	—	—	—	3	7	3	3	5	9	1	1	3
380〜389	116	—	—	—	—	—	—	—	—	1	12	3	9	15	21	12	20	6	5	12
390〜399	2	—	—	—	—	—	—	—	—	—	—	—	—	1	1	—	—	—	—	5
400〜419	171	—	—	—	—	—	—	—	—	2	—	3	10	15	43	24	35	5	11	23
420〜439	51	—	—	—	—	—	—	—	—	—	—	—	1	1	11	9	10	4	3	12
440〜459	22	—	—	—	—	—	—	—	—	—	—	1	1	2	1	1	5	2	4	5
460〜479	11	—	—	—	—	—	—	—	—	—	—	—	—	—	1	1	1	1	1	6
480〜499	2	—	—	—	—	—	—	—	—	—	—	—	—	—	—	1	—	—	—	1
500〜519	11	—	—	—	—	—	—	—	—	—	—	—	—	—	—	—	1	1	2	5
520〜539	1	—	—	—	—	—	—	—	—	—	—	—	—	—	—	—	—	—	—	1
540〜559	—	—	—	—	—	—	—	—	—	—	—	—	—	—	—	—	—	—	—	—
560〜579	—	—	—	—	—	—	—	—	—	—	—	—	—	—	—	—	—		—	—
580〜599	—	—	—	—	—	—	—	—	—	—	—	—	—	—	—	—	—	—	—	—
600以上	2	—	—	—		—	—	—	—	—	—	—	—	—	1	—	1	—	—	—

（注）　本表は昭和39年12月末の業者間協定に基づく最低賃金の金額分布であり、途中改正されたものについては39年12月末の最低賃金額に改正された時期に改正された金額で計上してある。
（資料出所）　労働省「最低賃金実施状況」。

他方において業者間協定に基づく最低賃金の内容は、第二表が示すように逐次増大の傾向をみせてきた。昭和三七年の労働白書によれば、「三五年以前に決定されたものは、その七五・六％が改正を終り、その際概ね二〇―四〇％程度賃金が引上げられている」といわれているが、改正の主な原因としては、「近年高度経済成長は、賃金水準、生活水準の一般的向上をもたらすとともに、その結果生じた若年労働力の慢性的不足のため、年功序列型のわが国賃金体系において最底辺であった新規学卒者の初任給が急激に上昇してきたので、最低賃金の改正はこれらのすう勢に呼応してその実効性を高めるために行なわれた事例がほとんどである」（給与月報、一七巻二号、二七―二八頁）という点に求めらるべきであろう。つまり業者間協定に基づく最低賃金の改正は、余りにも低くきめられた賃金では、もはや労働者を募集することができないがための業者の自衛策にほかならなかったのである。しかしその際最低賃金審議会では中央最低賃金審議会の昭和三八年八月「最低賃金制の今後のすすめ方について」の答申の線にそって、余りにも低い最賃を避けるという趣旨から重点対象業種を指定し、その業種については最低賃金額のめやすともいうべきものを決め、行政指導によって業者間協定の改定を行なわせた。したがって「業者間協定といいながら、実は一六条方式をいくらか取り入れたような形になってきている」（前掲有沢発言、ジュリスト三七五号）という事実ができ上ったのである。

最低賃金法の制定に際し、石田労働大臣は提案理由をつぎのように説明している。「最低賃金制の確立は、ただに低賃金労働者の労働条件を改善し、大企業と中小企業との賃金格差の拡大を防止することに役立つのみでなく、さらに労働力の質的向上をはかり、中小企業の公正競争を確保し、輸出産業の国際的信用を維持向上させて、国民経済の健全な発展のために寄与するところが大きいのであります。」「過去においてわが国輸出産業がソーシャル・ダンピングの非難をこうむったのは、わが国労働者の賃金が低位にあると喧伝されたからであります。かかる国際的条件を考えましても、この際最低賃金制を実施することはきわめて意味があると考えるのであります」（第二八回国会衆議院社会労働委員会議録第一〇号六頁）。すなわち国際的信用を高めるという配慮が、最賃法の制定には大きな要因をなしていたのである。こういった国際的な配慮は、わが国が先進工業国の地位を買われてＩＬＯ理事国となり、貿易の自由化、ＯＥＣＤへの加盟を始めとするいわゆる開放経済へと移行するにつれてますます高まって行った。

このような情勢の中で、「最低賃金の実施を受け入れることのできるような社会的経済的基盤を育成する必要がある」（昭三二・二・一五労働問題懇談会「最低賃金に関する意見」）ということから採用された業者間協定方式が、ＩＬＯ二六号条約、同三〇号勧告に照して妥当なものであるかどうかという疑問が出てきたのは当然である。中央最低賃金審議会は、先に昭和三八年八月の「最低賃金制の今後のすすめ方について」の答申の中で、昭和四一年度末以降の最賃制のすすめ方については、中小企業の実態、産業別、職業別等の最低賃金の普及状況等を勘案して改めて綜合的に検討する必要がある旨の指摘を行なっていたが、労働省は、この答申の趣旨やその後の労働経済事情の変化などを勘案して、四〇年八月中央最低賃金審議会に「最低賃金制のあり方について」諮問を行ない、さらに重ねて「最低賃金法がＩＬＯ二六号条約に適合するよう答申をしていただきたい」旨を依頼するとともに、同年一〇月、山手労働大臣は、中央最低賃金審議会の総会において、最低賃金の基本的検討についての問題点をあげて諮問の趣旨を説明した。

そこで最低賃金審議会では、直ちに最低賃金基本問題特別小委員会を設け、最賃制のあり方についての検討を行なわしめることとした。

一方、総評系の春闘共闘委員会は、四〇年一月二二日に最賃共闘委をひらき、「政府に全国一律最賃法制定の態度を明確にさせる」、「そのため、対政府交渉を強化し、強力な統一行動を組織する。社会党を通じ、全国一律最賃法を提出し、その成立をはかる」という基本目標をたて、二月から四月にかけて集会、デモ、時限スト、集団陳情等を含む第三次にわたる統一行動を実施した。また総評は、同年七月の定期大会において全国一律最賃制の確立の緊急性を強調し、その後評議員会で最賃の金額を一万五千円に決定した。そして、このような最低賃金制の闘争の一環として、最低賃金審議会のボイコットを行なうことを決め、四〇年一〇月からは中立労連の委員とともに最低賃金基本問題特別小委員会の審議を拒否した。これに対し、最賃制に対する基本的態度として「現行業者間協定方式を脱却して産業別もしくは職業別の全国最賃と一般的な最低賃金を一六条方式＝審議会方式を中心として定めるよう、早急に法改正の必要がある」旨を決定していた同盟は、審議会のボイコットこそ行なわなかったが、審議の過程で産業別もしくは職業別の全国最賃を主張した。

このような種々の意見の対立を前にして、最賃審議会では、現在のところ最賃方式について答申を出すほどに意見は煮詰まっていないが、諮問をうけてから二年近くになるし、また三八年の答申では四二年度までに現行法を改正するのが望ましいと述べていることから、さしあたって中間答申を出すべきだという公益委員の意見により、ほぼ有名無実となった業者間協定を廃止して一六条方式にするという線で、経営者側委員と話合い、つぎのような中間答申をまとめた。

「　記

一　最低賃金の決定方式について、業者間協定に基づく最低賃金方式及び業者間協定に基づく地域的最低賃金方式は廃止するものとすること。

二　最低賃金審議会の調査審議に基づく最低賃金は、これまで他の方式により決定することが困難又は不適当な場合に限り設定することができることとされていたが、その制限を除き、必要により、最低賃金審議会の審議に基づいて設定できるものとすること。

三　最低賃金審議会は、二による調査審議を行なう場合には関係労使の意見をきくものとし、また、労働大臣又は都道府県労働基準局長の決定に先だち、労働協約に基づく地域的最低賃金方式の場合の異議の申出に準じ、関係労使は異議の申立をすることができるものとすること。

四　法律施行の際に存する業者間協定に基づく最低賃金及び業者間協定に基づく地域的最低賃金は、法施行後おおむね二年間程度はその効力を有し、従前の例により改正又は廃止できるものとするが、新設はできないものとすること。この場合において、新たに二により最低賃金が決定されたときは、その適用を受ける労働者については、存続している業者間協定に基づく最低賃金又は業者間協定に基づく地域的最低賃金は失効するものとすること。」

この中間答申に対しては、総評・中立労連は、中間答申が　①全国一律制を事実上否定しようとするものであること、②職権方式（一六条方式）を、最低賃金がもっとも必要な労働者に全面的に適用するとは考えられないし、行政的介入が強められる。③職権方式をもってＩＬＯ二六号条約を批准し、もってこの方式を長期固定化し、全国一律制の実現をおくらすことになる、として反対し、業者間協定を二年後に廃止するという点にとらわれず、全国一律の最賃法制定にむかって、社会党をとおして国会で闘う態度を決定した。

この線にそって社会党は、最低賃金法案および家内労働法案を提出したが、それはつぎのような内容のものであった。

①　わが国のように産業別、業種別、地域別の賃金格差がはなはだしく、低賃金労働者が多数存在する状態のもとでは、それぞれの最低賃金を定めることは最低賃金制度の効果を半減せしめることから、全国全産業一律制のものとすること。

②　最低賃金は、労働者の生計費（原則的には標準家族の必要生計費）と一般賃金水準等を考慮して決定すること。

③　最低賃金の決定および改正は、行政委員会の性格をもつ最低賃金委員会に権限をもたせることとし、同委員会は、労使同数の委員と、その三分の一の公益委員をもって構成すること。

④　最低賃金委員会は、六ヵ月に一回必要生計費および一般賃金水準に関する調査を行ない、その結果を公表し、必要生計費が三％以上増減したときには最低賃金の改正を決定すること。

一方、家内労働については、社会党が「最低賃金法の底にフタをしたという形で」三二年に最賃法案と並んで家内労働法案を提出して以来、漸く世人の注目をひくようになってきたが、三四年に、労働大臣は学識経験者からなる臨時家内労働調査会に対し、家内労働の実態の把握、家内労働対策樹立のための根本的検討を行なうよう依頼した。同調査会は、四〇年一二月に「わが国家内労働の現状に関する報告」を提出し、①社会経済事情の変化に即応しつつ、適時、有効な施策を講じ、かつ法制的措置を含む総合的家内労働対策の樹立について検討をすすめるための調査審議機関を設けることが必要である、②行政措置として、(イ)家内労働者の工賃の最低額を保障し、ひいては最低賃金の有効な実施を確保するため、最低工賃の決定をすすめることとし、さしあたり雇用労働と競合するもので、対象となる家内労働者数の多いものから着手することが適切である、(ロ)家内労働についての公正な競争を期するため、委託者間で標準工賃額を申し合わせる標準工賃制度をすすめるとともに、工賃決定に関連のある資料を整備し、公表することなどにより、工賃の適正化をはかるべきである、(ハ)家内労働者の労働時間を適正化するため、一定の地域内の同種の事業を営むものについて、家内労働者をも含めて、始業・終業時刻の申し合わせを勧奨するなど、実態に応じた効果的な指導をすすめるべきである、(ニ)委託者と家内労働者間の委託条件をあらかじめ明確にするため、家内労働手帳などの普及をはかるべきである、(ホ)家内労働については、使用する機械設備や原材料などに危険有害なものがあるので、家内労働者の安全をはかり、健康が保持されるような措置を講ずべきである、(ハ)家庭外で働くことが困難な未亡人、主婦、身体障害者、高令者等が内職に就く場合の諸条件を改善するため、内職の相談、斡旋、苦情処理、技術指導などの機能を拡充強化すべきである等の示唆を行なった。これに基づいて労働省は翌四一年六月二七日労働省設置法の改正を行ない、家内労働に関する重要事項を調査審議するための機関として、家内労働審議会を設置することを定めた。

他方社会党は、最低賃金法案を補完するものとしてつぎのような内容の家内労働法案を提出した。

① 同法案の適用範囲は、同居の親族以外の者を使用しないで家内労働に従事する者に限ることとし、事業主がこれら家内労働者に物品の製造等を委託する業を営む場合は、行政当局に届出るべきこと。

② 家内労働者には家内労働者手帳を交付し、労働条件などを委託に際して明記させ、委託者の不正を規制すること。

③ 家内労働者の最低工賃は、同党提出の最低賃金法案による一般労働者の最低賃金額に見合う額とし、都道府県労働基準局長が、地方家内労働審議会の議を経て決定すること。

④ 家内労働者の労働時間、危険有害業務の委託等について規制を加えるとともに、労基法の大幅な準用により、労働条件の改善をはかること。

⑤ 家内労働者が団結して労働条件等につき委託者(団体)と協約の締結等の交渉をするため、家内労働者組合を組織することができることとし、これに労組法の規定を準用するとともに、家内労働関係の当事者間において争議行為が発生した場合における、あっせん、調停について規定したこと。

昭和三四年に最賃法が制定されたときの学界、労働界の最大の反対理由は、労働者の参加しない業者間協定方式を中心とする同法が最賃制の名に価いしないという点にあった。その虚偽性がその後の運用の中で明らかにされ、これを改正して国際的な基準に近づけようという動きが出てきたことは、それなりに評価してしかるべきものであろう。

今日、労働市場の構造や経済事情の変化から、大企業と中小企業の賃金格差がかなり縮小し、とくに若年労働力の不足から学卒者の初任給については大幅な接近をみせている。年功序列型の賃金体系をとるわが国においては、広範な規模での最賃制を樹立する社会的経済的な基盤ができ上っているとみてしかるべきである。最賃制を全国全産業一律のものにするか、産業別、職業別、地域別にするかの差は、所詮、最賃を本来の意味での文化的な生活を保障するに足る賃金にするか、企業の支払能力に力点をおいたものにするかという考え方の差に帰着する。最賃制のあり方としては、全国一律制がのぞましいことは、いまさらいうまでもない。しかし資本の側がそれを恐れるのは、支払能力というよりは、全国一律の最賃制が、中小企業の組織化を促し、全国的な労働者階級の賃金改定の政治闘争を惹き起こす点にあるといってよいであろう。したがって全国一律の最賃制の確立は、労働者階級のよほどの組織的な力の高まりがみられないかぎり、極めて困難である。

現段階において、全国一律方式を即時樹立することが、かりに困難であるとするならば、産業別の統一交渉により協約の地域的拡張方式（労組法一八条）を通して最賃制を確立せしめていくと同時に、未組織の、あるいは組織力の弱い中小企業においては、審議会方式を活用し、審議会での審議を団体交渉の理念に近づけることにより、格差をなくしていく努力をつみ重ねることが必要なのではなかろうか。

七　労働者派遣事業法制化の問題点

一　まえがき

行政管理庁が、昭和五三年七月、「企業等に労働者を派遣して請負業務を処理する」「業務処理請負業」の増加を前にして、「労働者の労働条件の確保、雇用の安定など、労働者の利益が十分確保されることを前提として適切に対処する方策を確立する必要がある」旨の勧告(1)を行って以来、労働省は、諮問機関を設けてこの問題の検討を重ねてきた。すなわち、五三年一〇月には、職安局長の諮問機関である労働力需給システム研究会を発足させ、同研究会は、五五年四月に、労働者派遣事業を一定の公的規制を加えたうえで、「労働力需給システムの一つとして制度的に確立していく必要がある」という提言(2)をまとめた（以下「システム研究会報告」という）。「労働者派遣事業の制度化」の問題は、ついで労働者派遣事業問題調査会の審議に委ねられ、同調査会は、五九年二月、職安局長に対して審議結果の報告書（以下「調査会報告」という）を提出した。労働大臣の諮問機関である中央職業安定審議会は、直ちに、右報告書の趣旨を踏まえて、「労働者派遣事業の適正な運営と派遣労働者の就業条件の整備のための具体的規制措置の内容を検討するとともに、民間の労働力需給調整システムの整備の方策についても併せて検討するため」に、小委員会を設け、同委員会は五九年一一月に「労働者派遣事業問題についての立法化の構想」（以下、「立法化構想」と呼ぶ）を作成、同審議会の了承をえた。これをうけて労働省は今月（六〇年二月）五日、「労働者派遣事業の適正な運営の確保及び派遣労働者の就業条件の整備等に関する法律（仮称）案要綱」（以下「法案要綱」という）を作成、中央職業安定審議会に諮問した。伝えられるところによれば、「今月中旬にはほぼ諮問通りの答申が行われる見通しで……三月上旬には、法案として国会に提出されることになりそうだ。」（六〇・二・六朝日）とのことである。いわゆる「人材派遣業の認知」の問題も、いよいよ大詰めをむかえたわけであるが、関心をもって推移をみまもってきた者の一人として、若干の感想と意見を述べることにする。

（1）　行政管理庁「民営職業紹介事業等の指導監督に関する行政監察結果に基づく勧告」。
（2）　労働力需給システム研究会「今後の労働力需給システムのあり方についての提言」。

二　基本的な視点

一　労働者派遣事業が増加してきた経済、社会的背景およびそれが果している役割のとらえ方は、「システム研究会報告」、「調査会報告」ともほとんど同じであり、「立法化構想」は、当然にこれを前提としている。すなわち、増加の原因として、労働者側（労働力供給側）については、①自分の専門的な知識、技術、経験を活かしてスペシャリストとして働くことを希望する者が増加してきたこと、②自分の都合の良い日や時間に都合の良い場所で働くことを希望する者が増加してきたこと、③事業所の人間関係にわずらわされずに働くことを希望する者が増加してきたこと等を挙げ、企業側（労働力需要側）の変化としては、①経済社会活動の高度化、多様化に伴い専門化してきた仕事の中に、専門的な知識、技術、経験を有する者に行わせる必要のある分野が増加してきたこと、②これらの分野については、一般の従業員とは異なる雇用管理を必要とし、あるいは特別の教育訓練を行わなければならないため、自社の従業員に行わせるよりも外部に委ねた方が効率的に処理されること等をあげている。そして、派遣事業は、現実の経済社会活動の中で、①労働力需要・供給双方のニーズに応えていること、②一般労働市場の下では雇用の機会に乏しい中高年齢者や家庭の主婦に対して雇用の機会を提供していること、③特定の企業にとっては一時的にすぎない労働力需要を複数の企業にわたってつなぐことにより、労働者にとっては継続した雇用が確保されていること等の役割を果し、「特定の業務に適合した需給調整を迅速に行う」という「他の既存の需給調整システムでは必ずしも円滑に対応できない機能」を果たしているという積極的な評価を下している。しかしながら、現行法の下では、これらの事業は、形式的には請負の形態をとらざるをえないため、労働者の就業実態に照らしてみると、派遣元、派遣先のいずれが使用者としての責任を負うのか不明確であり、労働者の保護に欠ける事態が生ずるおそれがある。したがって「労働力需給の迅速かつ的確な結合を図り、労働者の保護と雇用の安定を図るためには、労働者派遣事業を労働力需給調整システムの一つとして制度化し、そのために必要なルールを定める必要がある。」（立法化構想）と結論づけているのである。

今日、派遣労働者の多くが低賃金と無権利状態におかれ、なんらかの保護を必要としている点については何人も異論のないところであろう。したがって「労働者の保護と雇用の安定を図るために」真に必要であるのならば、「労働者派遣事業を労働力需給調整システムの一つとして制度化し、そのために必要なルールを定める」ことには一定の意味がある筈である。しかし現実には、使用者側こそ、派遣先、派遣元、労働者の三者間の法律関係を明確にし、実態にマッチした運営が可能になるとして賛意を表明しているもの(2)の、労働者側については、法制化は、職安法四四条違反の違法状態を追認し、不安定雇用労働者を増大させるものにほかならないとする根強い反対の声が解消したわけではない。そうだとすればどこに問題があるのかを検討課題とせざるをえないであろう。

二　労働者派遣事業は、「システム研究会報告」が、「この種の形態は、造船業や鉄鋼業などの『社外工』のうち作業請負の一部や建設業の『労務下請』の一部などでみられてきた現象で、これと類似した形のものが、今日、多くの分野に拡大してきたことに留意しなければならない」と正しく指摘しているように、基本的には臨時工、社外工問題であり、わが国のいわゆる経済ないし労働市場の二重構造にかかわる問題である。その意味では古く、かつ未だに解決されていないという点で新しい問題なのである。

資本主義経済に不可避の景気変動による雇用量の調整は、生涯雇用を建前とするわが国においては、古くから臨時工および下請の利用という形で行われてきた。典型的には鉱山、土木建築、港湾荷役等に伝統的にみられた組夫制度は、鉄鋼、造船、電機といった近代的企業にも採用され、主として満州事変以後急増した臨時工とあいまってわが国の経済を下から支えてきた。大企業にみられる生涯雇用、年功序列型賃金という「日本的雇用」は、経済的には臨時工、下請労働者の存在があって初めて可能であったとすらいいうるのである。

強制労働、中間搾取の禁止の理念に支えられた戦後の職安法が、とくに納屋制度、タコ部屋に代表される下請という名の人夫供給事業を許容する筈はなく、民主化の理想にもえた終戦直後の占領軍当局は、とくに労働者供給事業の禁止に情熱をもやしていた。「労働ボス」を絶滅し、下請労働者を直傭にするようにという指導が日本の行政当局と一体となって徹底して行われた。「労働ボス」は、そのために、形式上中間管理職にとり立てられ、下請労働者は帳簿上では直傭に切りかえられた。しかし、実態は従来とほとんど変らなかった。(3) 景気変動や危険の分散を図るために伝統的にとられてきた重層的下請制度は、利潤の追求を生命とする企業にとっては「不可欠の必要悪」ともいうべきものであるがゆえに、上からの取締りや指導だけでは容易にはなくならなかったのである。占領終結時の昭和二七年に行われた職安法施行規則四条の改正は、このような歴史的な背景をもつものであった。右の改正によって、労働者供給事業の規制に関する運用の基本方針は大幅に改められ、請負契約の認定基準が緩和されるとともに、労働者供給事業の禁止業務が極めて慎重に行われるようになった。その結果、朝鮮戦争を契機に急増した臨時工と並んで、昭和三〇年代を通じ、「貸工」ないしは「貸付工」と呼ばれる社外工が重化学工業を中心に激増して行ったのである。

昭和三〇年代に初まる世界的規模での技術革新は、オートメーション、ME化と続き、わが国の産業構造を一変した。驚異的な経済の高度成長により雇用構造も大きく変った。かつての臨時工は、パートタイマーという名の女子労働者に代わり、社外工は、派遣労働者としてあらゆる業種業態に入りこむようになった。経営の合理化、「減量経営」はこれに拍車をかけ、外注下請化が進む中で、業務処理請負という形での人材派遣業が急成長をとげたのである。

三　もちろん、これらの労働者派遣事業が完全に野放しにされていたわけではなく、労働組合の外注下請化反対闘争の過程で申告をうけた職安、基準局当局は、それなりに口頭ないし文書による是正のための指導、勧告を行っているし、(4)花王航空事業事件のように「労働者供給事業を行うとともに、業として他人の就業に介入して利益を得た」として職安法四四条、六四条四号および労基法六条、一一八条一項により有罪の判決をうけた例（東京地判昭和五三・一〇・一七）もある。またマネキン紹介事業を営むXが「百貨店その他の大型小売店等において取扱う商品の企画、宣伝、販売の受託」を目的とする会社を設立したが、東京都労働局職業安定部の職員から、その事業内容は職安法の禁止する労働者供給事業に該当するおそれが強いため、事業内容を大幅に変更するか、その実行を断念するようにとの強い勧告をうけた結果、解散に追いこまれ、損害を蒙ったとして行政指導の違法性を理由に国および東京都に対し損害の請求を行った藤久事件において、東京地判昭和五六・二・二七（判例時報一〇一三号五二頁）は、「①自己の支配下にある労働力を、②他人の求めに応じて他人に提供し、③その使用に供するという実態がある限り、その契約の態様が請負契約の形式をとると否とにかかわらず、それを業として行えば同法四四条の禁止する労働者供給事業になる」旨を明らかにしたうえで本件の場合は作業に高度の専門性のないことから「施行規則四条一項四号に照らしてみても」「労働者供給事業に当るおそれが強かった」と認定し、指導内容が適正であったことを理由に請求を棄却している。さらにいくつかの民事訴訟を通じ、親会社（派遣先）と下請（派遣）労働者との間に実質的な指揮命令（使用従属）関係が存在するかぎり、親会社を労基法および労組法上の使用者と認めていこうとする法理は次第に定着し、業務請負業者から親会社に派遣された労働者が、派遣を打切られ、就業を拒否されたために派遣先との労働契約関係の存在を主張して争った地位保全仮処分事件においては、黙示的に労働契約が成立しているとみる判例(5)がつみ重ねられて行った。

派遣労働者、派遣先、派遣元の三者間の法律関係は、派遣先と労働者との間に指揮命令（使用従属）関係がみられるかぎり、法的には極めて明確であった。すなわち、高度の専門性をもたない派遣事業の多くは現行法の下では違法な労働者供給事業であり、指揮命令関係が存在するかぎり、派遣先は派遣労働者に対する関係で使用者としての責任を免れえないのである。派遣事業の制度化を行う場合には、まずこのような法的な現実から出発し、判例や学説がつみ重ねてきた合理的な法的ルールを立法によってより明確にするという基本的な視点を貫くことが必要である。確かに労働者派遣事業に経済的メリットがあるかぎり、これを全面的に禁止することは至難の業であろう。とくにわが国においては、いわゆる経済の二重構造との結びつきをもっているだけに規制は困難をきわめるといってよい。しかし労働力需給の構造的変化が労働者派遣事業の急増をもたらしたとしても、現状を安易に追認することなく、職安法の理念に照らして労働力需給システムの中で他にオールタナティブはなかったのか、歯止めとなるものはないかを考究し、少くとも不安定労働者の創出を増長するような方向での制度化はやめなければならない。

（1）　日経連「労働者派遣事業の制度化」労働経済判例速報一〇五八号二頁。

（2）　総評弁護団「職安法改正『提言』の問題点」季刊労働者の権利一九八〇年九月号九六頁以下、同「『労働者派遣事業制度』の公認に反対する」季刊労働者の権利一九八二年一〇月号一一三頁以下。総評六二回臨時大会「労働者派遣事業構想に反対する決議」（一九八一・二・五）、中立労連「労働者派遣事業の制度化に関する申入れ」（一九八三・一一・一五）、労働者供給事業関連労組協議会「労働者派遣事業の立法化の構想に対する反対意見」等。

（3）　例えば昭和二三年当時、ある建設会社の東京の作業現場では、賃金は一括してかつての親方に支払われ、現場の会計係が大量の三文判で労働者各人に直接支払ったように帳簿上の処理をしていた。占領軍当局、労政当局の教育指導に合わせるかのように、「下請労働者」に対しても、労働監督の際には「直傭されている」といえ、「賃金は直接もらっている」といえという教育が会社側と親方によって徹底して行われていた。これは、私が実際に見聞したことであるが、その後の聞きとりにより、かなり一般的に行われていたように思われるのであえて記録にとどめておくことにする。

（4）　例えば民放関係では、昭和五〇年に八件、五一年に九件の職安申告が行われ、いずれも勧告が出されている（井上幸夫「民間放送会社における下請・派遣労働」季刊労働者の権利一九八三年九月号二六頁以下）。

（5）　新甲南鋼材工業事件・神戸地判昭和四七・八・一労判一六一号三〇頁、教育社事件・東京地八王子支決昭和五〇・一二・二五、近畿放送事件・京都地決昭和五一・五・一〇労判二五二号一六頁、青森放送事件・青森地判昭和五三・二・一四労民集二九巻一号七五頁、サガテレビ事件・佐賀地判昭和五五・九・五労判三五二号六二頁、等。

三　若干の問題点

一　労働力需給システムの中では職安の効率は極めて悪く、昭和五三年度を例にとると入職経路別入職者数の割合は一九・八％、就職率七・五％、一般有効求人に対する充足率一二・六％にとどまる（1）。一方、法的に唯一つ認められている労働組合の労働者供給事業も、わが国の組合が基本的には正規の従業員中心の企業別組合であること、また許可基準が複雑かつ厳格であること等の理由から、五八年三月現在で僅かに三六組合が許可をうけているにすぎない。労働者派遣事業は、いわばこの間隙をぬうような形で労働力需給システムの中に入りこんできたのである。安定所が、多くの業務処理請負業者が払ったのと同じような人員と経費を、パートバンク、シルバーバンクにそそぎ、もっときめ細かな職業紹介を行っていれば、多少は様子が変ったかも知れない。行革路線の中でこれを望むのは夢物語というべきであろうが、安定所の効率の悪さをいうなら、その原因と改善策をまず考えてみるべきであろう。また、地域別、職種別、あるいは産業別の労働組合協議会に労働者供給事業の許可をもっと容易に与えていれば、また事情は変ったかも知れない。労働組合に対してのみ労働者供給事業を許可制で認めているのは、中間搾取、強制労働のおそれがないとされているからである。そうだとすれば、労働組合の地域別、職種別の組織を始め、制度的に組合に準ずるような民主的構成をとる職能団体に無料で労働者供給事業を営むことを認めても、営利目的の派遣事業を公認するよりは弊害が少いように思われる。

「立法化構想」は、有料職業紹介の許可職業を「労働力需給の表情に適合するよう」見直すことを主張しているから、「社会的要請があるもの」として生まれてきた現在の労働者派遣事業の多くは有料職業紹介として位置づけることが可能であろう。許可制を通じて「健全な運営の確保」にあたれば、労働力需給システムの中では一定の役割を果すことが期待できる。職業紹介であれば、法的には紹介先の使用者責任は一目瞭然であるし、手数料に一定の規制が加えられているから、「業としての派遣事業」を認めるよりは中間搾取の弊害は少いといってよい。

なお、減量経営や合理化からきたものであるとはいえ、外注下請化が、純粋に仕事の結果のみの利用を目的とし、下請労働者との間に指揮命令関係をもたない請負契約の場合には、下請労働者が劣悪な労働条件の下におかれているとしても、下請労働者の保護は別個に解決しなければならない問題であって、労働者派遣事業にかかわるものではない。

このようにみてくると、「立法化構想」が「当面検討の対象として考えられる」としている業務例一四の大部分は、請負や、有料職業紹介、労働組合の労働者供給事業という既存のシステムを改善することによって十分に賄いうるものである。この枠をこえ、いわば職安法の理念をゆるがすことにもなりかねない労働者派遣事業を公認・制度化しようとする場合には、既存のシステムや理念ではなぜ駄目であるかという説得的な理由が述べられなければならないであろう。

二　「立法化構想」は、「労働者派遣事業」を、「労働者派遣契約に基づき、自己の雇用する労働者を派遣し、他人に使用させることを業として行うもの」と定義づけ、「労働者派遣事業と労働者供給事業との関係については、現行法の労働者供給事業のうち、供給元と労働者との間に雇用関係があるものは労働者派遣事業となり、供給元と労働者との間に雇用関係がないものが労働者供給事業となる。」と述べている。「労働者供給事業のうち」となっているから、右の文章を素直に読むかぎり、労働者派遣事業は基本的には労働者供給事業であるが、労働組合が行う労供事業と区別する意味で派遣事業という概念がたてられたものとみてよいであろう。そうだとすれば「なお、労働者供給事業については、労働組合が行う場合を除き、今後とも禁止する」と述べている部分が空疎にひびく。ともあれ、例外的な場合に限定するとはいえ、営利目的の労働者供給事業を派遣事業という形で認めようとする以上、職安法上の労働者供給事業禁止の原則が空洞化するほどの大きなインパクトをもつという事実の認識から出発していくことが必要である。

「立法化構想」が、派遣元と労働者との関係を雇用関係、派遣先と労働者との関係を使用関係ととらえているのは、ヨーロッパ諸国における臨時労働者の派遣事業のとらえ方と同一である。しかし、ヨーロッパ諸国では、派遣先は委任の法理によって派遣元の使用者としての権限の一部を取得し、行使するという法的操作が加えられ、同時に使用者責任も引きうけるという構成がとられている。わが国では「指揮命令をうけて労働に従事する」という使用従属関係の存在をメルクマールとして使用者性を認定しており、とくに出向においては二重の労働契約論が有力に主張されてきたのである、「業とする」という点を除けば、派遣事業の労働関係は出向と類似したものであるから、かりに派遣事業を認める必要があるというのであれば、派遣先と派遣労働者との間にも派遣契約を条件とする労働契約が成立することを明記し、とくに資力に乏しい派遣元が倒産その他の理由による賃金の不払を起したときの責任や、労災の損害賠償責任、派遣先の労働条件に関する派遣労働者との団交応諾義務等を派遣先も免れえないこと等を確認的に明らかにしておくことが必要であろう。なお、ヨーロッパ諸国においても、派遣業者が賃金、税金、社会保障経費等の未払ないし滞納を行ったときは派遣先が連帯して責任を負うとされていることを付記しておこう。

三　「立法化構想」では登録型の派遣事業（一般労働者派遣事業）を許可制とし、常用雇用型の派遣事業（特定労働者派遣事業）は届出制として扱うこととしている。「システム研究会報告」では、「労働者派遣事業を行う者は、派遣労働者を『雇用期間の定めのない労働者』としてこれと雇用契約を締結し、その雇用の安定化を図り、社会、労働保険が適用できる内容のものとする」として「登録」形態を否定し、常用化を必要条件とする提言を行っているから、「立法化構想」や「法案要綱」では大幅に後退したと評せざるをえない。また「立法化構想」・「法案要綱」では、常用雇用型の派遣事業であれば届出制でよいとしている点で、許可制を提言した「システム研究会報告」はさらに後退を重ねているのである。

登録型の派遣事業と常用雇用型の派遣事業が同一市場で競争したときには、勝負は目にみえている。常用雇用型ではコストが著しくかさむからである。常用雇用型の派遣業者が、仕事がないときに、果して最低六割の休業手当の支払を行うであろうか。恐らくは仕事がなくなれば直ちに解雇ということにならざるをえないであろう。また、恐らくは常用雇用型の派遣業者も、募集した労働者を待機という形でそれとなく把握しておき、仕事があったときに初めて雇用契約を結ぶという登録型と実質的に変らない営業を届出制のメリットを生かしつつ、行うようになるであろう。これらは、派遣労働者の雇用の安定には決してつながらないのである。

中間搾取のおそれがない労働組合の労供事業でさえ許可制になっているのに、労働力のリースのみを業とする派遣事業に、たとえ常用型であるとはいえ、届出制を認めるのは職安法の体系上理解に苦しむところである。自己の雇用する労働者を他人に使用させるという点では類似性をもつ出向が、今まで労働者供給事業との関係で問題とされてこなかったのは、そこに「業として行う」という営利性が介在しなかったからである。労働者供給事業禁止の建前を維持するのであれば、派遣事業はあくまでも例外的な措置であることを明確にし、許可制も維持すべきであろう。

四　「システム研究会報告」以来、労働者派遣事業が急増した要因について、主として労働者側（供給側）と企業側（需要側）の事情が述べられているが、派遣業者の側の事情は述べられていない。端的にいって派遣事業の急増の原因の大半は、それが、元手いらずに手軽に開業できるという点にある。技術革新の先端を行くソフト会社でさえ、コンピュータはリースで賄うことができるし、ビルメンの清掃の場合には、バケツとモップさえあれば明日からでも開業できるのである。とくに現在もあり余っている女子労働者や高齢者の場合には、派遣事業にとって唯一の資本ともいうべき人材はたちどころに集るのである。労働力の供給の過剰なところほど、派遣事業の新規参入が激しく、相乗効果を起しつつ、単価の切下げ、一層の低賃金へとつながっている。このようなしくみからすれば、労働組合の労供事業が行われている同一市場に、派遣事業が進出すれば、受注単価の切下げという経済法則により、派遣会社が労働組合を駆逐することになるであろう。派遣労働者の低賃金が派遣事業のしくみそのものに帰すことはできないとしても、派遣事業が本質的にこのような性格をもっていることを直視し、労働者保護のために、労働条件については、一定の歯止めを設けることが必要である。派遣労働の場合、少くとも派遣先における同一価値の労働と同一の賃金を保障する立法的な措置を設けることは一考に価するであろう。

（1）　システム研究会報告参考資料4表、5表参照。

（2）　この点につき、高梨昌「労働者派遣事業と職安法改正問題」（季刊労働法一二〇号六五頁）は、「このような規制を加えれば、派遣会社は、雇用主としての責任が強まり、手待ち時間が生じないように、派遣先を開拓すると同時に、常時いずれかの企業へ派遣するよう努力するはずである。この結果、雇用が安定し、常用労働者並みに、労働・社会保険の完全適用の道が開けることは確実である。」という評価を加えている。

第一一章　解　雇

一　被解雇者・求職者の保護

一　現代法と被解雇者・失業者・求職者の保護

1　市民法上の雇用

かつてのデスポティズムにたいするリアクションとして起こってきた一八世紀後半の社会思潮は、人間の意思にたいするすべての障害を取り除くことを提唱し、「人は生まれながらにして自由である」（フランス人権宣言一条）という自由・平等の個人主義をブルジョワ革命の政治的イデオロギーとして採択せしめた。すなわち、個人の幸福は、個人が社会的な紐帯を一切断ち切り、社会的に孤立し、平等の基盤に立った自由な活動を営むことによって始めてえられると考えられたのである。

このような個人主義の哲学が、新たに起こってきた資本主義経済の発展をいたるところで阻害していた従来の封建的な政治経済機構を打破し、職業の自由・労働の自由を確立して資本主義的企業発展の素地を切り開くという経済的な必然性に媒介せられたものであることはいうまでもないであろう。政治社会において自由な個人は、経済活動においても自由人であり、かつ平等人でなければならなかった。市民法は、かかる経済活動の自由を守護すべき任務を引き受けるものとして誕生してきたのである。経済的・政治的自由の理念は、法律的には意思自治の原理・

契約自由の原則として表現せられ、すべての法律関係は、個人の意思に窮極的な根源を有し、契約と、社会契約によって設けられた国家の制定する法のみが、法律状態をつくりうるとされたのである。経済社会にレッセ・フェールの法則が支配するごとく、法秩序においても、契約自由の原則が支配して始めて自然の調和が保たれるというのが市民法の出発点であった。

したがって市民法上の雇用は、あくまでも自由・平等な独立の法的人格者が労働市場において相対し、当事者の一方が「労務の提供」を約束し、相手方がこれにたいして「報酬の支払」を約束することによって成立する対価的な交換関係（債権的双務契約）として把握された。すなわち、

(1)　市民法上の雇用は、相互に自由・平等・独立の法的主体者間の契約によって成立する。近代社会の労働者は、もはや奴隷のように他人の所有物ではなく、また農奴や僕婢のように他人に身分的に従属しているものでもない。労働者もまた雇主とともに等しく市民社会を形成しているのである。すべてが商品化せられる資本主義社会にあっては、労働者は、労働力という商品の所有者として、生産手段の所有者たる使用者と同じ商品所有者たる資格において相対し、自由意思により雇用契約を締結するのである。

(2)　雇用が対等な人格者間の自由な契約であるためには、労働力の所有者は、常に一定の時間をかぎってのみ労働力を販売しなければならない。なぜならば、一括して労働力を売り渡すことは、自己自身を販売することにほかならず、商品所有者から商品に、すなわち自由人から奴隷の地位に転落することを意味するからである。そのために各国の立法は、契約期間についての最高限度を規定している。(1)

(3)　さらに雇用は、両当事者間の自由な契約である点に大きな特色を有する。市民社会における契約自由の原則の一環として成立する雇用契約は、契約の成立から、内容・消滅にいたるまでのすべてが当事者の自由な意思の合

致によって決定さるべきものであった。

2　雇用の社会的・経済的機能

雇用契約関係における以上のごとき自由が、ブルジョワ的な要請に導かれていることは改めて述べるまでもないであろう。

かつて都市手工業の強化と発展にあずかって力のあった封建社会のギルドも、商品生産が発達し、市場がひろがるにつれて次第に生産力の発展をさまたげるようになってくる。独占的な地位を維持せんとするギルドの規約は、かえって手工業者の創意と技術の発展をはばみ、競争の制限は組合内部に多くの腐敗を招いたのである。封建社会の内部から力強く生まれてきたブルジョワジーは、経済的な実力を次第に身につけるとともに、自由主義的なイデオロギーを理論的な武器としつつ、ブルジョワ革命をとおして資本主義的生産の発展を阻害していた封建的な諸制度を打破し、新たな資本主義社会を樹立した。そこにおいては、一切の封建的束縛の打破・労働の自由の確立は最高の命題ともいうべきものであったのである。

(1)　市民社会においては、すべての人は生まれながらにして自由・平等・独立の存在であり、なに人にたいしても身分的支配服従の関係にはたっていない。このことは同時に、もはやだれもかれの生活を保障すべき義務をおわず、生活はすべて個人の責任において営まれなければならないことを意味する(生活個人責任の原則)。かくて無産の大衆は生きるために仕事口を求めて奔走し、資本主義の発展に不可欠の自由な労働力が大量に創出されたのである。しかも、生まれてから一人前になるまでの年少者や働けなくなった老人の生活は、家族制度によって支えらるべきものとされ(家族法上の扶助扶養の義務)、労働力の再生産は家族の責任に委ねられたのである。

(2)　市民法上の雇用は、あくまでも両当事者の自由な契約に基づいて成立すべきものであった。もちろん労働者は、奴隷と異なり、自己の労働力を自由に処分しうるという意味で完全な自由を享有する。しかしまた労働者は、他方において「生産手段の所有からも自由」であり、労働力の処分権を生産手段の所有者に譲渡することによる以外には労働力の価値を実現することができない。換言すれば、労働者の自由とは、雇主を選択しうる自由にすぎず、雇主を持たざる自由ではないのである。ローマの奴隷は、鉄の鎖で所有者に繋がれていたが、資本主義社会の労働者は、「見えざる糸」によって階級全体としての使用者に繋がれている。しかも封建社会の被支配階級が、屈従と賎蔑をともなっていたとはいえ、ともかくも生活の保障を有し、競争の外に立っていたのにたいし、資本主義社会の自由な賃労働者は、競争の渦中に投げこまれ、飢餓の自由を享有するのである。このような事実上の経済的差異を背景に、自由な雇用契約は、使用者があらかじめ一方的に定めた条件を一括して受諾するか否かという不自由かつ不平等な契約へと転落せざるをえなかった。かくて自由な契約は、現実には劣悪な労働条件と悲惨な労働者階級の生活状態を生み出したのである。

(3)　雇用において給付を約束される労務とは、「他人の需要をみたすための、目的意識を有する人間の活動」[(2)]であると定義づけることができる。しかし労働力は人間と不可分離の関係にあり、人間の生活の一部分を形成しているのである。したがって、たとい時間をかぎってのことであるとはいえ、その期間、労働者は使用者にたいして自己の全人格の給付を約することになる。

一方、労働者は、労働時間中、使用者の支配に服し、その指揮命令にしたがわなければならない。使用者の命令は、本来、使用者のもとにおいて労働者が働くという事実に由来したものにすぎないが、生産が複雑な分業・協業に基づいて行なわれるようになるにつれ、使用者の命令は、進んで労働過程それ自身の遂行に必要な条件となる。

労働者が全人格を労働過程に投じ、使用者の命令に服するや否や、労働は労働する人間個人の社会的機能ではなくなり、本人以外の、すなわち資本家の機能となるのである[3]。

(4)　雇用が奴隷的な拘束に陥らないようにするため、市民法においては、有期契約について期間の最長限が画され、期間の定めのない契約については、当事者はいつでも解約の申入れができることとなっていた[4]。このような雇用の終了に関する原則が、企業経営上の利益を守るための資本家的な要請に導かれていることは改めて述べるまでもないであろう。使用者が、不満足な労働者を常に解雇でき、経済情勢の変動に応じて、余分になった労働者をいつでも解雇しうることが、利潤の追求を本来の使命とする資本主義社会の企業にとっては不可欠の要件と考えられたのである。

3　被解雇者・失業者・求職者保護法の発生

雇用における市民法上の原則は、手工業的な規模の小企業と、望むならばいつでも他に職を求めることのできた職人的なタイプの労働者しか知らなかった資本主義社会の初期においては、さほど大きな矛盾は生ぜしめなかった。しかし資本主義経済の発展が加速度的に進み、大企業と階級的に固定化してしまったおびただしい賃金労働者群が輩出するにおよんで、雇用に関する市民法上の原則にも大きな修正の必要性が生まれてくる。

(1)　市民法においては、雇用は、あくまでも対等な当事者間の自由な契約としてとらえられていた。そこにおいては、有産者と無産者、資本家と賃金労働者という現実の経済的差異ないし対立は一切捨象され、ただ抽象的な対等の人格者間の自由な契約という原則が空中の楼閣のように擬制せられていた。雇用における法と現実との矛盾は、資本主義社会の進展につれて多くの社会問題を惹起し、婦人・年少者の労働時間の制限に始まる就業労働者保護法を成立せしめる。

(2)　労働市場においては、かつての職人タイプの熟練工は姿をひそめ、やがて近代的な賃金労働者が登場する。そして同時に資本主義経済の運動法則による産業予備軍がつぎつぎと創出されるのである。構造的に生み出されてきた失業は、時の経過とともに慢性化し、深刻化する。労働市場全体としてみた場合に、かなりの量の労働力が換価できず、放任すれば荒廃してしまう状態におかれるのである。

(3)　労働市場がその供給側に膨大な失業をかかえるようになると、売手と買手とのバランスは当然に崩れ、労働力の価格は下落する。一般の商品の売買においては、原則として、その価格の上昇・下降を通じて需給の調整が行なわれるが、「労働力」という特殊な商品の売買についてはこのような事態は期待することができない。なぜならば賃金が下落すれば自動的に労働力の供給が減少し、あるいは労働力にたいする需要が増えるという関係にはないからである。かくて失業の慢性化にともない、労働市場における需給調整機能は麻痺状態に陥り、資本主義社会の発展のために不可欠な健全な労働力は危殆に瀕せしめられる。ここから労働市場における不均衡と摩擦を是正するための国の雇用政策が出発する。職業紹介事業の拡充と整備、各種の雇用機会の創出、職業訓練などの施策は、いずれも労働市場における労働力の需給調整を目標とするものであった。

(4)　失業が慢性化してくれば、解雇は労働者とその家族の生活に深刻な打撃を与える。労働者は企業にしがみつこうとして、劣悪な労働条件にも甘んじ、使用者にたいし、卑屈なまでの隷属と忠誠を示す。労働条件の向上と労働者の人格の解放のためには、なににもまして解雇の自由が抑制されなければならなかったのである。

(5)　労働者の生活にとって重要なことは、就労していること自体である。労働者の立場からすれば、就労の保障が第一であり、就業条件についての保障は第二である。ここから、「働かせろ、食わせろ」という要求、すなわち労働権、生存権の要求が生まれ、これを推し進めるための積極的な組合運動が展開せられる。かくて、被解雇者・失業者・求職者を対象とする独自の法の分野が市民法の修正として形成せられるのである。

（1） たとえば、フランス民法一七八〇条は「何人ト雖モ一定期間又ハ一定企業ノタメノ外、ソノ役務ヲ約スルコトヲ得ズ」と規定して終身の契約を禁じているし、日本の民法も六二六条において、雇用の期間が五年以上に定められているときであっても、普通の雇用契約では五年、商工業見習者の雇用契約の場合には一〇年経てば、いつでも解除できると規定して、間接的に最長期の制限を付している。

（2） Sinzheimer, H., Grundzüge des Arbeitsrechts, 2. Aufl., 1927, S. 6 f.

（3） 労働生産物の所有権が、直接、生産者たる労働者に存せず、資本家に帰属するゆえんはここにある。

（4） 民法では、「当事者カ雇傭ノ期間ヲ定メサリシトキハ各当事者ハ何時ニテモ解約ノ申入ヲ為スコトヲ得」（六二七条一項本文）とし、また「当事者カ雇傭ノ期間ヲ定メタルトキト雖モ巳ムコトヲ得サル事由アルトキハ各当事者ハ直チニ契約ノ解除ヲ為スコトヲ得」（六二八条本文）と定めている。

二　被解雇者の保護

1　解雇における市民的法理の動揺

市民法においては、雇用契約は売買や賃貸借と全く同列の債権契約としてとらえられていた。したがって雇用契約の終了も、第一に契約法の一般法理に服する。すなわち、①当事者の債務不履行を理由とする解除、②約定期間の満了または仕事の完了、③合意による解約、などがそれである。このほか雇用契約に関する特殊的法則によって、①期間の定めのない雇用契約にあっては、当事者はいつでも解約の申入をすることができる（民法六二七条）し、②

期間の定めのある雇用契約においても、やむを得ない事由があれば、当事者はただちに契約を解除することができる（民法六二八条）という法律構成がとられている。

しかしこのような市民法的法理は、市民社会のその後の社会的・経済的条件の変動により修正を迫られる。

(1)　その一つは、資本の側における事情の変化である。かつての手工業者は、自己の選択するところにしたがい、自由に製品を変更し、あるいは職業を中止することができたが、産業資本主義が確立し、資本の集中と独占が進んで大企業が各所に生まれるようになると、有機的に組織された巨大な物的施設が逆に人間を統轄し、たとい経営者は変わっても企業は一つの社会的制度として固定化し、長期にわたる商品生産が継続的に行なわれるようになる。(1)

このような経済的・社会的条件の変動は、雇用関係の安定を——総資本の意思を媒介としつつ——新たに打ち出し、労働契約の終了に関する法原則の修正を迫る。たとえばフランス労働法典一巻二三条（一九二八年七月一九日法）は、「使用者に法律上の地位の変更が生ずる場合、とくに相続、売却、合併、資本の移転、会社設立等の場合であっても、変更当日に効力を有していたすべての労働契約は、新事業主とその従業員の間にも存続する」と規定し、普通法上の原則により、当然に契約関係が消滅するとみられていた使用者（契約当事者）の死亡、会社の合併、営業譲渡等の当事者の変更においても労働契約は存続する旨を明示の規定をもって定めているが、(2)雇用安定の要請の法的な表現の一つとみてさしつかえないであろう。

(2)　解雇の自由は、使用者にとって不満足な労働者を排除し、健康で能率的な適格者とおきかえる自由として機能していた。それは、さらに、「解雇の脅威」を背景に使用者にたいする忠勤と隷属を要求し、職場規律を維持する手段として使われたのである。しかし工場制生産制度が確立し、労働力が機械力の体系によって統轄せられるようになると、労働の態容は単純化し、労働者の個性が問題となりうる余地はほとんどなくなってくる。同時に職場規律の保持と能率の向上は、「解雇の脅威」に依存する必要がなくなり、労務管理は、より科学的な他の原理に求められるようになる。すなわち、解雇自由の原則は、資本の側にとってもそれほどの比重をもたなくなってくるのである。

(3)　解雇の自由が、使用者にとって不適格とされる労働者を排除し、経済情勢の変動に応じて余分となった労働者を削減する人員整理の自由として機能したのにたいし、市民法上これと対比せしめられる労働者の退職の自由は、全く空疎な響きしかもたなかった。資本主義社会の経済法則として産業予備軍が構造的に生み出されてくるにつれて、労働者の退職の自由は、実は、自己とその家族の生存の道を断たれる「飢えの自由」にほかならないことが明らかになるからである。ここから労働権ないし生存権の要求が生まれ、解雇の自由を実質的に制約するための労働者の団体的な行動が始まる。不当な解雇や人員整理にたいしては、解雇反対闘争をもって対抗し、あるいは労使協議制、事前協議制によって、事前にこれを制約しようとする。また労働協約において解雇協議約款を設け、従来慣習によって積み重ねられてきた解雇予告期間をさらに有利に改訂し、あるいは解雇が正当な事由に基づくことを要求する。(3)

(4)　一方、国家自体も、労働者階級の労働権・生存権確保の要求に呼応するかのごとく、労働力の保全、雇用の安定に熱意を示し始める。労働協約により開拓せられ、確立された解雇制限の法理は、いくつかの立法（たとえば、解雇予告期間の法定、業務上の傷病者・妊産婦の解雇制限など）となって現われるほか、大量解雇をなんらかの形で制約する立法(4)ないし政策となって登場する。

独占資本主義の段階に入り、独占なるがゆえに、企業の公益性・社会性が強まると、雇用の安定はますます国の関心事となるのである。

2　日本の解雇問題

わが国の労働関係は、終身雇用制、年功序列型の賃金をもって特色づけられている。すなわち、いったん企業に採用されれば、よほどの事情のないかぎり、定年まで雇用せられることが暗黙のうちに前提せられ、賃金も退職金も勤続年数が長くなればなるほど急カーブを画いて上昇するしくみになっている。また社宅をはじめとする企業内の福利厚生施設は完備し、労働者の定着性を著しく高めるものとして機能しているのである。このような条件のもとにおいては、職場をかわることは労働者にとって想像以上のマイナスである。かりに同じような条件の職場がえられたとしても、これまでの勤続によって蓄積してきた諸利益（勤続給・退職金など）は一挙にして失われ、労働者はまたゼロから出発しなければならない。個別的に細分化せられた封鎖的な労働市場をもつわが国においては、労働移動において、労働者が上昇移動を示す場合は皆無にひとしく、ほとんどの場合、下降移動しか行ないえないのである。つまり、中高年齢層の労働者の再就職が困難であることは世界的な傾向であるが、わが国においては、とりわけその道は険しいのである。とくに労働者が社宅に入っている場合には、予期に反する定年前の解雇は、生活の設計を狂わせ、労働者を一家もろとも絶望のどん底に追いやる。

したがって、わが国の労働者は、とくに首切りには敏感であり、組合運動も解雇反対闘争を中心に展開せられてきた。このことは戦後の大争議のほとんどが首切り反対闘争をめぐって生起していることからも明らかであろう。

労働者の解雇反対の闘いは、戦後の労働法の形成にも大きな影響を与えている。戦後経済の再建方式をめぐって、企業合理化＝人員整理という安易な資本家的方式に対抗するため、労働者は一方において、経営協議会や産業復興会議、経済会議の設置によって労働者の犠牲によらない経済の再建を提唱するとともに、「組合員を解雇する場合には、組合と協議しなければならない」、あるいは「組合の同意をえなければならない」という解雇協議約款ないし解雇同意約款を協約に設け、同時に、かかる有利な協約を永続させるための自動延長約款（「この協約は、新協約が成立するまで有効とする」）を挿入することを忘れなかった。しかし、昭和二四年の労働組合法の改正によって自動延長約款が強行的に無効とせしめられ、協約上の解雇協議約款が奪われると、余後効の理論がもち出され、あるいはかつて就業規則に設けられていた解雇協議約款が援用された。学界における余後効論議や、就業規則の本質についての論争は、かかる背景をもっていたのである。協約や就業規則による「協議」という武器を奪われた労働者は、個々のケースごとに解雇反対闘争を進めていかなければならなかった。それらは、あるいはレッド・パージの復職闘争となって現われ、あるいは使用者の懲戒権・解雇権行使の当否、人員整理における解雇基準の妥当性等々の争いとなって現われ、学界に豊富な素材を提供したのである。

日本の労働関係は、典型的には以上のごとき終身雇用制をもって特色づけられる。しかし、われわれはまた、他方において、日本の企業が多くの臨時工、見習、養成工、試用工、社外工、貸工といった本工以外の労働者をかかえていることを指摘しなければならない。景気の変動による労働力の需給の調節は、かかる臨時工によって行なわれており、これがわが国の終身雇用制を支える柱ともなっているのである。臨時工の雇用関係には、冷たい資本家的な計算が露骨に現われており、本工の労働関係のように、企業一家的な思いやりの衣はかぶされていない。企業別の組織をとる日本の労働組合は、本来、本工中心の組合であり、臨時工の利益は、運動の中には直接的には現われてこないのである。一番最後に雇われ、低賃金・長時間労働に甘んじ、そして一番先に首を切られる臨時工の問題は、労働法の次元では、現在までのところせいぜい解雇予告に関連してしか現われてはいない。

われわれは、以上のような解雇問題に潜んでいる日本的な特色を前提としながら、さらに、解雇の自由にたいして設けられた、①法令による制限、②自主法規（協約・就業規則）による制限にふれ、③このような制約がない場合に、なおかつ権利濫用の法理なり、正当事由の要請によって解雇の自由が制約されているかどうかを検討することにする。

3　特別労働者の解雇制限

解雇の自由を直接抑制する法令には、労基法一九条、労組法七条、労基法三条などがあるが、まず労基法一九条は、①労働者が業務上負傷し、または疾病にかかって療養のために休業する期間、およびその後の三〇日間、②産前産後の女性が同法六五条の規定によって休業する期間、およびその後の三〇日間、における解雇を禁止している。労働者が業務上の傷病や出産のために休業しているときに解雇されると、労働者の休養に精神的な打撃を与えるばかりでなく、労働者の生活の維持や再就職に困難を招くことになるからである。

右の解雇制限は、いわゆる私病の場合には適用されない。業務上の傷病で療養中に私病が併発し、そのために療養期間が長びくときには、業務上の傷病が私病と競合しなかったならば治癒したであろうと推定せられる期間プラス三〇日が経過すれば、解雇の制限は解かれると解されている(5)。

労基法一九条の解雇の禁止には、「解雇の予告」が含まれるかどうかについては、①同条は、解雇を制限しているだけであって解雇予告を制限しているのではないから、禁止期間後に満了すべき解雇予告を禁止期間内に発することは、法律上はさしつかえないという説(6)と、②「本条に定める三〇日の期間が、労働能力の回復に必要な期間として考えられている趣旨からみて、次条に基づく解雇予告が、完全な労働能力を持つ者に対しても、三〇日の予告期間を必要としていることとの釣合上、本条に定める期間中は、その期間中の解雇の意思表示を禁じたものとみ、従って、期間経過後に、はじめて次条に基づく三〇日の予告期間付きの解雇の意思表示を許すのが正しい(7)」という見解、および③「禁止期間中でも特に休業期間が終った後の三〇日の間に解雇の予告をすることは差支えない[8]」と解する説の三つが対立している。

労基法二〇条にいう解雇予告期間をどのようなものとして理解するかという点にもかかわってくるわけであるが、通説にしたがって、これを労働契約の解約告知期間であると解する立場に立つならば、禁止期間満了後に解雇するという予告は、告知期間つきの解約申入の意思表示（解雇）にほかならないから、一九条が禁止している「解雇」には、当然、解雇予告も含まれると解さなければならない。また一九条は、さきにも述べたように、業務上の傷病ならびに出産による休業期間中の労働者の生存権を守るという目的のもとに制定されているものであり、いわば健康上の弱者を対象としている。したがって、普通の健康人を保護の対象としている労基法二〇条の解雇予告の制度は、労働者が正常な健康状態に回復するまで、すなわち、療養のための休業期間およびその後三〇日、産前産後六週間およびその後三〇日間は、適用されないとみるべきであろう。休業期間経過後の三〇日間は、あくまでもリハビリテイションの期間であって、つぎの就職先を探すための期間ではないから、右の期間中に解雇予告をすることは許されない。一九条で規定する三〇日の期間を経過した後において、なお三〇日分の予告手当を支払うか、三〇日の予告期間をおかなければ、その労働者を解雇することはできないのである。

つぎに、使用者が、二〇条の解雇予告をした後に、一九条所定の解雇制限事由が発生した場合、解雇予告の効力はどうなるかが問題となる。

一九条の趣旨が、「制限期間中の労働者を、解雇＝失業の脅威による精神的打撃から救うことをも目的としているものとすれば、すでになされた解雇予告も休業の発生とともに当然失効するものと解するのが妥当と思われる[9]」とする説がないわけではないが、「この場合には解雇の効力発生が停止されるだけであって、前の解雇予告自体は当然に無効となるいわれはなく、本条による解雇制限期間経過とともに解雇の効力が発生するものと考えられる。ただ解雇制限期間が長期にわたり解雇予告としての効力を失うと認められる場合は、改めて解雇予告をする必要があると考えられる[10]」という見解が通説的な地位を占めている。いったん三〇日の告知期間をもって解約告知がなされた以上は、右の期間中に一九条所定の解雇制限事由が発生しても、そのことによって解雇予告が当然に失効するとは考えられない。休業期間およびその後の三〇日間は、解雇予告期間の進行が停止せしめられるだけであるとみるべきであろう。このことは解雇制限期間の長短によって左右されるものでもあるまい。したがって、解雇制限期間経過後、改めて解雇予告の手続をとる必要はないと解する。

労基法一九条は、解雇の制限について二つの例外を認めている。一つは労働災害による休業について使用者が労基法八一条所定の打切補償を支払った場合、もう一つは天災事変その他やむを得ない事由のために事業の継続が不可能になった場合である。右の二つの場合には、一九条の解雇禁止の規定の適用が排除される。

4　不当労働行為としての解雇

労組法七条一号は、使用者にたいし、「労働者が労働組合の組合員であること、労働組合に加入し、若しくはこれを結成しようとしたこと若しくは労働組合の正当な行為をしたことの故をもつて、その労働者を解雇」することを禁止している。解雇が労働者の生存にたいする大きな脅威を与えるところから、労働者の団体行動にたいする報復ないし制裁として解雇が利用されると、労働者の団結は致命的な打撃をうけ、団結権の保障は画に書かれた餅にひとしくなるからである。

団結権の保護についての国際的な最低基準を定めたＩＬＯ八七号条約が、一一条において、「この条約の適用をうける国際労働機関の加盟国は、労働者および使用者が、団結権を自由に行使できることを確保するために、すべての必要にして、かつ、適当な措置をとることを約束する」と定め、この原則をうけて制定された九八号条約が、二条において、組合員であることならびに組合活動に参加したことを理由とする解雇を禁止しているのは、使用者の反組合的な意思に基づく解雇が、生存権の実現を目的とする労働者の団体行動を抑圧することを卒直に認識したからにほかならない。

わが国やアメリカ、カナダのように、不当労働行為制度をもっているところでは、不当労働行為としての解雇にたいしては、行政救済の形で合目的的な措置（典型的には復職命令およびバック・ペイ）がとられる。[11] しかし、不当労働行為制度の存在しない国においても、多くの場合、組合の結成や加入、あるいは組合活動を理由とする解雇は、団結権を侵害する不当な解雇として司法上の救済が与えられているのである。[12]

ところで、使用者が、組合の結成や組合活動を嫌って特定の労働者を解雇したとしても、その理由を卒直にいう場合はまずない。その労働者の勤務成績が不良であるとか、職場規律に違反する行為をしたからだとか、人員整理の必要上解雇したのだというように主張するのが普通である。ここに使用者の主張する処分事由との競合の問題が起こってくる。学説上は種々の対立がみられるが、労働委員会や裁判所の主流を占める見解は、労働者側の主張する組合活動と、使用者側の主張する処分の事由の、いずれが解雇の決定的な原因をなしているかを探索していこうという点に求められている。しかしこのような見解（決定的理由説）では、運用のいかんによっては理論が形骸化されるという問題があるばかりでなく、使用者の団結権侵害の行為が見逃されるという欠陥が含まれている。団結権侵害の事実が存在する場合には、これを排除するのが不当労働行為制度の趣旨であることを思えば、反組合的な意思に基づいて解雇がなされたと推定せられるかぎり、使用者側の主張する処分事由（おおむね口実）のいかんを問わず不当労働行為は成立すると解すべきである。

また、ＩＬＯ勧告一一九号三項ｂは、労働者代表として行動したことを理由に解雇してはならない旨を定めているし、ドイツやフランスでは、経営協議会の構成員にたいしては特別な解雇制限が定められている。[13] このような動向を考慮に入れると、組合が企業別に組織せられ、組合活動が主として企業内において展開せられているわが国においては、とくに組合役員の解雇制限の問題は立法論としても再考されてしかるべきものである。

５　政治的信条などを理由とする解雇

労基法三条は、労働者の国籍、信条または社会的身分を理由として、労働条件について差別待遇することを禁止している。一般に同条にいう労働条件には解雇も含むと解されているから、使用者が右のような理由で労働者を解雇した場合には、所定（労基法一一九条一号）の罰則の適用をうけるほか、解雇は私法上無効となる。法の下における平等という近代市民法の基本原則が、解雇の脅威を背景に不当にゆがめられ、抑圧されるのを防ぐために設けられたのがこの規定である。なお、労基法三条は、人種、性別、門地を理由とする差別待遇については規定していないが、このような理由による解雇も、公序良俗違反として無効と解すべきである。

労働組合運動との関連でとくに問題になるのは、政治的信条を理由とする解雇である。労働運動は、なんらかの形で現状の変更を要求するものであるが、既成秩序にたいする反抗がややもすれば「アカ」呼ばわりをされ、権力にたいする反抗が罪悪であるとの支配階級のイデオロギーが国民の心情のなかに滲みわたっているわが国においては、組合の戦闘的な分子は、しばしば危険な「共産主義者ないしその同調者」のレッテルをはられ、「企業防衛のため」に犠牲に供せられる。信条による差別待遇の典型的な例は、朝鮮事変を契機として起こったレッド・パージである。それは日本国憲法の下においては、本来、発生することが予想もされない現象であるが、占領体制下という異常なベールにかくされて強行せしめられた。レッド・パージの法的な根拠を提供したものとみられている昭和二五年のマ書簡は、直接的には『アカハタ』の発行停止に関するものであったが、レッド・パージは新聞放送事業から始まって全産業におよび、わずか半年の間に約一万人もの戦闘的な分子が解雇せられた。

レッド・パージは、占領体制下においては、超憲法的なマッカーサー元帥の指令であるから合法であると判断せられていたが、講和後においても、不幸にして生産阻害者あるいは非協調的な者という名の下に、いわゆる「思想傾向好ましからざる者」が人員整理に際し、真先に槍玉にあげられる例が少なくない。

6　解雇予告

労基法二〇条は、使用者が労働者を解雇するには、原則として、少なくとも三〇日前に予告するか、もしくはこれに代えて、三〇日分以上の平均賃金（解雇予告手当）を支払わなければならないと定めている。

解雇予告の制度が、本来、雇用契約の解除における告知期間の制度に由来するものであることは改めて述べるまでもないことであろう。雇用契約における解約告知期間の制度は、各国において古くから主として慣習法を中心に発達してきたものである(14)。すなわち、継続的債権関係である雇用契約の即時の解除が、相手方にたいして思わざる損害を蒙らせる危険性のあることから、契約の解除に先立って相手方に予告する義務を課する制度として生まれてきた。それは、労働者にとってはつぎの仕事を見出すための期間として、また使用者にとっては新しい労働者を採用するための期間としての役割を果たすことが期待されていたのである。

しかし、その後の資本主義の発展に伴い、労使の社会的な勢力関係が一変すると使用者側の解雇予告期間にたいする考え方が変わってしまう。近代的な企業の要求する労働力は、もはや単純な未熟練労働で事足り、資本主義的な経済機構そのものがみずから創り出した豊富な労働力の存在は、資本が新しい労働力を求めるのになんらの不便を感じなくしてしまったからである。そこで使用者は経済的な優位性を背景に明示ないし黙示の合意という形で解雇予告期間を短縮し、あるいはこれを廃止する傾向を示し始める。

このような解雇予告期間の切下げにたいしては、労働協約が防波堤の役割を演じたことはいうまでもないが、他方、ドイツやフランスなどの大陸法系の国においては、保護法的な観点から、立法によってこれを規制しようとする動きが現われた。たとえばフランスにおいては、一九二八年七月一九日法（労働法典一巻二三条）において、「予告期間の有無およびその期間は、当該地方および職業における慣習に、慣習の存在しない場合は労働協約にしたがって決定される」、「慣習または労働協約を下回る予告期間を定める個別契約または就業規則のすべての条項は当然に無効となる」と規定し、従来の慣習による予告期間が、両当事者の合意、さらにはそれを擬制する就業規則によって破られ、事実上骨抜きになる危険性をはらんでいたのを是正し、職業別・地域別に行なわれている解雇予告期間に規範的な効力を付与した。(15)

わが国においては、民法六二七条において期間の定めのない雇用契約につき原則として一四日前に予告することを定め、特例として期間をもって報酬を定めた場合は当期の前半において次期以後にたいして予告すべきこと、六ヵ月以上の期間をもって報酬を定めた場合には三ヵ月前に予告すべきことを定めていた。しかしこの規定は、強行法規ではなく、当事者間の特約によって予告義務を排除または縮小することができると解されていたため、労働者保護について必ずしも十分なものとはいえなかった。そこで工場法施行令二七条ノ二は、「工業主職工ニ対シ雇傭契約ヲ解除セムトスルトキハ少クトモ十四日前ニ其ノ予告ヲ為スカ又ハ賃金十四日分以上ノ手当ヲ支給スルコトヲ要ス」と規定して、解雇予告義務を強行法規として義務づけるとともに解雇予告の金銭換価を認めた。労基法二〇条は、この規定を引き継ぎ、一四日の告知期間を、労働者保護の視点から、さらに三〇日に延長したものである。

ところで、解雇予告に関しては、いくつかの点が実際上問題になる。その一つは、有期契約と労基法二〇条との関係である。

解雇予告の制度は、①日々雇い入れられる者、②二ヵ月以内の期間を定めて使用される者、③季節的業務に四ヵ月以内の期間を定めて使用される者、④試の使用期間中の者、のように本来臨時的な性格をもった労働者には適用されないが、①の日雇労働者が、一ヵ月以上使用されているとか、②③の労働者が所定の期間をこえて引き続き使用されているとか、④の試用期間中の者が一四日をこえてなお使用されているような場合には、継続的な雇用関係にあるとみなされて解雇予告の制度が適用されるようになっている(労基法二一条)。かつては、ドイツやフランスにおいても、有期の雇用契約の更新が、解雇予告制度を免れるための手段として用いられ、使用者は、雇用契約は期間の満了により当然に消滅し、これとは別個の期間の定めのある雇用契約が新たに締結されているのであるから、解雇予告は行なう必要がないと主張した。わが国においては、日雇契約や二ヵ月以内の有期契約などについては、前記(労基法二一条但書)のような立法的な解決がはかられているわけである。しかし、臨時工の雇用契約を、一ヵ月ごと、あるいは二ヵ月ごとに更新するとか、二〇条但書に規定のない三ヵ月なり六ヵ月の雇用契約を締結して、これを更新するといった方法はしばしばみうけられるところである。さらに巧妙な使用者は、短期契約の更新の都度、前の契約がいったん切れたことを示すために若干の時間的な余裕(二、三日)をおき、あるいは近くの他会社と組んで、二ヵ月ごとに相互に交替で一定数の臨時工を恒常的に使用したりする。

学説の多くは、期間満了による契約の終了と解雇とは別個の法概念であるとしながらも、形式的に雇用期間を定めた契約が更新されていて、実質的に期間の定めのない労働関係が存在すると認められる場合には解雇の予告を必要とすると解している。そこには脱法行為の意思が推定せられるからである。困難なのは、期間満了の都度、若干の期間をおいて新たな雇用契約を締結している場合である。二企業が交替で特定の労働者を雇用している先程の例も、一つの企業についてみれば、一定の期間をおいて雇用契約を更新している場合と変りはない。しかしこのような場合でも、諸般の事情から、当事者間に雇用関係を継続せしめていこうとする意思があったと推定せられる場合には、実質的に雇用の同一性が保たれていると解してさしつかえないであろう。したがって、ある時期における雇用契約の締結の拒否ないし更新の拒絶は、実質的には解雇にひとしく、労基法二〇条の適用をうけると解すべきである。

つぎに、使用者が解雇の予告もせず、予告手当も支払わないで、労働者を解雇するという意思表示をした場合に、どのような法的な効果が生ずるかが問題になる。この場合、使用者が、労基法二〇条違反として所定の罰則(同法一一九条一号)の適用をうけることはいうまでもないが、右のような意思表示がいかなる効果をもちうるかについては、①労基法二〇条は強行法規であり、とくに解雇は労働者の生活に重大な影響を与えるゆえ無効と解する説[16]と、②予告制度は使用者に課せられた労基法上の義務であるが解雇の有効要件ではないとする有効説[17]と、③即時解雇としては無効であるが、その後三〇日を経過するか、または予告手当の提供があればその時から効力を生ずるとする相対的無効説[18]の三つが大きく対立している。判例では最高裁判決[19]が相対的無効説をとったために争いは一応の終止符をうった。しかし解雇予告の制度が、即時の解雇によって労働者が突如生活上の脅威にさらされることを防止しようとして設けられたものであり、かつ労基法二〇条が強行法規としての性格をもっている以上、同条違反の解雇は無効と解するのが素直な見方であろう。労働者の生存権を脅かすような違法な解雇はあくまでも無効であって、改めて適法な予告をするか、予告手当の提供をするのでなければ、前者の意思表示を後者の意思表示に転換してその効力を認めることは許されない。無効説にたいしては、労基法二〇条違反の解雇が無効であるとすれば二四条の附加金の制度の存在理由がなくなり、これと矛盾するという批判がなされている。しかし民事的制裁としての附加金の制度は、たとえば使用者が解雇予告の金銭換価を行ない、予告手当を支給して解雇するという意思表示をなしたために（現実に全額の提供がなされないかぎり解雇は無効であるが）、労働者が（つぎの就職先を探して）事実上職場を去り、解雇の無効は争わないという場合に、予告手当の支払いを確保させる手段として設けられたものであって、無効説といっこうに矛盾するものではない。

ところで、解雇予告の法的効果は、従来の期間の定めのない労働契約を期間の定めのある労働契約へと転化せしめることである。したがって、予告期間中といえども従前どおりの雇用関係が継続するわけであるが、予告期間中、労働者が完全に労働時間に拘束されるとすれば、つぎの就職先を探すためには、労働者は予告期間の終了までまつか、予告期間の中途において欠勤しなければならない。予告期間がつぎの労働契約を締結するまでの緩衝的な役割を果たすものとして生まれてきた経緯を考えれば、かかる解決方法がとくに労働者にとって不利であることはいうまでもないであろう。そこで、たとえばフランス、ドイツ、イタリアなどでは、労働協約において、予告期間の途中に賃金を失うことなくつぎの職を探すための時間（毎日数時間の早退を認めるとか、一日おきとか、あるいは月に五〇時間）を労働者に与えるようになっている。この点に関しては、ＩＬＯ勧告一一九号が七項一号において解雇予告（予告手当）に言及したうえで、同項二号において「労働者は、実行可能なかぎり、予告期間中に他の雇用を探すため賃金を失うことなく勤務に服さないことができる合理的な長さの時間を与えられる権利を有すべきである」と規定しているのは注目に値する。わが国においても再考を要すべき問題である。

なお、天災事変その他やむを得ない事由のため事業の継続が不可能となった場合、および労働者の責に帰すべき事由に基づいて解雇する場合には、労働基準監督署長の認定を経たうえで解雇予告義務を免れることができる。

7　就業規則・労働協約による解雇制限

解雇の自由は、以上のごとき法令による制限をうけるほか、就業規則・労働協約による制約をうける。

解雇は、使用者側にとっては企業経営上、不適格とされる労働者を排除し、経済情勢の変動に応じて余剰労働力を削減する自由として機能すべきものであった。前者は、通常、懲戒解雇として現われ、後者は人員整理となって現われる。しかし、これにたいしては、労働者側の生存権・労働権の要求に基づく反抗が大きく立ちふさがる。労働者側のプロテストは、団体交渉→争議行為→協約の過程を経て使用者の人事権を大幅に制約するようになるのである。

協約による解雇の制限にはいくつかの形態がある。

その一つは、解雇に正当な事由を要求することである。たとえば、アメリカではほとんどの協約[20]が、解雇が「正当な事由」(just cause) に基づくべきことを規定し、「公正かつ正当な理由」(fair and legitimate reason) がなければ、解雇は許されないという協約法上のルールが確立されている。そして、なにが正当な事由による解雇と認められるかは、多くの仲裁裁定によって具体的に明らかにされている。わが国においても、解雇の事由を具体的に列挙している協約が数多くみられるし、人員整理に際して解雇基準を特別に定める場合も多い。

その二は、解雇の手続を協約上規定し、解雇権の行使を慎重ならしめる場合である。解雇に正当事由を要求する条項が協約上もりこまれたのも、その発端は、使用者の恣意的な懲戒権の行使を制約するためのものであった。そこで、これに関連して、たとえば労使合同の特別委員会（賞罰委員会、懲戒委員会、経営協議会）を設けて審議せしめたうえで決定を行なうとか、組合に諮問したうえで決定するといった懲戒解雇の手続を規定する条項が生まれてくる。また一般的に解雇協議約款を設け、とくに人員整理にたいするブレーキの役割を果たさせようとする。

以上のような協約上の制約の法的な効果については、わが国においてはとくに解雇協議約款に関連して華々しい論争がくりひろげられた。しかし今日では、解雇が労組法一六条のいう「労働者の待遇に関する基準」に含まれることから、解雇を制約する協約上の諸規定は規範的な効力を有するという点で、判例・学説はほぼ一致するにいたったといってよいであろう。

一方、国家自体も保護法的な見地から、使用者の恣意的な解雇権ないし人事権の行使を制約するために、就業規則に懲戒や解雇に関する事項を規定すべきことを要求する。労基法八九条が、三号において「退職に関する事項」を絶対的・必要的記載事項とし、八号において制裁の種類および程度に関する事項を相対的・必要的記載事項としているのは、このことを示すものである。

労基法八九条三号にいう「退職」には、任意退職のみならず解雇も含まれ、定年制などと並んで解雇の事由・手続等についても記載しなければならないと解されている(21)。したがって就業規則には、第一に解雇事由を列挙しなければならず、それ以外の事由による解雇は許されない。また解雇手続についても、就業規則に規範的な効力が付与されているわが国においては、使用者はその制限に拘束される。人員整理に際して、整理基準を団体交渉によって協定した場合には、その整理基準は労働協約としての効力をもつが、使用者が一方的に整理基準を発表した場合に、その基準が使用者を法的に拘束するかどうかについては問題とされてきた。しかし、かかる形での整理基準の設定は、就業規則に定める解雇基準の具体的な細目を決定したものと考えてしかるべきものであるから、いったん設定された以上は客観的な法規として使用者を拘束するというべきであろう。

8　解雇の自由と権利濫用・正当事由

解雇に関する以上のごとき法令・就業規則・労働協約による制限に違反しなければ、使用者は自由に労働者を解雇できるのか、あるいは、なおかつ解雇は正当な事由がなければ行ないえないのかは、判例・学説上大いに争われてきたところである。

この点に関しては、①解雇自由の原則は、資本制経済を維持するための基本的原理である、したがって資本制社会を前提とするかぎり、解雇には正当の事由を必要としないとする解雇自由説[22]と、②完全雇用を私企業には要請できないが、生存権・労働権保障の建前から、あるいは家屋の賃貸借、婚姻のごとき継続的債権関係において正当な事由が法的に要請されていることの類推解釈から、解雇には正当の事由を必要とするという説[23]と、③資本主義社会を前提としているかぎり、解雇の自由も一つの合理的な要求であるから、解雇の自由は否定しがたいが、労働権・生存権の思想、企業の公益性・社会性などから、権利の濫用にわたる解雇は許されないとする説[24]の三つが対立している。判例の多くは、基本的には解雇自由論のうえに立ちながらも解雇権濫用の法理によって、解雇にたいするなんらかの制約を認めている。

たしかに資本主義社会を前提とするかぎり、企業は使用者の責任と計算において行なわれているわけであるから、しばしば職場秩序を紊すとか、能率の悪い労働者を排除したり、景気変動に応じて事業の規模を縮小したり、膨張したりする自由が使用者には与えられていなければならない。解雇自由の原則は、かかる資本制経済の基本的な要請にそうものである。しかし、一方において、個別資本による、自由な、かつ恣意的な解雇が行なわれると、それが労働者の生活に与える影響の大きさ、ならびに深刻化さからいって、労働者は家族もろともボーダーライン層に転落し、やがては健全な労働力が磨滅してしまうという事態が生じてくる。また、生きていくための要求に根ざす労働者の不当解雇、あるいは人員整理反対の争議は、資本と労働の組織化が進むにつれて長期化し、深刻化し、経済的・社会的にはかり知れざる損失を生ぜしめるのである。かくて雇用の安定は、国の経済政策・雇用政策のなかで重要な比重を占めるようになり、法的にも解雇の自由を抑制する原理が働くようになる。労基法八九条が解雇事由ならびに手続を就業規則に記載すべきことを命じているのは、解雇の自由にたいする社会的な制約の現われであると解することができる。[25] したがって労基法八九条の適用をうけない一〇人以下の労働者を使用する事業場においても、正当な事由がなければ解雇権を行使しえないという法的な要請が働いているとみてさしつかえないであろう。

（1）　Savatier, R., Les métamorphoses économiques et sociales du droit civil d'aujourd'hui, 1952, p. 30.

（2）　わが国においては、このような明文の規定がないために、営業譲渡や会社の合併などの場合に雇用関係が承継するかどうかについては争いが多い。しかし、肯定説のなかで、「労働関係は特定の経営者に対するというよりも企業そのものに結合したものというべきであるから、経営者たる会社が解散しても企業が廃止されずに新経営者がこれを承継して経営を続けている場合は、企業は実質的に同一性を保って存続していると認めることができるので、労働関係も承継されて新経営者との間に存続するにいたると解すべきである」（福山通運解雇事件・神戸地方裁判所昭和三五年八月一九日判決『労働関係民事裁判例集』一一巻四号、八四三頁）という裁判所の判断が現われていることは注目に値する。

（3）　たとえば、アメリカの労働協約はほとんどの場合、解雇が正当な事由（just cause）に基づくべきことを規定している。

（4）　たとえば、フランスの雇用解雇統制立法（一九四五年五月二四日命令）や西ドイツの解雇制限法はその一例である。なお、ＩＬＯ一一九号勧告一四項、参照。

（5）　日立製作所事件・水戸地方裁判所昭和二八年一一月一一日判決『労働関係民事裁判例集』四巻六号、五八九頁。

（6）　寺本広作『改正労働基準法の解説』二五四頁、一九五二年、時事通信社。松岡三郎『条解労働基準法』新版上、二二六頁、弘文堂。末弘厳太郎「労働基準法解説」、『法律時報』二〇巻三号。

（7）　吾妻光俊『労働基準法』八三頁、日本評論社。西村信雄他『労働基準法論』二二七頁、一九五九年、法律文化社。石井照久・萩沢清彦『労働法』一一八頁。

（8）　有泉亨『労働基準法』一四九頁、有斐閣。

（9）　西村信雄他、前掲書、二二八頁。

（10）　昭和二六年六月二五日基収二六〇九号。同旨、松岡三郎、前掲書、二二五頁。吾妻光俊、前掲書、八四頁。堀秀夫『改正労働基準法』九一頁、一九五三年、雇用問題研究会。阿久沢亀夫「解雇の予告と制限」、『労働法大系』五巻、二八三頁、有斐閣。

（11）　もっとも、わが国においては、組合の結成や加入、あるいは組合活動を理由とする解雇について、労働委員会による行政上の救済を求めるか、裁判所による司法上の救済を求めるかは労働者の選択にまかされている。労組法七条一号違反の解雇がなされた場合、裁判所に訴を提起すれば、解雇無効の判決が下されるのである。

（12）　たとえばフランスでは、組合加入および組合活動を理由とする解雇は、早くから権利の濫用を構成するものとされていた（Cass. civ., 20 mars 1929, S. 33. 1. 52; 2 juin 1937, S. 38. 1. 22.）が、一九五六年四月二七日法は、二条において、「すべての使用者は、とくに採用、監督、仕事の分配、職業教育、昇進、報酬、社会的利益の授与、懲戒および解雇の方法に関する決定を行なうにあたり、〔労働者の〕組合加入または組合活動の行使を考慮してはならない」と規定し、従来、判例・学説によって確立されてきた点を明確にしている。

（13）　ドイツでは解雇制限法および経営組織法によって、経営協議会の構成員にたいする解約告知は原則として無効とされている（横井芳弘「西独の解雇制限に関する法制」、『季刊労働法』一八号、参照）。またフランスでは、使用者が、従業員代表ならびに経営協議会の役員である労働者を解雇しようとする場合には、その旨を経営協議会に通告し、多数決による同意をえなければならず、同意がえられないときには、労働監督官にその旨を通告し、監督官の許可をえたときに始めて解雇できるようになっている（外尾健一「フランスの経営協議会」、『季刊労働法』一一号、参照）。

(14) 後藤清『解雇・退職の法律学的研究』一九三五年、南郊社。秋田成就「イギリスにおける雇用契約法の法理と解雇の運用」、『季刊労働法』一八号。外尾健一「フランスにおける解雇の法理」、『季刊労働法』一八号。横井芳弘、前掲論文。

(15) フランスでは、協約に解雇予告期間についての定めがなければ慣習によるわけであるが、そのために解雇予告期間を職業別・地域別に分類した数百頁の書物が出版されている。たとえば、Préau, Les délais de préavis, 1951参照。ただし、例外的に身体障害をうけた戦争年金者（一九二四年四月二六日法）、ジャーナリスト（一九三五年三月二九日法）、商事代理人（一九三七年七月一八日法）、門衛（一九三九年一月一三日法）については、法律により予告期間の最低限が定められている。外尾健一、前掲論文、参照。

(16) 松岡三郎、前掲書上、二五五頁。沼田稲次郎『労働法論』上巻、二八六頁、一九六〇年、法律文化社。本多淳亮『労働法演習』二二一頁、有斐閣。浅井清信『労働基準法違反の解雇』（総合判例研究叢書労働法3）、八八頁以下。寺本広作、前掲書、二五八頁。

(17) 吾妻光俊『解雇』四〇頁、勁草書房。西村信雄他、前掲書、二四四頁以下。

(18) 柳川真佐夫他『全訂判例労働法の研究』四七四頁、労務行政研究所。慶谷淑夫『労働基準法概論』一七八頁、寧楽書房。労働省労基局『労働基準法』上、二二三頁以下、労務行政研究所。

(19) たとえば、最高裁判所昭和三五年三月一一日判決（『最高裁判所民事判例集』一四巻三号、四〇三頁〔細谷服装株式会社俸給等請求事件〕）は、「使用者が労働基準法第二〇条所定の予告期間をおかず、また予告手当の支払をしないで労働者に解雇の通知をした場合、その通知は即時解雇としての効力を生じないが、使用者が即時解雇を固執する趣旨でない限り、通知後同条所定の三〇日の期間を経過するか、または通知の後に同条所定の予告手当の支払をしたときは、そのいずれかのときから解雇の効力を生ずるものと解すべきである」と判断している。

(20) Bureau of National Affairsの一九六〇年の調査によれば、解雇になんらかの理由を要求している協約は八二％を占め、「正当の事由」を要求しているものは全体の七一％に達するという。BNA, Labor Relations Reporter, LRX

155.
(21)　松岡三郎、前掲書下、一〇〇四頁。吾妻光俊編『註解労働基準法』八一五頁、青林書院新社。
(22)　吾妻光俊、前掲『解雇』五五頁以下。
(23)　峯村光郎「解雇自由・不自由論議は無用か」、『労働法律旬報』一三二号。熊倉武「解雇についての若干の刑事法的考察」、『季刊労働法』一七号。松岡三郎『労働法の理論と闘争』二二八頁、一九五二年、労働経済社。野村平爾『日本労働法の形成過程と理論』一〇頁、岩波書店。柳川真佐夫「『解雇』と『正当事由』」、『月刊労働問題』一九五八年七月号。
(24)　沼田稲次郎「解雇の自由と権利濫用」、『解雇をめぐる法律問題』一頁以下。本多淳亮「解雇自由の法理」、『民商法雑誌』三五巻五号。窪田隼人「解雇権濫用並に解雇同意約款の解釈」、『季刊労働法』二五号。有泉亨「解雇の法的構造について」、『季刊労働法』一七号。
(25)　同旨、川口実「解雇の法理」、『季刊労働法』四〇号。

三　失業者・求職者の保護

1　失業者・求職者保護法の意義

市民法的な解雇自由の原則は、今日では、もはや潜在的な権利にすぎず、実質的には大幅な修正を蒙っているが、資本主義社会においては、解雇の制限は、結局、合理的な理由のない恣意的な解雇を制約しうるにとどまり、労働者に雇用と生活の安定を保障するものではない。それは、なんらの落度もないのに労働者を苦悩の淵に追いやる人員整理を抑圧しえないからである。ここから失業者保護法の必要性が生まれる。

いうまでもなく、雇用の増減は資本主義経済に内在する作用であって、失業は本人の怠惰や能力の不足によるものではない。労働の意思と能力をもちながら、働く職場がなく、生活を脅かされる労働者の苦悩は、やがて生きるための本能に根ざす労働権の叫びとなって現われる。

労働権の思想は、元来、キリスト教の影響のもとに、これを労働の義務とともに人間の天賦の権利の一種とみなそうとするかの自然法思想に由来するものであった。しかし、資本主義経済の発展と、それが構造的に生み出した慢性的失業は、労働権の概念に新たな思想をもりこむにいたったのである。それはフーリエ[1]やコンシデラン[2]のようなユートピア的空想の時期を経て、やがて「労働の意思と能力とがある者は、自己の属する社会において、自己に適する労働の機会の提供を要求する権利がある」というマルキシズムの立場からの主張、あるいは、「私企業において労働を見出しえないすべての労働能力ある市民は、国家または地方団体にたいして相当の生活費を要求する権利を有する」というアントン・メンガー[3]の限定的労働権の思想となって現われた。

かかる労働権の思想は、「飴と鞭」の政治家ビスマルクの時代にあっては、①失業者の土木救済事業、②貧民救助、③災害・疾病・老齢に基づく労働不能の労働者にたいする社会保険の政策となって結実したが、第一次大戦後は、職業紹介・失業保険の政策へと変貌した。イギリスにおける一九〇九年の職業紹介法、一九一一年の国民保険法における失業保険制度を始めとして、各国は競って国営職業紹介事業と失業保険制度の整備・拡充に努めたのである[4]。そして第二次大戦後は、完全雇用政策と生活水準の向上が、各国における共通の政策目標として掲げられている。一九四四年のＩＬＯのフィラデルフィア宣言が、「完全雇用および生活水準の向上」をＩＬＯの「厳粛な義務」として承認し、国連憲章が五五条および五六条において、すべての加盟国は「一層高い生活水準、完全雇用並びに経済的および社会的の進歩および発展の条件」という目的を達成するために国連と協力して、共同および個別の行動をとることを誓約する、と規定しているのは、労働権の思想が今日どのようなものとしてとらえられているかを示すものである。

ところで経済的にみた場合、失業は資本主義経済の不可避的な産物であると同時に、その発展のための必要な条件でもある。すなわち、資本主義社会においては、各個別資本はそれぞれ孤立分散した生産者として相互に競争関係に立つ。競争は資本構成の高度化をとおして行なわれ、労働力をふだんに生産過程から排除していく。排除された労働者は、失業者として生活の不安におののくが、資本にとっては、失業労働力のもつ賃金引下げ的な機能によって自己増殖をとげていくのである。したがって失業は、労働者にとっては死活問題であるが、資本にとってはこれをてことしてみずからの発展を行なうわけであり、失業労働者の救済にたいしては消極的たらざるをえない。ただ、失業によって労働力が荒廃化するとか、失業による社会不安によって資本主義体制が脅かされるというかぎりで、これに対処しようとするのである。

第一次大戦後の失業対策は、さきにも述べたとおり、職業紹介事業、公共土木事業、失業保険制度などによって代表されるが、この時期においては、失業はたんなる一時的な現象とみなされ、景気の回復とともにやがては再雇用され、消滅すべきものと考えられていた。したがって当時の失業者保護法は、労働市場の一時的・短期的な不均衡と摩擦から生ずる流動的な失業を対象としていたのである。

しかしながら、資本の集中と独占が進み、自由な資本主義社会の経済的機能が失われて、停滞的失業や慢性的失業が発生すると、失業対策も、必然的に雇用政策へと移行せざるをえなくなる。独占資本主義の段階において、大量化し、長期化した失業にたいしては、従来の失業対策は無力化してしまうからである。この時期の雇用政策は、財政投融資政策に支えられた各種の産業振興策により新たな労働需要を促すこと、職業訓練によって新たな需要に対応しうる労働力を創出すること、労働力の広範にわたる流動化を促進して労働力需給の産業的・地域的不均衡を是正すること、失業労働者の長期的な生活の安定をはかること、を主眼としなければならない。かくて失業者・求職者保護法は、経済政策、雇用政策、社会保障制度と密接な結びつきをもつにいたるのである。

2　わが国における失業者・求職者保護法の問題点

わが国における失業者・求職者保護法は、失業保険法・緊急失業対策法・職業安定法・職業訓練法などによって組み立てられているが、そこにはわが国に独自のいくつかの問題点が潜んでいる。

(1)　わが国において失業保険法が生まれたのは戦後のことであり、戦前には、特殊日本的ともいえる退職積立金および退職手当法（昭和一一年）の成立をみるにとどまる。(5) このことは極めて象徴的であり、失業が資本主義社会においては構造的に生み出され、したがって社会の共同の責任において救済するという認識の欠如を物語るものであった。失業保険制度の欠如しているところにおいては、失業は顕在化してこない。わが国においては前近代的な農村が相対的過剰人口の給源および還流地としての役割を果たし、さらに膨大な零細商工業の存在が失業を潜在化せしめたために、近代的な失業対策は容易に実行には移されなかったのである。

(2)　終戦後、復員、引揚、企業再編成などのため、膨大な失業者の発生が必至となり、労働者の生活を守る闘いの激化するなかで、失業手当法と失業保険法（昭和二二年）が制定せられた。前者は、失業保険法による保険給付が開始される昭和二三年四月三〇日までに失業する失業保険の被保険者を保護するために作られた経過的法律である。失業保険法はその後数次にわたって改正され、昭和二四年には、日雇労働者にも適用せられるようになった。ここにおいて、始めて本格的な失業対策が出発することになったのである。しかしわが国の失業保険制度には、つぎのような問題が含まれている。

(イ)　その一つは、強制適用が、五人以上の労働者を雇用する事業所にかぎられ、低賃金で働く雇用の不安定な零細企業の労働者がみすてられていることである。もちろんこれらの者にも任意包括被保険者となる道は開かれている。しかし零細企業の事業主に、煩雑な適用の認可の手続をとることを期待できるであろうか。失業保険制度が、失業の顕在化を期待し、労働市場の組織化の機能を果たす役割をになっているならば、この分野の労働者の存在を無視すべきではないであろう。

(ロ)　わが国においては、失業の犠牲になるのは、主として臨時工であり、雇用の著しく不安定な中小企業の労働者である。普段でさえ低賃金にあえぐこれらの労働者の受給する保険金は、飲酒によって辛うじて憤懣をおさえる程度の額でしかない。しかし、失業時の生活を十分に支えうる程度のものにすれば保険原理はなりたたない。煩わしい手続と、屈辱的な保険金は、これらの低所得者層をして、しばしば失業保険制度に背を向けさせる。かくて、ますます失業は潜在化し、失業労働者は下降移動を続けながら、零細商工業を転々とするのである。全国・全産業を通じての統一的な最低賃金制度の確立が急務であることは、このことからも明らかであろう。

(3)　一方、職業紹介事業の分野においては、戦後、職業安定法(昭和二二年)が制定せられ、国家機関による合理的な職業紹介機構の整備拡充が企てられた。すなわち、労働ブローカーや労働ボスの暗躍による封建的な就業の斡旋を防ぐために、私的職業紹介事業の範囲を縮小し、職業の斡旋は、国が行なうことを原則としたのである。そして、労働力の需給を円滑化し、労働条件を標準化するために、(イ)労働条件の明示(一八条)、(ロ)不適当な労働条件のもとにおける求人申込の不受理(一六条)、(ハ)職業安定所管轄地域内の優先的紹介と広域職業紹介を行なうための職安間の連絡業務(一九条)、(ニ)労働争議への不介入(二〇条)などの原則を定めた。そして、職業指導や補導の原則を定めて、国家機関による職業紹介の機能の伸張をはかったのである。

(4) しかしながら、わが国においては、労働者の募集は、依然として地縁・血縁的な縁故関係によって行なわれ、封鎖的な終身雇用制が支配的である。労働力の需給が、このように孤立分散した縁故募集によって行なわれているところでは、職業紹介機関は、労働市場の組織化という本来の機能を十分に果たすことができない。新規学卒者にたいする職業紹介は、職安と学校が協力して行なわれる建前になっている(職安法四節)が、安定所に、新規学卒者を発展していく産業に計画的に配置するとか、地域的・産業的な労働力需給の調整をはかるといった全国的な労働市場の統一的組織化の役割を期待することは、現在では極めて困難である。個別企業は、地縁的・血縁的に学校にたいして求人を行ない、一応、職安をとおして集団就職が行なわれるにすぎないからである。戦前においても、公立の職業紹介所は、せいぜい日雇労働者や年少労働者の一部の需給調整を果たしうるにすぎなかったが、このような事情は現在でも大きな変化はみせていないように思われる。長期的な見通しをもった雇用政策との結びつきの弱さが、職安をして、失対事業の窓口であり、せいぜい日雇や臨時工の斡旋の機能しか果たすことができなくしているのである。

(1) Fourier, Traité de l'association domestique agricole, 1822.
(2) Considérant, Theorie du droit de propriété et du droit au travail, 1848.
(3) Anton Menger, Das Recht auf den vollen Arbeitsertrag, 1886.
(4) 労働権の内容の歴史的変遷については、角田豊「失業労働法の政策的背景」(『労働法』四号) 参照。
(5) もちろん、戦前にも失業保険制度を設けようという動きがなかったわけではない。第一次大戦後の失業と社会不安に対処するため、政府は大正一一年および一二年の帝国議会に失業保険法案を提出したが、いずれも審議未了に終わっている。大正一四年には神戸・大阪・東京の三市で日雇労働者にたいする失業保険が小規模に実施されているが、十分な成果をあげず立ち消えになった。昭和九年のＩＬＯの失業保険に関する勧告も、「徒ラニ懶惰ノ風ヲ助長スル弊ニ陥リ易イ」として却けられ、その肩代りとして恩恵的・慈恵的な退職積立金および退職手当法が制定されたのである。

二　期間の定めのある労働契約と解雇予告制度

一　事　実

事案は横浜地裁昭和二八年(ワ)第八八号・新日本飛行機株式会社解雇予告手当支払い請求事件で、解雇された従業員が解雇予告手当を支払えという仮執行宣言つきの判決を求めたものである。

被告は自動車及びその部品の保管、修理、再生を業としている会社で、日飛モータース株式会社といっていたが、昭和二八年七月一日に会社名を前記のように変更している。会社は、工場を本社所在地と子安の二ヵ所に持っており、原告はこの会社の子安工場の従業員である。

原告Sは検数員として、同じくOは荷扱夫として、いずれも、昭和二五年八月一日に期間の定めのある労働契約を締結して採用され、四回に亘って契約が更新されたが、二八年の六月三〇日には更新されずに解雇された。そこで予告なく解雇されたから、会社は解雇予告手当を支払うべきだという請求をした。

これに対して会社側は、原告と会社との雇用契約は期間の定めのある契約で、昭和二八年六月三〇日をもって最終的に終了し、契約の解除によって終了したのではないから、解雇予告手当の支払義務はないと主張した。

会社側の主張

会社側の答弁によると、会社は特需契約によって事業を経営しており、将来の在日米軍調達部に対する労務提供については予想することができない。また、ＰＤ（調達）契約そのものもいつ打切られるか分らないほど不安定なものである。従って、従業員を雇用する際の労働条件も、当然のこととしてＰＤ契約の不安定性の影響を受けざるをえなかった。

そこで会社は、組合との間に昭和二八年一一月上旬に、以上のごとき業務の不安定性を確認し合って、ＰＤ契約期間をもって雇用契約期間とし、ＰＤ契約終了後会社が、再び調達部と契約することができた場合には再雇用すること、退職金はＰＤ契約が終了したその都度支払うことを協議決定した。このことは、昭和二五年一一月一日付就業規則第三五条に「雇入れに際し契約期間について定めをするときは採用当日よりＰＤ契約期間満了までとする。但し更新を妨げるものではない。」、第四条に「……但し勤続期間は雇入れの月よりＰＤ契約期満了の月を越えることはない。」、第二〇条一項「この退職金規定は一年毎（ＰＤ契約期間）に更新する」という条項があることからも明かであると主張している。実際の取扱いとしてはＰＤ契約の期限が終了する毎に従業員にその都度退職金を支払い、六〇歳以上の者や休職者で復職の見込みのない者、あるいは短期雇入れの者などを除いて、次期の雇用契約についての契約書を交し、改めて採用してきた。

第五回ＰＤ契約期間終了に際しても、就業規則三九条、六〇条、七〇条の該当者、勤務成績不良者等を除いて、従前の従業員を再雇用したが、原告ら二人は不採用者の基準に該当したから再採用しなかったのだと主張している。これに対して原告は、雇用契約は一年程度に定め更新しているが、これは単に形式上のことで実質は期間の定めのない契約として雇用されているのだと抗弁している。

労働者側の主張

次の争点は期間の定めのある労働契約と解雇手当との関係である。まず原告の主張は、本件の雇用契約は、形式的には期間を一年程度に定めて、更新されているが、実質的には期間の定めのない契約であって、労働基準法上の期間の定めのない契約と同じように取扱うべきだというのである。第二段として、仮に原告と会社の雇用契約が期間の定めのある契約であったとしても、労働基準法二〇条は、期間の定めの有無について区別していない。このことは二一条と比べてみれば明らかであって、二一条に書いているもの以外については、反対解釈として二〇条の適用があると解すべきである。また二ヵ月を超える期間を定めて雇用されたものが、満了後引続き使用された場合は、二ヵ月以内の期間を定めて使用されたものより不利益を受けるいわれはないから二一条に定めたものと同じように解雇の予告をなすべきである。たとえ期間が定められていても、期間満了後引続き雇用される状態が相当期間継続するときは、その終了に当って予告をなすべきである。本件の場合は二ヵ月を超える期間を超えて引続き使用されているから解雇予告を必要とするというのである。

以上のごとき法律解釈について会社側が反対していることはいうまでもないが、結局は原告らとの雇用契約は期間の定めのある契約であって、期間の満了により終了したのであるから解雇予告手当の支払義務はないというものである。

二　判　旨

判旨は、第一に会社の業務の形態からみて、本件の雇用契約は期間の定めのある契約であると認定している。即ち、会社は、いわゆる特需契約によって事業を経営しており、ＰＤ契約は在日米軍調達部の都合によっていつでも解除できる定めがしてある。また、将来再びＰＤ契約ができるかどうかについて、会社側は予想することができない。このような点から会社の事業が不安定であることは、一般民間会社における事業の不安定とはおもむきを異にしている。そのために会社と原告らを含む子安工場の従業員との間の雇用契約は、ＰＤ契約期間と同じ期間を定めて、その都度再採用することを余儀なくされたと認められるといって、ＰＤ契約期間と同一期間の雇用契約が定められているという点を取上げ、本件の雇用契約は期間の定めのある契約であると認定しているのである。

次に本件の場合、原告と会社との雇用関係は最終の昭和二八年六月三〇日の期間満了によって、終了したのであり、雇用契約の解除によって終了したものではないから、引続き四回に亘って雇用契約が更新されてきたとしても、期間の定めのない契約と見ることはできないし、また期間の定めのない契約と同じように取扱わなければならないいわれもない。それ故に会社が原告らに対して解雇の予告をし、または解雇予告手当の支払いをする義務はないのだとして請求を棄却した。

三　評　釈

(1)　労基法二〇条、二一条の解釈について

裁判所は原告の主張した法律解釈について何等答えていないが、一般的に労働基準法二〇条、二一条がどういう意味と関連性を持つかということを考えてみたい。二〇条はその規定がかなり抽象的である関係上、今までにも多くの解釈上の争いをひき起して来ているが、主として二〇条違反の解雇の効力であるとか、あるいは但書きの解雇予告除外認定申請における、認定基準に対する争いというような点にだけ問題が集中されてきたように思う。

しかしまた、実際問題としては臨時工等とも関連するが、短期間の契約の更新という事例は、本件だけに限らず、かなりあちらこちらに見受けられる。そこで解雇の際の労働者保護の一つの規定である二〇条、二一条の法律上の意味がどういうものかということを考えておく必要があると思う。

まず二〇条は民法六二七条の流れをくむ規定だと思う。六二七条によると、期間の定めのない雇用契約にあっては、当事者双方はいつでも解約の申入れをなすことができる。しかし雇用契約が何らの予告なしに突然解約されたのでは、相手方にとってかなり混乱を与える事態が生ずるので、これを防止するために解約の申入れがあってから二週間を経過することによって、はじめて解約の効果が発生すると定めたのである。これは労働者側にとってみれば次の就職の機会を求める最低限度の期間として考えられるのであるが、人を探すのに大変だった昔はともかく買手市場になってしまった現在では、二週間ではあまりにも短かすぎることはいうまでもない。また有力な反対もあるが、判例では六二七条は任意規定だとされている関係上、当事者間の特約によって解約についての義務を免除ま

たは縮減することができると一般には解せられている。その結果六二七条の解雇の際の労働者に対する最低限の保障という機能は事実上失われて来た。そこで工場法施行令（第二七条の二）が制定され、民法による使用者の解雇予告義務を強行法規とし、それと同時に解雇予告の金銭的な換価を認めて、不充分ながらも、現実に即応せしめてきたのである。

基準法二〇条は、民法六二七条、工場法施行令二七条を受けついで来た規定と考えられる。予告期間を三〇日に延長すると共に予告日数の金銭的換価についても、一日について平均賃金一日分という日割りの換算を認めた。二〇条はこの二点に意味があるのだと思う。従って、二〇条の沿革あるいは基準法の立法の趣旨などからみて、基準法二〇条、少くともその前段は、期間の定めのない労働契約だけに適用されるのではないかと考える。次に、期間の定めのある労働契約が、期限の到来とともに終了した場合はどうかという点を考えてみたい。解雇とは使用者が労働契約の解除ないしは解約の申入れによって、労働契約を一方的に終了せしめる意思表示である。すなわち、使用者の一方的な意思表示によって労働契約を終了させようとする法律行為だといってよい。そうだとすると期間の定めのある労働契約が、期限の到来によって消滅するときには、これを解雇ということはできない。だから解雇予告に関する労働基準法二〇条の適用は、この際には考える余地がないのではないか、この限りにおいては判旨と同じ考えに立つわけである。

次に基準法二一条であるが、二一条の条文それ自体が解雇予告について例外を定めるような書き方をしているので、二〇条との関連において極めて複雑な形をとっている。即ち二一条の本文では二〇条の原則によらないでよい場合として、一号から四号まであげている。即ち日々雇入れられるものであるとか、二ヵ月以内の期間を定めて使用されるものとか、季節的業務に四ヵ月以内の期間を定めて使用されるもの、試みの使用期間中のものというように四つの場合を限定的に規定しているように思われる。従って反対解釈として、二一条に掲げた四つの場合以外は、すべて二〇条によって解雇予告が必要であると解される余地があるし、またそういう主張も当然出て来るわけである。即ち二〇条は期間の定めのあるなしにかかわらず、すべての労働契約に適用され、その例外を二一条が規定したものであると解するわけである。しかし、また飽くまでも二〇条を期間の定めのない労働契約についてのみ規定したものと解し、二一条は極めて不明確な、体裁上もまずい規定であるが、期間の定めのある労働契約の場合には期間の終了によって当然に労働契約が消滅するし、実質的にも期限の到来によって雇用関係がなくなることは初めからわかっているから新たに予告する必要はない。二一条はこのような当然のことを定めたにすぎない。二一条に二〇条の例外の場合を限定的に規定しているようにみえるが、一号から四号までは例示的に並べたにすぎないのであって、二一条と二〇条とは別個のことを定めたものであると説く説もある。これは日経連判例速報に現われた主張で、一つの考え方だと思う。

期間の定めのある労働契約の場合、二〇条が全面的にかぶって来るかどうかという点については疑問を持たざるをえない。また日経連の考え方のように、二一条は当然のことを例示的に定めているのだという説についても反対せざるをえない。二一条では、少くとも二一条本文の意味であるが、ここでは四号の試用期間中のものに対する規定が意義を持っていると思う。工場法施行令二七条の三に、臨時工についての除外規定を設けているが、このことと対比させて考えると、二一条四号は試みの使用期間中のものについて二〇条の例外を定めたものといってよい。期間の定めの有無によっては判断しにくい特殊な雇用形態である試用期間中のものに対して一四日以内の場合は二〇条の例外をなすが、一四日を超える場合には、期間の定めのない雇用契約として扱うとして保護法的な観点から整理している点に二一条本文は大きな意味をもつと考える。また、一号から三号までの規定は、そのあとの但書に対する前提として掲げられた規定だと思う。そこで全体的に二一条はどういう意味を持っているかというと、一号から四号までに掲げたようなものが、引続いて使用される場合には二〇条を適用するのだ、という但書に力点があると思う。このことを吾妻教授は、二一条の焦点は、短期契約の反復という名義で前条その他労働基準法の規定をくぐろうとする脱法行為を押えるところにあると主張されているが、この考え方に私は全面的に賛成する。

それでは一号から四号まであげた四つの場合以外は、但書は適用されないのかという問題が次に起ってくる。私は一号から四号までの場合は限定的に規定したものではなく、例示的に規定したにすぎない。従って例えば三ヵ月、六ヵ月、一年という契約の継続的な更新には当然のこととして、二〇条の適用があると考える。

(2)　期間の定めのある労働契約の更新について

次は期間の定めのある労働契約の更新についてであるが、裁判所は引続いて四回に亘って雇用契約が更新されて来たとしても、期間の定めのない契約とみることはできないし、また期間の定めのない契約と同様に取扱わなければならぬものでもないというのであるが、こういう考え方に対しては反対せざるをえない。一般的には、期間の定めのある労働契約については、かなり厳密に成立なり効果について考えなければならないと思う。資本主義経済が高度化するにつれて、工場生産に要求せられる労働力は、機械力を媒介として極めて単純化されて来る。未熟練の労働者で事足りるということになると、単なるカジュアル・レーバーだけでなく、労働過程の本質的な部分の労働力まで短期の労働力に変えてしまって、継続的に同一の労働者を使用するということから生ずる利益のみを吸収し、一方かかる雇用形態を利用することによって景気の変動による損失をカバァーしようとする試みが行われるようになる。即ち危険負担を労働者にのみ一方的に負わせようとする制度が生れてくる。これはわが国だけでなく外国にもみられる制度である。従ってこれが法の面にはね返って来るときには、かなり厳格な検討を要するのではないかと考える。

そこで期間の定めのある労働契約について争が起った場合は形式だけではなく個々の場合について具体的に実質的に検討しなければならない。その判断の一応の基準としては、次のような点が考えられていいのではないか。第一は景気変動によって生ずる損害を、期間の定めのある雇用契約を締結することによって、労働者のみに転嫁しようとしていないかどうか、第二は当事者間の労働関係において、期間の定めのある契約を締結することが、十分な理由を持っているかどうか、当該職種なりあるいは企業形態から考えて、期間の定めのある雇用契約を締結することが、社会的な妥当性を持っているかどうか、第三は労働者が期間の定めのある雇用契約、即ち自己の契約について当期限りで終了するという明確な意識を持っていたかどうか、即ち次期においても契約が更新されるであろうという期待を、当該職場の客観的な慣習あるいは契約当時の諸事情から抱きうる可能性がなかったかどうかという点である。以上は要するに使用者が予告手当等を免れるための手段として即ち脱法行為として、なされていないかどうかということに要約されるのである。逆にいえば脱法行為かどうかということを判断する基準として、今あげたような諸点が考えられていいのではないかと思う。以上のことを具体的な事実に基いて検討して、はじめて期間の定めのある契約であるかどうかということを確定すべきである。

そこで本件について考えると、特需関係という特殊な業態から、期間の定めのある雇用契約を締結することがやむをえないようにも考えられるが、同一会社の工場でありながら本社工場では期間の定めのない契約が締結されていたことや、他の特需会社の実情などから考えて期間の定めのある契約を締結しなければ会社が存立していかないというほどの積極的な理由は、見出されない。しかも本件の場合には、四回にわたって継続的に契約が更新されており、従来の例やその他の諸事情から判断して、期間の定めのない契約であると考える方が妥当だと思う。

解題

第三巻に引き続き本巻には、個別的労働関係に関する論文のうちの、賃金、退職金、労働時間、年次有給休暇、臨時・パート・派遣労働者、解雇に関連する論文を収録した。

一九九〇年代に始まる景気の後退は、これまでの循環型の不況とは質的に異なる新しいタイプのものであり、わが国の経済に深刻な影響を与えている。規制緩和、金融の自由化によってもたらされたいわゆるバブルの崩壊は、不良資産による銀行の貸し出し能力の弱体化を露呈し、金融不安、企業のリストラ、倒産と連鎖的に不況が不況を呼び、低成長はどこまで続くのか予測がつかない状況にある。

倒産、リストラによって解雇された労働者は巷にあふれ、中高年齢者とともに採用削減による若者の就職難は、深刻なものとなっている。また減量経営から、配転・出向、あるいは企業の合併と労働力の再編が進められている。それだけではなく、企業の側では生き残りをかけて端的に人件費の削減に乗り出し、賃金・賞与を初めとする労働条件の切り下げすら行われているのである。

一方、労働立法の面では、経済の国際化と規制緩和に呼応するかのように男女雇用機会均等法の改正、育児介護休業法・パートタイム労働法の制定、労働時間の短縮と弾力化を目的とする労基法の改正、更には派遣労働法の改正が行われている。このような終戦直後を思わせるような経済社会制度の大きな変革を前にして、過去に執筆された諸論文をここに収録することには、いささかの逡巡を覚えざるをえない。しかし、それぞれのテーマが生起した当時の問題状況を明らかにすることは無意味なことではないと思うし、問題に対する取り組みの姿勢と労働問題と労働法についての原理的な考え方は、今生起している諸問題についても妥当するものではないかと考えている。

本巻に収録したそれぞれの論文の初出の掲載誌名および年度はつぎのとおりである。

第七章　賃　金

一　家族手当の法的性質（季刊労働法一六四号　平成四年）

二　退職金（季刊労働法別冊一号　昭和五二年）

第八章　労働時間

一　労働時間の起算点・終了点（季刊労働法一五二号　平成元年）

二　時間外・休日労働と三六協定（総合労働研究所編『時間管理の法律問題』総合労働研究所　昭和四六年）

三　三六協定と就業義務（『新版労働判例百選』有斐閣　昭和四二年）

四　宿直業務と監視断続労働（『新版労働判例百選』有斐閣　昭和四二年）

五　教員の時間外勤務手当（ジュリスト『昭和四三年度重要判例解説』有斐閣　昭和四三年）

六　一ヵ月単位の変形労働時間制と就業規則（季刊労働法一四九号　昭和六三年）

七　事業場外労働と時間外労働（季刊労働法一四七号　昭和六三年）

八　一週間単位の非定型的変形労働時間制と「労働者の意見の尊重」（季刊労働法一四七号　昭和六三年）

九　働き方・遊び方（先見労務管理八八二号―八九一号　平成元年）

第九章　休　暇

一　年次有給休暇の性格（月刊労働問題一〇〇号　昭和四一年）

二　計画年休協定の結び方（季刊労働法一四八号　昭和六三年）

第一〇章　周辺的労働者

一　臨時労働者の保護（松岡還暦記念『労働基準法の法理』総合労働研究所　昭和五四年）
二　臨時工・社外工（時の法令一〇二四・一〇二五号　昭和五四年）
三　短期労働契約の反復と更新拒絶の法理（季刊労働法一一〇号　昭和五三年）
四　パートタイム労働者保護法制の整備（季刊労働法一三〇号　昭和五八年）
五　家内労働法とは何か（『今日の労働問題』日本評論社　昭和三二年）
六　最低賃金・家内労働法案をめぐって（日本労働法学会雑誌三〇号　昭和四二年）
七　労働者派遣事業法制化の問題点（ジュリスト八三一号　昭和六〇年）

第一一章　解　雇

一　失業者・被解雇者の保護（『講座現代法』岩波書店　昭和四〇年）
二　期間の定めのある労働契約と解雇予告制度（討論労働法三七号　昭和三〇年）

な　行

は　行

や　行

ら　行

索　引

あ　行

か　行

さ　行

た　行

外尾健一著作集

第 4 巻

労働権保障の法理 II

2000年 7 月20日　初版第 1 刷発行

著　者
外尾健一
発行者
袖 山 貴 = 村岡侖衛
発行所
信山社出版株式会社
〒113-0033 東京都文京区本郷 6 - 2 - 9 -102
TEL　03-3818-1019　FAX　03-3818-0344

印刷・勝美印刷　製本・渋谷文泉閣　発売・大学図書

ISBN4-7972-5073-9 C 3031

外尾健一著作集

◆ 第1巻　団結権保障の法理 I

◆ 第2巻　団結権保障の法理 II

◆ 第3巻　労働権保障の法理 I

◆ 第4巻　労働権保障の法理 II

◇ 第5巻　日本の労使関係と法

第6巻　フランスの労働協約

第7巻　フランスの労働組合と法

第8巻　アメリカ労働法の諸問題

◆は既刊，◇は近刊

信山社